认识真理

（修订本）

张郁岚 博士著

认 识 真 理 (修订本)

(简体版)

作 者：张郁岚

出版发行：

◆　美国使者协会大陆文字事工

21 Ambassador Dr.
Paradise, PA 17562, USA
电话: 717-687-0506
传真: 717-687-8891
北美免费电话: 888-999-7959
网址: www.afcinc.org/mclit
电邮: mclit@afcinc.org

版次：2007年10月
再印：2009年 1 月
国际编号：978-1-882-3242-00

Know the Truth (Revised version)

(Simplified Script Version)

Author: Yu-Lan Zhang

Publisher/Distributor:

◆　**AFC Inc. MC Literature**

21 Ambassador Dr.
Paradise, PA 17562, US
Phone: 717-687-0506
Fax: 717-687-8891
Toll-Free: 888-999-7959
(in North America Only)
Website: www.afcinc.org/mclit
E-mail: mclit@afcinc.org

Edition: October 2007
Reprinted: January 2009
ISBN: 978-1-882-3242-00

目 录

Does God Exist

到底有没有神

序言

朋友们！请你用谦卑的心，细读这本小册子，好叫你能寻见神。我们正像迷路的羊，失巢的鸟，找不到家。我们住在这世界上，但这个世界不是你我永久的家乡。我们对于自己灵魂的归宿更是黑暗渺茫。我们一天找不到神，就一天没有真正的平安。

我过去专心研究科学，不信有神，以致虚度四十年的光阴，失去许多福乐、平安，深恨相信主太晚；现在愿将我阅读的名著，听到的信息，经历的证据，选集成这书，使朋友们能够早见真光，阿们！

神啊，求你感动亲爱的读者，亲自引导他们，好叫他们寻见你，认识你是独一的真神，并且认识你所差来的耶稣基督，享受你所赐的永生、平安与福乐，并且满足他们心灵最深处的饥渴，得到最真切的安慰！阿们。

一、怎么能说没有神呢?

我愿意和各位研究一个问题:就是"到底有没有神?"有人说有,有人说没有,议论纷纷,各人坚持一种说法,常把我们弄糊涂了。究竟有没有神呢?你说有神,你见过神,摸过神吗?你和神讲过话吗?你用科学方法测验证实一定有神吗?如果说没有,试看宇宙的伟大,万物的奇妙,和很多信神的人的见证,怎么敢断定说没有主宰,没有神呢?这个问题,在我的脑海中,久久徘徊了二十多年不能解决。现在我已从这个疑团中释放出来,并要从心里报告你说"有神"。愿下文在理论上,事实上给你满意的证明。

(一)神的意义

我们所说的神,是指那位创造宇宙万物的独一的真活神而说的。他是自有永有,慈爱、伟大、公义、圣洁、全智、全能、全足、全丰的真神,和世俗敬拜的各种假神全然不同。

我们怎样分辨真神和假神呢?

我们怎样分辨真神和假神呢?这也不难。只要请你根据常理,仔细思想,就必定清楚了。真神既是创造万物的主宰,怎么会需要居住在人手所造的庙宇寺院里呢?真神既是无所不有,怎么会要你的祭物,好像缺少什么呢?真神既是永远常存的,怎么能像泥塑木雕的偶像,可以锈烂朽腐,倒塌毁坏呢?真神既是荣耀的,怎么能偷偷藏在金、银、纸、土、木、石之后,鬼鬼祟祟地接受人的香火呢?真神既是公义的,怎么能不惩罚罪恶,因为你烧点纸箔,就免去你的罪刑呢?

请读下面这幅对联,就可以知道假神的不真实了。

念佛可超生,难道阎王怕和尚?
金钱能赎罪,分明菩萨是贪官!

请再读以下诗句便可知道,偶像不是真神:

四大金刚紫气傲,好像无人比英豪,
张口莫说夸大话,你敢与我洗把澡?

因为菩萨是土木油漆做成的，它最怕洗澡，一洗就不成形了。清朝有位状元先生，证明偶像没有一点知觉，曾以十个数字为首，做了一篇短词：

一口无言，二目无光，三餐不食，四肢无力，五官不灵，六亲无靠，七窍不通，八面威风，久坐不动，实在无用。

朋友们！不只偶像不是真神，就是释迦牟尼、张天师、关公、妈祖、吕洞宾都不是神！孔子、孟子也不是神！他们不过是人，他们自己从来没有说过他们是神，乃是后来的人尊奉他们为神。或是君王下令封他们为神；君王能封神，足以证明假神不是神。

清心寻找，真假自明

一个日本孩子，名叫新岛襄。他家敬奉很多偶像，但他对于这种神像早已有些怀疑，因为每见它们跌倒，不能自己起来，必须等人扶它起来。他想偶像连这一点能力都没有，为什么占这样重要的地位呢？它们的名字却很动听，什么财神、无量寿佛、千手千脚观世音……还有专管小孩子的神像。每逢新岛襄生病，他的母亲就在神像前叩头礼拜，她想这样能讨那神像欢喜，保佑儿子痊愈。还有许多别的神像，据说如果你每天献一碗米，它们就能保佑你一天平安。可是新岛襄非常怀疑。

曾经有一天，他从神座上面取下一尊神像，悄悄走到花园，掘了一个坑，把那偶像埋在里面，暗暗祝祷说："尊贵的神啊，如果你能自己从这洞里走出来，我就敬拜你；如果你都不能自保，怎么能保佑我呢？请你准我试试你。"从此他便看着、等着。一天早上，忽然看见那个地方钻出一个碧绿的细芽。他觉得很奇怪，跪在地上轻轻拨开掩盖神像的土，见那神像还是和他放下去的时候一样，一动都没有动，但在神像手上粘着的一粒谷种，经过日光的蒸晒和雨水的滋润，却已裂开发芽，长出青苗来了。新岛襄亲眼看见全家叩头敬拜的铜像，它的能力反而不及一粒小小种子，能够生长结实。他便永不能忘记这次所得的教训，从此不住地思想，总要研究人生的意义在哪里，有没有一位又真又活的神。如果没有神，宇宙又是从哪里来的呢？

过了几年，当他十八岁时，进了东京一所大学，见到一本初级的地理书，开头一句就是："起初神创造天地。"这句话解开了一切他对天地万物所怀的梦想和疑问。日本的山中原有许多精致的庙宇，热心于宗教的人常到那里进香，因为他们想必定有许多神灵是住在山坳里的，可是总没有人找到那位创造天地的神。他就按照本国的风俗，把自己心中的祷告写下来："我所还没有认识清楚的神啊，你如果有眼睛，请你看我；你如果有耳朵，请你听我，引导我到你那里。"神果然答应了他的祷告。

1864年，神使一个船主帮助新岛襄逃到中国。从中国他又设法到了美国波士顿。有一个船主哈第先生听见他的名字，差人请他上船。船主是一个爱神的人，他能解答新岛襄的一切疑问。他又给他一本《圣经》，那本书开头的第一句话正是："起初神创造天地……"。哈第把他认作自己的儿子，供他学费，送他在安麦斯特大学和安多味神学院念书。新岛襄毕业了，回到日本本土办了一所基督教大学，传扬主的福音。所以，凡是真心敬畏神的人，不难辨明真神假神。

马来酋长

四十多年前，在马来半岛上有位酋长，虔诚敬拜偶像。一天，他和妻子正在修补几个破裂的偶像时，突然停止工作，叫他妻子注意人的双手多么灵巧，能做这许多事。他看自己的手比起正在被修补的、没有一点生气的偶像，实在高明得多。又进一步说，满了智慧和技巧的人类，比这些人手所造所拜的木偶石像，不知贵重多少。他便大声地喊，说："这真是荒唐错误到极点的事，我们竟然去敬拜这些假东西，好像它们还能帮助我们似的。"他的妻子同意他的说法，而且承认自己也常有这样的想法。于是，他们决定毁掉他们所做的偶像，不再敬拜它们。但当他们回到摆放偶像的房间时，觉得屋里空空，心里迷惘，不知现在应该拜谁？酋长就对妻子说："在人之上，必有一位更大的，造人、造地、造众星的主宰。让我们来敬拜这位宇宙中的至大者吧！"从此，他们时常进入那间空房，跪在地上，向天敬拜，三十年如一日。后来《圣经》传入马来半岛，酋长夫妇才认识《圣经》所说的真神，就是他们心中所敬拜的宇宙主宰，于是欢欢喜喜地接受了救主耶稣。《圣经》说，清心的人必得见神。真神假神不难知，只要虚心寻找真活神，必定能找到。

（二）无神派的内幕

将无神派的内幕揭开一看，大约可分为五种。

第一种的无神派

第一种的无神派可以称为时髦的无神派。自以为是新时代的人物，思想比别人前进一点，本事比别人高上一点，假如承认有神，岂不被人耻笑说："你也迷信吗？"为面子好看，他们口里坚持说没有神，其实并没有研究过到底有没有神。

第二种的无神派

第二种的无神派可以称为自己欺骗自己的无神派。他们不是证实没有神，乃是因为行为自由放荡，不能承认有神。他们巴不得没有神，正像土匪巴不得没有官兵，学生巴不得没有监督，坏人巴不得没有法律一样。不是他们真不相信有这东西，乃是他自己的行为，迫使他们不能相信有这东西。如果一个人说："我不相信有神，在我头脑里面没有神这件东西。"你就可以拉着他的手，问问他的行为和道德是怎样的。一个绝对不相信有神的人不可能是一个道德水准很高的人。什么时候神从一个人的里面出去，什么时候不道德就到他里面来了。

美国有位传道人叫雷先生，某次在一个地方布道，有个大学生走来对他说："我以前相信有神，但是近来我不信了。"叫雷先生问他为什么近来不信了呢？他回答说："我因为进了大学，知识高些，所以不相信了；这本书读读，那本书读读，就把神读掉了。"叫雷先生对他说："请你不要骗我，我也是个大学毕业生，并且还是一个博士，书也读了不少，但我没有把神读掉。你不信神总有特别的缘故，哪里会把神读掉呢？让我问你一句话，你不信神，现在你的道德行为怎样呢？"大学生很坦白地回答说："我承认现在我的道德不如从前了。"叫雷先生因为他回答诚实，就对他说："不必和你辩论，不必举出许多理由证明有神，如果你不去做坏事，你的道德高尚一点，神就立刻来了。"这是事实。许多人之所以不信有神，并不是确实有多少理由，只因为千万件的罪恶阻挡他们相信。这个好像非洲鸵鸟一样。这种鸟身体高大，人可以骑，但不能飞。如果要捉它，只要几十个人四围追迫，一直等它跑得很累，无法逃脱，它便用脚就地趴出一个小洞，把它很小的头，放在洞里，因为看不见人，它就以为平安无事。它不知道虽然把头放在洞里，但是捉它的人还在那里，它那肥大的身体，还是露在外面没有藏起来。正像现在有一班人，心想最好没有神，这样一想，就能算数吗？就真没有神了吗？

第三种的无神派

第三种的无神派是硬嘴的无神派。这一班人除了一口咬定无神以外，并没有别的理由。他们的嘴顶硬，只因为已经说了就不改变，因为在他没有不是，既说出来，决不收回。你虽三天三夜给他讲明有神，他也知道自己不对，但是他还要嘴硬，还有话讲，不愿折服，倔强自信，从来没有虚心仔细想过别人说的到底有没有理，可不可信。他们的辩词，只是专制武断，专为争得谈话胜利而已。

第四种的无神派

第四种的无神派是职务上的无神派。这类人是因自己地位的关系不能相信有神。因为他挂了一个科学家的牌子，背了一个教育家的头衔，又是宣传反对迷信者的指导人，怎么能信有神呢？其实，他们如果扪心自问，也是不敢确定地说没有神！有人曾经统计大科学家300人，其中92%是相信有神的。

第五种的无神派

第五种的无神派是理智的无神派。这种人的态度最为正当。他们非常讲理，你如果真有理由，并有证明给他们看，他们便肯接受。但这一类明理的人，究竟有多少呢？真是少而又少！至于真正经过考查研究而说无神的人，更是一个也没有。各位可以举出一个这样的人来吗？无论古时的人，今时的人，他能正确证明没有神吗？他如果研究，他也会变成一个有神派了。因为神说："寻找的，就寻见，叩门的，就给他开门。"（马太福音7:8）

（三）怎么敢说没有神

有一个反对神的故事

第一次欧战之后，某国想用科学方法宣传无神论，领导国民脱离宗教信仰。政府便在广场筑台，对众人宣讲，并请三位博士作为讲员。第一位是天文博士，他上台解释了许多无神理由以后，最后大声喊着说："我用望远镜观察宇宙二十多年，从来没有看见过神，所以一定没有神。"因此博得观众不少掌声。第二位是医学博士，讲完许多人类绝没有灵魂的道理以后，末了说，"我曾解剖尸体一百具以上，细察各部，从来没有发现灵魂寄托的地方。它在心脏中呢？在脑中呢？还在血液中呢？我都解剖检验过，数十年来，没有见到，所以一定没有灵魂。"又是掌声雷动。第三位是位女博士，伦理学家。她慢步上台，说"人死像灯灭。死了死了，一死就了了，绝对没有天堂地狱，永生审判的事。我曾遍读古今中外各书，都没有这项记载。"

三位博士讲完之后，主席向众人宣告说："无论什么人，如果对三位博士所讲没有神的理由，还有不满意的地方，或是要辩论的话，都可以公开提出讨论。"等了许久，没有人提出反驳。正要在这胜利声中结束宣传大会的时候，有一位乡下老太婆进到台前，对主席说："我也可以提出几个反问吗？"主席说："欢迎之至。"于是老太婆面向第一位博士说："你用望远镜望了二十多年，你望见过风吗？它是什么形状呢？"博士说："用望远镜怎么能看见风呢？"老太婆说："世界上有没有风呢？你用望远镜尚且看不见风，难道你能用望远镜望见神吗？你用望远镜望不见神，你就能说没有神吗？"博士哑口无言。

她又转向第二位博士说："你爱不爱你太太？"博士回答说："爱她！"老太婆说："请你把你解剖人体的刀子给我用用，我要把你肚子剖开看看，你爱你太太的那个'爱'在哪一部分？在肝里呢，在胃里呢，还是在肠子里呢？"众人哄堂大笑。老太婆又再转向那个女博士说："你读过这本书吗？这本书叫《圣经》。这书岂不明明地说，人人都有一死，死后且有审判吗？又说信耶稣的人有永生，不信耶稣的人必被定罪吗？你不要以为死了就算完了，要知道死后的事情，要比生前更长更多呢！当你在母腹时，如果有人告诉你说：'不久你要生在地上，有日有月有山有水，还要吃饭穿衣，'你能信吗？今天你不只是相信，而且是实在活在这个世界之中；我告诉你，永生世界也是这样。"这场无神宣传会，所得的结果却和愿望恰恰相反。老实说来，我们这样渺小的人，怎么敢断定地说没有神呢？我们可说，日常生活接触的事，我们还不知道。

怎么敢说没有神呢？

一位科学家，问一位运动员说："你的身高多少？体重多少？"运动员回答说："身高一米八，体重一百八十磅。"科学家问："如果把你的身体压到一点空隙也没有，你将缩到什么程度？"运动员说："顶多缩短三、五寸。"科学家说："恐怕还没有针尖那样大，需用放大镜才看见呢！"因为每个原子，像一个太阳系，中间空隙极大。你看人有多小，人如果和神所造的宇宙相比，不如一只蚂蚁。而且我们的感觉能力只靠五官才有，五官可感之外的东西就不知道，而且官能的范围又有限，太大太小的声音，太轻太微的色、味都不能觉察，并且人的存活年日又极短暂，不过七、八十年。不能到的地方太多，所到的地方极少，头脑知识像蚂蚁，思想像苍蝇。体温增高一度，头就发晕；再高一度，卧床不起；增高三度，不省人事；增高四度五度，一命呜呼。这样脆弱无知的世人，怎么敢肯定地说没有神呢？

你能知道为什么吃白饭和绿菜，会长黑头发、黄皮肤，白牙齿、红嘴唇、硬指甲吗？为什么头发剃光了，仍要继续长得很长，而眉毛剃光了长了一点点便不再长呢？假如眉毛像头发一样继续生长，把眼遮住，怎能看东西呢？请问你能知道明天将要遭遇什么事吗？我们怎么敢说没有神呢？

你知道太阳有多大吗？

如果把一个太阳挖空，可装一百三十万个地球。你如果想由地球到太阳去旅行，必须乘坐的火车（60英里/小时），昼夜不停，飞奔一百七十多年。你带足饮食用品，用一辈子都不能到，因为地球距离太阳九千三百多万英里。但据天文学家计算，星球之中比太阳更大的还有亿万万之多，物理学家测得光的速度，一秒钟要走三十

11

万公里，合十八万六千英里。那么一日一月一年，要走多少英里呢？可说无法计算了。虽然这样的快，可是天文学家说，有的星光已经走了十万年，它的光线还没走到地球上呢！这样说来：宇宙真是不知有多大了。一个身高只有六尺，占地不满一尺的人，如果说没有神，真是一个全世界最武断、最滑稽的人了。

三个瞎子摸象

古时有个故事，说到曾有三个瞎子摸象。他们听说皇宫门口有只大象长得奇怪，就约好到那里去了解一下。第一个瞎子摸到象的肚子，喊叫着说："真奇怪！象的模样好像庙里的大鼓，又光又圆。第二个瞎子说："让我也看看。"他摸到的是象的大腿，他说："你说得不对，象的样子好像大殿的柱子。"第三个瞎子说："我来摸摸谁对谁错。"他摸到象的鼻子，他喊着说："你们都不对，象的形状好像大喇叭。"我们对于神的认识怎能像这三个瞎子一样断章取义呢？

三个蚂蚁谈话

又有一故事，一次三个蚂蚁谈话："听说世界上居住着一种生物，他的名字叫人，身体很大，顶有能力。他一动作，可以压死我们千万。我们要去看看他到底是什么样子。"正遇见一个人睡在那里。第一个蚂蚁爬在人的肚子上面走了一趟回来。第二个蚂蚁爬到人的头发里面绕了一圈儿。第三个蚂蚁爬到人的脚上走了一趟。三个蚂蚁回来之后，第一个说："人形好像一个大馒头。"第二个蚂蚁说："不对，人体好像树林子。"第三个蚂蚁说："你们说得都不对，人体好像臭咸鱼。"我们对于神的认识，常像瞎子对象的观念，蚂蚁对人的论断一样。人看自己认为是万物之灵，但如果要用人的智慧才能，观察创造万物的神，实在是渺小得不值一提！你认为自己是个科学头脑，神说你是蚂蚁头脑。一个生来瞎眼的人，未曾见过太阳，他不承认世界上会有太阳这个东西，难道太阳便真没有了吗？你不承认有神，你没有摸过神，没有见过神，难道神就真的没有了吗？空中音乐多得很，你没有收音机，便说没有音乐。难道真没有吗？这是你的机能缺乏，不是没有神的存在。人的见识常像瞎子；人的头脑好像蚂蚁，这样的人怎么能肯定地说没有神呢？

看不见摸不着能说没有吗？

许多人说，看不见神，摸不着神，所以没有神，不能相信。这种论调，能合理吗？譬如：指南针一直指着南北方向，看不出什么力量使它这样，可是我们知道，必定是有一种磁力在吸引着它。再说电的事实，哪一位科学家曾经见过电呢？可是他们却看出物体内的力量所发生的效果。看！现在一按电钮，电铃就响了。难道你看见过电吗？所以，由效果推到原因，我们可以承认有些没形没像的事物，确实是存在的。又像无知觉、无声、无色、无味的空气，虽然早已存在世间，但直到五百年前，加利奈博士方才发现。再像微小的细菌，有了显微镜方才知道。五百年前否认有空气，二百年前否认有细菌，一百年前否认有电存在。一切事物如果只凭人的感官来断定它们有或没有，能合理吗？

信神就不合科学了吗？

有人以为他所以不能信神，有一个重大理由，就是以为神的存在是一种迷信，不合科学。你曾读过盖洛普先生的统计吗？他曾调查前三世纪大科学家三百位，看他们是否信神加以统计。结果，没法知道他们信仰的有三十八位，不信神的有二十位，相信有神的有二百四十位，两者相比，信神的科学家占了百分之九十二。德国素来是以科学著名的国家，每个大学最少都有四系；而四系之中必有神学系。英，美等科学发达的国家，国王、总统就职的时候，都要手按《圣经》向神宣誓。可见神和科学不但没有冲突，反而被科学发达的国家和他们的学者加倍尊敬崇拜。

有人问："既是有神，为什么不用简捷了当的方法显给我们看看，叫人容易接受呢？是的，神是巴不得要给人认识，叫人能信他，也是巴不得要和人有交通；但是交通有两个原则：一是生命相同，二是性情相同。不同生命不能相交，正像人不能和鸡谈话一样；不同性情不能相交，像一个文雅的人不能和一个粗暴的人交朋友一样。神有神的生命，人有叛逆神犯罪的堕落倾向，有歪曲错谬的情感，又心思昏暗。这样地不同，怎么能相交呢？就是圣洁像摩西一样的人，要想见神一面，都不可能。我们怎么敢见神的面呢？明知人看见他就会死去，而神又要我们认识他，所以只好借着耶稣，就

13

是神在肉身显现来成就这事。现在要提几个明了有神的方法，盼望大家共同虚心研究一下。

二、宇宙的规律证明有神

你知道宇宙有多大吗？有多奇妙吗？

天文学家告诉我们，人用肉眼来看宇宙，不过是由六千个小星组织而成。如果用美国巴落马山上五英尺直径的天文望远镜来看，则可看见十一亿光年范围之内，共有三百万个银河系，每个银河系内约有恒星五百亿个，大多数比太阳大过万倍，光度强过千倍。

太阳系的伟大

先看太阳系的伟大。太阳系内，包括九大行星，三十一个卫星，三万个小行星，无数的小流星，地球直径为七千九百英里，但是土星要比地球约大九十三倍，木星要大一千二百七十九倍，太阳则比地球要大一百三十万倍；地球距离太阳九千三百万英里，乘坐火车（60英里/小时），从地球到太阳，要走一百七十多年。

天空的伟大

夜间看见天空有些弱的星光，似灭不灭地在空中眨眼，这些都是恒星，比太阳还大。距离地球最近的一个恒星，就是七星中最亮的一颗，名叫昂星，距离地球四光年以上。光的速度每秒钟要走十八万六千英里（三十万公里），可绕地球七周半，它的光线射到地球要走四年零四个月，体积要比太阳还大二十万倍。天狼星距离地球八个半光年。北极星距离地球四十点五光年。

15

银河星系的伟大

银河俗称天河，是由无数星球集合而成。因为距离太远，肉眼只见白光一片，银河不过是天空中许多银河星系中的一个而已。它距离地球二万光年之远。但这还不是天的边界呢！

宇宙的伟大

美国巴落马山上五公尺直径的望远镜造好之后，天文学家可以看到银河系的后面还有星云星雾，可以看到十万万光年之外的星球，和三百万个银河系统。我们肉眼所见的银河系不过是三百万个银河系中的一个而已。如果从人造卫星上摄影，则可测知有二亿个银河系。宇宙到底有多大？至今还是没法测度。这样看来，全人类都加起来，不过像一座大山上的一群蚂蚁而已。你敢说没有神吗？

奇妙的转动

星球运行的秩序、角度、速度，各按其轨道，一点不乱。整个宇宙，好像一座整齐完备的大城，每个星球好比一个人，走在繁华宽大的街道上，交通来往，千年不变的准确运行。一百年以前，就可算出某星应在某年某月某日某时某分在某个位置。你能相信这个宇宙大城，没有一位市长吗？

地球虽大，只是太阳系的一部分；太阳系又是银河系的一部分；银河系又是整个天体的一部分。地球带着月球以每秒三十公里的速度绕着太阳旋转。距离太阳最近的一个恒星，名叫昴星（就是"七星"中最亮的一颗），距离太阳大约有三万亿英里远。它是太阳旋转的中心。太阳带着地球等九个行星，又用每年一千五百亿英里的速度，在一大轨道上绕着昴星旋转，每转一周需要几千年的时间，地球绕太阳旋转；太阳又绕昴星旋转；昴星又绕不知名的中心旋转；不知名的中心又绕着天体的中心旋转。你看奇妙不奇妙呢？全宇宙中无数金光灿烂的星系，在太空中旋转前进，这个伟大雄壮的行列，向那个人所不能测度的目标前去。你看伟大不伟大呢？正如〈诗篇〉19篇所说："诸天述说神的荣耀，穹苍传扬他的手段。这日到那日发出言语，这夜到那夜传出知识。" 宇宙的广大无边，使我们看了就发出赞叹。

微小的原子，不是更加令人惊奇吗？

假定每一秒钟我们从一个针头上拿去一百万个原子，你是否知道必需两亿五千三百万年，才能把这个针头上的原子拿完？原子虽然这样微小，但是每个原子，又像一个太阳系。当中有一核心，四周绕着一些电子，它们以惊人的速度围着核心转个不停。我们觉得一块铁一块铜，是不能动的，其实不是这样，一切的物质，都是在动的状态中，这微粒用显微镜都没法看清的原子，却具有出人意料的威力。

奇怪！微小的原子和辽阔的宇宙，都好像受着同样的定律支配。这正是宇宙奇妙的地方。从最小的微粒到最大的星体，都是受着同样的定律支配。难道我们可以说这是偶然发生的事吗？试问这样既伟大又微小，而又有规律的宇宙和原子，到底是怎么产生的呢？对这个问题，各派学者都信宇宙的来源必有一个超奇的起头。

科学家说它是起于星云；哲学家称这个起头为"道"，是第一因素；文学家说它是抽象的真善美；老百姓说它是起于天老爷。《圣经》说这是神所创造的。还有一班学者认为宇宙的起源乃是偶然而成，或是自然进化而成。现在先问这个超奇的起头，究竟是抽象的呢？还是具体的呢？

宇宙的起头是幻想的吗？

换句话说：宇宙的起头是幻想的吗？还是出于有位格，有能力，有思想者创造成功的呢？这个问题，各人都能回答："宇宙是具体的！"因为我们所看到的所摸到的，都是具体的物质，而思想绝对不会变成物质。可惜许多哲学家常以为宇宙万物仅由思想构成，所谓物象都随着我的心转，有我才有物质，没有我就没有物质。试问你如果生来没有耳朵，难道音乐的声音，就能在世界上绝迹了吗？你如果生来没有眼睛，对于花木鸟兽的美丽有什么损害呢？你如果生来没有鼻子，天下兰花和胡椒的气味，岂能改变呢？你的形体死后消灭，宇宙万物能受影响吗？所以主张极端唯心论的人，多有变为疯癫，甚至到烦躁自杀的地步。

17

宇宙是自然产生的吗？

一般学者把宇宙的起源，归之于自然律。自然律是没有思想、没有意志的东西，是一种被造之物；是一种出产的物品，绝对不是造物的主。律法必定有权威作后盾，才有效力，但它本身绝对没有权威；律法必须靠势力来实施，本身绝对没有势力。所谓自然不过是一个假定的名词罢了。从前有一个科学家，曾向一些学生讲解有神，一位学生骄傲地起立质问："宇宙是怎样来的？请博士以最科学的态度回答我。"博士回答说："是神创造的。"那位学生立刻反驳说："神是谁造的呢？"博士回答说："神是自有永有，是造物的主，不是受造之物。"学生似乎很得意地说："这个太不合科学了。"博士看出他的骄傲，就反问说："请问地球从哪里来？"

学生回答说："是从太阳来。"博士又问："太阳从哪里来？"学生说："是从星云来。"博士逼着问："星云从哪里来？"这位学生有些迟疑，不能回答，最后勉强地说："自然而来。"博士又问："自然从哪里来？"这位学生愤怒地回答："自然就是自然，是自然而有的。"博士笑着说："那么，这不也是太不合科学吗？宇宙来源，我说由神而来，你便说我迷信、武断、不科学；你称它是自然，难道不武断、合科学、不迷信吗？"

大科学家牛顿

牛顿是一位虔诚信神的人。他有一个朋友，也是大科学家，却不信神。一日，牛顿造成一个太阳系的模型，中央是一个镀金太阳，四围九大行星各按位置排列整齐。一拉曲柄，各星立刻按照自己的轨道和谐转动，非常美妙。一天，牛顿的朋友来访，见到这模型，玩弄了好久，惊叹叫好，立刻问是谁造的。牛顿回答说："没有谁造的，是偶然成了这个样子的。"朋友回答说："无论如何必定有一个人造它，并且还是个有天才的人。"这时，牛顿拍着朋友肩头说："这个太阳系的模型尚且不能叫你相信没有一个设计创造的人，难道真实的宇宙，你说它是自然碰巧产生，没有造它的主，合理吗？"朋友因为被牛顿说服，从此也相信有神了。

大礼拜堂

如果有人说："这座大礼拜堂不是人的设计，也不是人手所造，乃是自然而有。它的来历是这样：这地本是一片荒野，经过多少万万年后，忽然起了一阵大风，吹来许多砖块瓦片。又经多少年后，这地大水泛滥，漂来许多木料。之后又经过了不知数目的年代，又从天上忽然落下灰色雪花，详细查看，都是石灰水泥。最后又经多少年代，这里忽然发生地震，正当地动山摇的时候，那些砖头石头竟然一块一块摇摇摆摆跳动起来，自己叠成墙壁。同时木头瓦片因为地震太厉害，飞腾空中，落在房顶。于是便成为今日的大礼拜堂了！"请问这种说法，你能相信吗？一座房子，你尚且不能相信它自然就有，难道这样大的宇宙，可以自然就有吗？

18

主仆两人

从前曾经有主仆两人，仆人相信耶稣，主人是个无神派。有一日，主仆两人出门旅行，住在一个旅馆。两人在闲谈中，辩论有神无神的问题。仆人举出许多理由，证明有神，主人至终不信。争辩已久，主人气忿地说："你把神给我摸摸，我就立刻相信！否则我是永不能信。"仆人没有办法应付，于是想了一个法子。等到主人睡觉之后，偷偷起床，走到院中，用他手掌在地上做了许多骆驼足印，仍旧回去睡下。清早主人起来，看见院中各处很多骆驼足印，立刻叫了仆人问说："昨夜有骆驼来吗？"仆人说："没有。"主人说："一定有。"仆人说："实在没有。"主人说："你看院中的足印是从哪里来的？"仆人说："你能把骆驼给我摸摸给我看看，我才相信。"主人很不客气地回答说："你这蠢东西！这个骆驼奇特的足印，难道不够证明有骆驼来过吗？"仆人回答说："主人请看！东方的太阳，围绕着美丽的彩霞，正从地平线上升，照醒大地的人，万花争放，百鸟齐鸣，这些证据，证明神的存在，难道不比骆驼的足印证明有骆驼，更加确实可靠吗？骆驼的足印，我可假造；这个宇宙证明有神，却是没有人可以假造的！为什么你不信呢？"主人没有话可说。难怪大天文学家喀尔文一生努力研究天文数理，得一个结论说："不信有神的天文学家，一定是个痴子！"还有一种错误学说，认为宇宙是偶然产生的。

宇宙是偶然产生的吗？

我们看看，可不可以碰巧成功呢？我们知道偶然是不一定的，是忽然之间不知什么缘故突然成功的。有的朋友说，一样东西同另一样东西，碰一碰就会碰出许多东西来，宇宙万物就是这么成的。你我曾见过世上，有一件东西是碰巧碰出来的吗？一块手帕，并不是几根树枝子碰一碰，就成一块手帕。又好像这本《圣经》，共有六十六卷，各卷都有一定次序，是由一个思想排成，如果是碰成的话 $M=m$！就是 $1\times2\times3\times4\times5\times6\times7\ldots\times66=545\times10^{90}$，即545后再加90个0分之一的可能性，怎么能办得到呢？

19

切牛肉丝机器的工厂

一个实在的故事：有一个人到美国一个制造切牛肉丝机器的厂里访问厂长时。谈到宇宙是怎样成功运作的问题。厂长说："宇宙必定是一位大智大能的神所定规的。"另有一位朋友说："宇宙间并没有神，宇宙是偶然而成的。"这位厂长也不和他辩论，只对他说："你来同我去看切牛肉丝的机器，我对你说，我们这种小小的机器，只是由八个零件合起来的；你说宇宙是偶然成的，那么请你试验给我看看，到底能不能偶然成功。现在我们把这八个零件，几只螺丝放进一只木箱，请你把这木箱摇摇看，看它能不能碰成一只切牛肉丝的机器？我深知道，无论怎样也摇不成一个机器。"那个厂长又对他说："我们这个厂里，共有几百工人，其中熟练的，一天能够装配二百多台。最笨的女工，最多教她几天，也能装配了。照你这样摇法，就是摇一月，一年，永远也摇不成一部啊！这是实在不可能的事。一台价值美金三元七角的小机器，尚且不能偶然成功，难道这么大的宇宙倒会偶然成功吗"？简单地说：你把一块布，一根针，一把剪子，一轴线，一把尺，放在一起来碰，永远不会碰出一件衣服来！你把铅字交给盲人排版，能排出文章来吗？你把五彩颜色笔交给他画画，能作成图案吗？宇宙是这样的有秩序，有规则，怎能没有一位定规者、制作者呢？

宇宙的起头是由星云变成的吗？

再看宇宙的起头是由星云变成的吗？这种说法，又和科学的原理冲突。因为星云是没有生命之物，而没有生命之物不能变为有生命之物。如果说万物的起源是由阿米巴演变而成，那么更和科学原理不合，因为绝对没有这样简单的阿米巴，可以变成构造这样复杂的人类的道理。正好像升中倒不出斗米，没有钱买不到饭吃。又好像鸡蛋所以能孵出小鸡，必需先具备小鸡应有的各种元素，才能生出。大物理学家赫尔曾说："物质变化生热，是由复杂而变简单，是一种退化现象。例如，铀变为镭，镭再自动放热，变为铅质，都是，由复杂变为简单，这是物理的基本定律。"宇宙绝对没有自己从简单变成复杂的可能。宇宙正像一部大机器。一部机器所以能按时工作，因为有工人。

没有管理者吗？

船按航路行走，因为有舵手；难道宇宙这部大机器会没有管理者吗？宇宙的有条不紊，已成定律，你能说没有一位规定这定律和维持这定律的主宰吗？我们可以肯定地说，任何定律的产生，必定具备下列两个条件：1、思想；2、权力。思想是用来计划和拟定规律的，权力是用来保持和推行规律的。难道有一国的律法或是学校章程，不经思想，便可编成；不用权力，便可维持的吗？管理宇宙的权力从哪里来？是宇宙的附属品吗？绝对不是。既是治理宇宙的权力，那么必定从宇宙以外而来。一个风筝飘在空中，你说没有看见它的线绳，难道就不相信有一个人拉着它吗？如果我们称那制定宇宙规律，执行宇宙规律，操纵宇宙者为神，可以不可以呢？总之，宇宙的起源，无论怎么解释，太初的宇宙，必定像钟表旋紧了发条，含储巨量的能力，然后随时发泄才可以成功。如果是这样，那么又发生一个合理的问题："谁曾旋紧了这个宇宙的发条呢？

如果一位科学家，偶然发现了一颗新星，或者无意碰着了一条自然律，那便了不得了，普世必定热烈庆祝他的成功，称赞他的知识。但是那星并不是他造的，那自然律也不是他制定的，他只不过发现了它们而已。现在如果我们想起那星辰的创造者，那自然律的订立者，却是冷淡不加理会，而且还硬说没有他，这是多么奇怪的事！

组成万物的元素只有百余种

再看世界上的物品，虽有千千万万，但是组成万物的元素只有百余种。例如：食盐，是由钠、氯两种元素化合而成的。水是氢、氧两种元素化合而成。糖有三种元素。正像英文单字虽有几万，但它们的组成不出二十六个字母以外。宇宙万物虽多，都是由一百多种元素变换化合而成。宇宙的形形色色，既由少数的元素化合而成，这样就又发生第二个合理的问题："谁是那位脑力充足，智慧满腹的化合者呢？

必须具备两个条件

一件事物的成功，必须具备两个条件：第一需要是工具，第二需要是智力。如果要排列一个算式，必定先有十个数字作为工具，然后运用智力，使它安排合理；再用十个数字，利用智力解答各种算学难题。文学也是这样，英文二十六个字母是作文的工具，字母本身，不过是毫无意义的符号，必须等到运用了智力，才能联合而成文字，或为诗歌，或为宣战，或为讲和，或为文章。论到宇宙的奇妙，怎么能说不是由于一位大智慧者，运用各种元素和智力创造而成的呢？你看昼夜月朔都有定时，分秒不差。春夏秋冬，四季寒暑，千年不变。月绕地球，地球绕日，都有一定轨道，不差毫厘。假如每日只差一秒，好像不很多，六千年来，要差六百小时了！我们现在每日不是二十四小时，乃是六百二十四小时了。公园如果没有花匠管理，必定荒芜凌乱。你如果看见一个花园花木繁茂，整齐清洁，就知肯定有个花匠管理；你虽没有见到那位管理的花匠，但可断定确有花匠，否则决不会有秩序。所以，伟大奇妙的宇宙，必定有一位神来管理它，来定规它。

神是谁造的呢？

如果说宇宙是神创造，又有人问：神是谁造的呢？我先问你，一千从哪里来呢？你回答是从一百而来；一百从哪里来？你说是从十而来；十从哪里来？你说从一而来；再问一从哪里来？你就无从回答了。难道不知一从哪里来，就没有一吗？爬虫只知有平面（二度空间），不知有空间（三度空间）；人就不只知道第三度空间，而且知道时间（四度空间）。低一度空间的生物，没法了解高一度空间生物的来源。人对于神也是这样。正好像一只小鸡问一只小狗说："天天养活我们的那个主人，他是从哪里来的呢？"你想他们能知道吗？但是它们不能说没有主人。

有没有和知道不知道完全是两回事。又好比一棵有生命的树，本性是不能知道人从哪里来，也不能知道人的事，说人的话。又好比解决一个几何题目是一只猴子办不到的。一只猴子只知多和少，不知十个数字。照样，渺小的你我，怎能明白这位自有永有的神的神性呢？三十位以上的数字你数得出吗？个、十、百、千、万……你可数数，一直数到三十位？你如果能知道神的来源，他也就不能称为神了！或者你也和神差不多了！神是个灵，他不是由可消灭可变化的物质形成的。在创造物质以前，从时间还没有开始的时候，他就已经存在。他自己不能有开始存在的时候。假定这里有一列火车：最后一节车厢是由前一节来牵动，而前一节是由再前一节来牵动；这样最前面应当有一节是自动的，是自己有力量的；不然整列火车就不会前进。同样，神——创始者——在万有未被造之先，是本来就有的。如果他的存在，又必须来自另一个的话，那么整个宇宙就不会存在了。我们虽然不知神的来源，但在经历上，理论上，不能否认有神的存在。我们不知来源的事太多了！但不能说没有这些事。《圣经》告诉我们，神是明明可知的，只要借着所造成的物，就可以晓得，叫我们无可推诿。

三、万物的奇妙证明有神

万物构造的奇妙，真是讲说不尽。如果你到"自然历史博物院"里参观，你会看见各种飞鸟，走兽，昆虫的标本。请你特别注意它们的保护色。

保护色

每当冬天来临，它们会披上一种白色的衣服，配合冬天的雪景，使它们的仇敌难以看见。它们也会模仿某种颜色保护自己。你知道日常可见的麻雀为什么背是土色，肚子是白色呢？因为走在地上，人见它的背和土一样；飞在树上，人只见肚子，它又像天空白色，用来保护自己。一种蛾蝶类的毛虫，休息的时候，装作树上的一根小枝。蝴蝶反叠双翅，在树上不动的时候，和一片树叶没有分别。有种海鸟，把它一窝鸟蛋，藏在海边乱石堆中，除非有特别训练的眼睛，不容易发现。威风凛凛的老虎，借着皮上黑色垂直的花纹，在热带树林里，使它很难被发现；因为烈日高照，枝叶和野草的影子，刚好造成和老虎皮相像的花纹。还有一种浅黄色的蛾子，它们停在腐烂的银色桦树木上，显出和桦树的朽木有特别相同的颜色。这些虫类，都有一种惊人的本能，会在树皮之上，找着完全和它颜色相同的地方，附在它上面，避免被人看见。有一种昆虫名叫木虱，遇见仇敌，它就卷缩变成小球，滚离危险地带。另外有些昆虫，会变成某种"苦味果子"的形状，这种苦味果子是飞鸟不喜爱吃的，因此避免了飞鸟的啄食。

一只小小的蜘蛛

一只小小的蜘蛛是天天可见的小虫。它的丝网铺在一个墙角，苍蝇、蚊子投到网上，拼命挣扎，也逃不脱。结果作了蜘蛛主人的大菜。为什么飞不出去呢？因为网是有粘性的。我们要问蜘蛛吃飞虫时，自己为什么不被粘着？原来它的腿上，分泌一种油质，使它不被粘住，所以网中央的丝上，没有粘性。你看，蜘蛛的小脑筋能懂这些奥妙吗？在这里不过看出造物者的匠心和智慧罢了！又有一种蜘蛛，体积仅像黄豆大小，却能将蚌壳举到空中，距离地面二十英尺高，在壳内织网，抚育幼虫，以防危险。蚌壳的重量对于微小的蜘蛛就等于以一个人的力量把十吨钢铁举高到一英里的空中，是一项非常伟大的工程，非由工程学解决不可，而这个蜘蛛竟能利用科学方法把它举起。原来蜘蛛先选择一个适当的树枝，作为窝巢的根据地，放出潮丝，系在蚌壳上，再收紧这丝，等它自干。潮丝一干，自然缩短，而蚌壳的这一端，就稍稍离地。然后再放潮丝，紧系蚌壳的另一端，等它干后，那端也离地而起。这样继续下去，终于能够举起蚌壳到它适当的高度。然后经营布置，就成了一个稳妥的住所，从事繁殖工作。这种伟大工程，微小蜘蛛为什么竟能这样做，为什么它能认识物理定律，并且加以运用呢？

某气象台负责人说，小蜘蛛预报天气的准确，远超过气象台的预告。他说："台风没有来之前，蜘蛛必定把蛛网预先收起，只留几根干丝，并且尽量加粗，以防台风。台风一过，又把蛛网布开，万分灵验。气象台虽然测得台风要来，但又可能改变路径而不来，可是蜘蛛每次收网，台风必来无疑。"负责人说："我远不如蜘蛛预报得准！"他以技术员的智慧和技术，加上精确的仪器，更有各气象台的情报预告，尚且不如蜘蛛的准确，人还有什么可骄傲呢？

猫从墙上跳下

再说猫从墙上跳下，都是四足落地，依照原理身重脚轻，一定倒冲下来，事实不是这样。后来经过科学家的研究，当猫跳下时，用电影拍照，然后慢慢放映出来，方才看见当猫跳下时，它的尾巴在空中急速旋转，好比飞机的螺旋桨，趁着劲使身体不致倾斜，所以永跌不倒。这个办法，岂是猫自己设计的呢？动物的智慧明显地说出，必定有位慈善的造物主，赐给它们本能，使它们能保存自己，并且生育繁殖不至于灭种。

鲑鱼

你看鲑鱼（河豚的别名，背蓝灰色，肉淡红）。在海里寄居多年之后，还能找到自己所出的河流，逆水行在河边的小支流中，回到它诞生的故乡。它为什么能够准确地回到故土呢？如果把它放到另一支河流，它会立刻知道走错了路，挣扎地逃归本河流去，并且拼命逆流而上，直到找着它的目的地，结束它的旅程，一点不差。

海鳗鲡的生活恰恰相反

它们产自深海却寄居在内陆河沼之内，在成年之后，便从各河沼，甚至从欧洲横渡几千里的大西洋，一同迁居，向同一目标前进，会集在靠近百慕达的深海处。它们在那里产卵，并老死在那里。新生的小鳗鲡，虽然被留在一片汪洋里，也没有测量工具，它们却能再回父母原来寄居的地方。不只找到它们父母所经过的海岸，并且一直找到各支河，各湖沼中。因此，天下各水域，到处都有鳗鱼。它们不会走错路，美洲鳗鱼的儿女仍回美洲，欧洲鳗鱼的儿女仍回欧洲；所以，美洲鳗鱼不能在欧洲被捕获，而欧洲的鳗鱼，也不能在美洲海里被擒拿。并且大自然的创造者，特为欧洲鳗鱼增加成熟期限一两年，用来补上它们长途旅行所失去的时间，以免它们来不及到达目的地，而在途中产卵。你如果不信有神的安排，请问引导这行动的力量是从哪里来的呢？

萤火虫

荧火虫的发光是你所安排的吗？还是进化的呢？为什么雌虫没有光呢？你知道一百万个萤火虫的光，可以相当五支烛光的电灯吗？它用这个光在它妻子的前头引路，叫她能在夜间同行。这是你设计的吗？

蚂蚁找路的方法

成群的蚂蚁，出外找食时，常是沿着一条固定的夹道，来往奔跑，运送物资。它们怎么会不走错路呢？怎么会知道哪条是去路，哪条是来路呢？动物学家桑斯博士研究证明，蚂蚁能够分泌一种化学物质，它们用这种物质浸染道路，而且来路和去路是用两种不同的分泌物涂染的。你说奇妙不奇妙呢？

小鸟能知方向

我们渡过海洋要用各种地图仪器，还会走错。小鸟怎么能按它的时令季节飞渡大洋，一点也不迷失呢？1939年，一个青年人贝京养了一些传信鸽子，他因病被送到一百英里外的医院施行手术。一个晚上，忽然看见窗外一只鸽子扑着翅膀，忙叫护士开窗，让鸽子进来，鸽子扑向贝京。贝京激动地说："快看它腿上的牌子，我相信它是我的鸽子，167号。"护士一看，果然是167号。看看神所赐给小动物的生存本能，我们就应当敬拜神。

黄蜂能战胜蚱蜢

黄蜂能战胜蚱蜢也是一件有趣的事。因为黄蜂产卵之后，不久就必定死去，不能喂养幼子，所以在没有死之前，非预先安排好不可。它先在墙上用土筑一小洞，然后捉一只青虫或是蚱蜢放在洞中，在合适的部位上，把蚱蜢螫伤，使它昏迷，却不至于死，把它保存起来，像腌肉一样。然后，黄蜂开始产卵，使它婴儿孵出之后，便可吃蚱蜢的肉，得以存活。它不杀死蚱蜢，是因蚱蜢的肉会腐烂，恐怕给它婴儿致命的伤害。母蜂做了一切的事，就飞到别处，永不再见它的婴儿；因此，母蜂必须准确地做完这些工作，然后生子。不然的话，黄蜂就要在世上绝迹了。这种神秘的技艺，没有办法以适应环境来解释，肯定是天赐的本能。

但是，一般人们又以"遗传记忆"为名词，闪避这个不可避免的答案。在这里我愿问一个问题：请问第一代始祖，怎么能学会这种技术，学会以后，又怎么遗传给后代呢？马戏团的狗尽管学会各式把戏，演出令人赞赏，但它所生小狗就没有这种本领。如果不再刻苦训练，必定仍和普通的狗一样平凡。在这里怎么能见到遗传的记忆呢？不但鸟兽，昆虫，鱼类有这奇妙的本能。

植物界也是一样

当你摘豌豆时，可在田里留下一荚，不要摘它，试看怎么变化。这荚豌豆熟了以后，豆荚就要分开来，每边两三个豌豆附着，豆荚在太阳下慢慢晒干，卷缩起来，便将豆子向外弹出，落在相当远的地方，好叫下一季时，这豆有足够的地方慢慢生长。

枫树也是这样：两粒种子生在一张薄膜的两端，保持平衡，等从树上落到地上的时候，就像飞机的推进桨一样，旋转而下，飘离母树相当远的地方降落，在那里得到充分的空地和阳光，准备明年长出新树来。

你见过"旅行树"吗？它的叶子很宽，形状像水槽，收集雨水和露水。叶的底部有一盛水的壶状物，它上面有盖，可盛一两碗水。壶中的水枯竭时，壶盖会垂直地打开，让壶口毫无拦阻地接受雨水。一旦盛满了水，壶自动地盖起，免被太阳晒干。你看奇妙不奇妙呢？

太阳的价值

朋友！你知道太阳的价值吗？地球一切生物都是靠着太阳的光热维持生命的。据估计，太阳每秒钟要消耗四百万吨重的物质，才可以维持放射这么大量的光热。地球每天所受的日光，如果折合电力，以美金价值计算，全世界每天要给太阳付出160,000,000,000,000美元。

水的神秘

没有人不知道氢氧气化合成水。氧气是帮助物体燃烧的主角，氢气本身很容易着火，可是两者化合成水之后，反成灭火物质。你说奇妙不奇妙？再看水变冰后，坚硬如石，照理应像石头沉在海底。如冰果然下沉，那么海河的结冻，必定由下至上，水底生物必定消灭无遗。事实上，冰浮水面，水底生物仍能生存。这和一般的物理定律，大为不同。按照一般的物理定律，凡物热就膨胀，冷就收缩。水的温度下降时，先按一般的物理定律渐渐收缩，当它的温度下降到快要结冰时，忽然违反一般的物理定律，反倒膨胀了。如果在显微镜下，观察结冰的过程，最初温度越低，水的体积越缩，像这样紧缩下去，一旦成冰，必往下沉，像石块一样，鱼虾势必全死。但是到这里奇迹发生：当温度减到摄氏四度时，水的紧缩，忽然停止。从四度再降到冰点零度时，非但原有的体积一律恢复，并且反增大三十分之一。因此，冰能浮在水面上，水底生物得以生存。请问这是谁设计的呢？

其它像动物吸取氧气，呼出碳气，植物吸取碳气，放出氧气，不断循环，万物倚靠这些循环而互助生存。鸟以翅膀飞翔，鱼以鱼泡飘浮，蚯蚓没有脚，就以肚子行走，雄雌花蕊，借蜂蝶来相交。有气来传声，有光来照物，这就是媒介传递的途径。同是眼睛，牛马因为需要平视就横而长，兔鼠因为需要向后观看就成为高而突出。同样是胃，虎豹食肉容易消化，它们的胃就狭而小；那些吃谷食的，因为难消化，它们的胃就厚而坚。例如：鸟类，胃藏砂粒，是为了磨碎杂物，即使吃了玻璃，也不会受到伤害；牛、鹿吃草，就为它们特别预备了四个胃，以供它们反刍倒嚼。这些奇妙安排，是你设计的吗？是偶然碰巧成功的吗？

人体的构造更是奇妙

现在我们来观察人体的组织。我们真想不到在我们自己的身上，有那样复杂而又划一的动作！头脑是指挥总部的办公处，里面又分成许多小部分，各有各的工作，由总部引出一根粗大的电线——脊髓，由这线发出无数的支线，分布成电话网——神经系，用来传达总部的命令。此外，还有两架电话收音机——耳朵，用来收取外界的消息；两架高度自动连续拍摄的摄影机——眼睛，用来拍摄外界的影像。在这百忙的动作中，还设有两座化学试验处——嗅官和味官；一个奇特的液压泵——心脏；一个自动滤清器——肾脏；并有一套恒温调节机制，常保持着37℃的温度，人的喉咙构造好像一个风琴；骨骼和筋肉的作用好像吊桥一样。

我们的心脏日夜自动跳动，如果由我自己管理，忽然忘记使它跳动，怎么得了？现在我问：是谁建造管理这部机器呢？

人的耳朵

就拿人的耳朵来说。它像一架小型的琴，耳朵的外壳就是一个收音喇叭，外耳壳凹凸不平专为收听各方面来的声音。里面有六千条弦丝，最长的半厘米，最短的只有二十分之一厘米。每一条都绷得恰到好处，可以听到四十个音阶。此外，还有一万八千个特种细胞，长满了三十万根细丝，形成听觉神经，像钢琴上的琴键，可把外来的声音重奏一遍。这是多么奇妙的工程！

骨有软硬不同

人体内没有比骨头更简单的东西了，只把骨头研究一下，你就不能不信有神了。第一、骨有软硬的分别。耳鼻必须是软骨，因为太薄，如果是硬骨，一碰就碎，各人耳鼻势必残缺不全。反之，四肢的骨必须是硬骨，如果是软骨，势必站立不住，不能走路了。第二、骨有包肉不包肉的分别。身体各部骨头没有不包在肉内的，惟独牙齿和指甲反而露在肉外。如果牙齿也是包在肉内，吃饭嚼肉必把自己的肉吃下肚子；指甲如果包肉，你怎么抓痒呢？当软就软，当硬就硬，当包就包，不当包就不包。你看奇妙不奇妙？头骨是箱，胸骨是条，脊背骨是链，腿骨是管，各有专一用途。而且各骨中空，支力和实心相等，便可减轻骨的重量，又可通过神经系统，像电线护管一样。这种奇妙的设计，是你计划的吗？是进化的吗？是碰巧的吗？还是有位超自然的主宰创造的呢？

只要看看自己身上的毛发，也可证明有神。

毛有长短、里外的分别

先看你的眉毛，长了几十年，只长四、五分，就不再长。但是头发，可以长到四、五尺，一直往下长。如果眉毛也长四、五尺，岂不把眼、把口一齐遮盖了吗？该短就短，该长就长，你看奇妙不奇妙？再看毛有里外的分别。耳毛长在内耳，以防小虫飞入；如果长在耳外，就不合用。鼻毛长在鼻内，用来滤沙灰；如果长在鼻子外面，或长在鼻尖之上，势必把灰沙吸入肺中，并有性命危险。胡须也是毛发的一种，如果长在口的里面，势必被牙嚼碎，吃下肚子，如同吃草一样。眼睫毛若是长在眼皮里面，如果也像鼻毛长在鼻内，你就会终日流泪不止，并将双眼刺瞎。你看，有的毛发必须长在里面，就长在里面，有的毛发必须长在外面，也就长在外面，正合适用。你看奇妙不奇妙？

30 毛的倒顺也有讲究

人身上各处的毛，都往下长，惟独气管细毛，往上倒长。如果气管细毛往下倒长，粘痰只能下降，不能上升，粘痰日久堵塞气管，妨碍呼吸，起初为气喘，至终将窒息而死。美国有位医生，他对神的存在，原是半信半疑。一天，他解剖病人气管，看见气管四壁生了许多细小软毛，而且每根软毛都向上长，按照人体各处的毛都向下长，而惟独这里向上长。这位医生就看出一个问题，如果这里的毛也像其他地方的毛都往下长，就使粘痰没法咳出，越咳反而越下去，只要几口痰，便把气管塞住，人必窒息。感谢神！他在这里为人预备了倒毛，使它遇痰发痒，因痒而咳。又因为毛是倒生，痰只能往上咳出，不能往下走动。这位医生，看见这个启示，他便相信有神了。各毛应该顺长就顺长，应该倒长就倒长。你看奇妙不奇妙？再看眉毛，方向又是与众不同，既不往下垂长，又不往上倒长。左眉向左边长，右眉向右边长，造成两具防浪堤，挡住额上流下的汗水，把它引到两边流下，不至进入眼中。如果向上，或是向下生长，都没有防汗功效，你看奇妙不奇妙？

胡须的奇妙

古今中外，男人都长胡须，女人没有长胡须的，不像猫、狗、兔、鼠，一出母腹，雌雄都长胡子。而且男女幼小时，一点不长胡须，到了十几岁后，就特别显明出来。这是因为神要男女分别，不喜爱混乱。但当幼小的时候，不需要特别分明男性、女性，所以一律都不长胡须。到了发育完全，势必明显分别，以阻流弊。你看奇妙不奇妙？请问各位，这些事实是你设计的吗？是你没有出母腹之前，就预先如此安排的吗？还是碰巧而有的呢？是自然的呢？是进化的呢？岂能没有一位设计者，一位创造者呢？

鼻子大有关系

单以人体的一个鼻子来说，鼻子每分钟，吸气十七次，昼夜24小时，共计吸气24,480次，如果以每次呼吸空气500毫升计算，那么每天每人所需空气大约有12,240公升之多！每次吸入的空气，温度必须快速调节，湿度也必须调整，空气中的尘土也更需要滤净。所以，一个鼻子，除了嗅觉的功用之外，还要包括三大机器：温度调节器，湿度匀衡机和除尘灭菌机。我想，请一位世界上最好的权威工程师来设计这个鼻子，要具备三大机器的功能，它的重量，不到一百磅至少也要五十磅。你如果挂着这么大的科学鼻子，岂不太累赘吗？行走在前，岂不成了大笑话吗？

31

心血奇闻

我们知道地球赤道的周长共约有四万公里。但是人身的毛细血管统统连接起来，比它还长两倍半。喜马拉雅山的珠穆朗玛峰号称天下第一峰，但是人体的红血球统统堆起来，却比它高五千倍。人的心脏，虽然只有拳头一样大小，但每人要在二十四小时内，经心脏处理的血液，有11吨又128公斤之多。如果用马力计算，需要一百四十匹马力，才能达成。

你看火车的推进轴，是用合金钢锻成，很快就磨耗不能再用。然而，你看人的臂肘，一天到晚的动作，几十年也不损坏。再说四肢各体，都是长久劳动就疲乏，必须休息，为什么肺的呼吸，心脏的跳动，血液的运行，独独违反定律，始终不息，久劳不倦呢？其他，如头是圆的；脚趾是方的；腿是长的，脖颈是短的；母乳是甜的，胆汁是苦的；胃液是酸的，汗水是咸的等等，没有一样不是正合需要。耳目口鼻没有一样不在适当位置。如果说偶然凑巧，为什么眉毛不长在眼下呢？鼻孔不朝天生长呢？耳朵为什么不长在手心呢？脚趾为什么不长在头上呢？人造的东西，你可以改良增减，惟独神造的物你不能改良，也不能增减。

眼睛更加奇妙

人的眼睛好比一架天然的照相机。眼眶和眼球的六条筋好像照相机的三角架，把眼球固定在眼眶内，眼皮好像照相机的启闭叶，瞳孔和虹膜好像照相机的光圈和光线调节器，水晶体好像照相机的镜头，网膜神经壁好像照相机的底片。照相机要用人工配合光线，用人工配合距离。神赐给我们的眼睛却能自动调整距离，自动调整光度，而且每一秒钟可以随时拍到清晰的照片二十多张。眼睛除拍照外，还能自动洗片，自动显影，自动晒片。神供给我们无限无量的五彩底片，可以日夜免费自用。双眼除照相外还有通信作用。它能够把所看见的东西立刻通知脑子，脑子立刻加以欣赏，或者加以拒绝。同时在我们身体里面，不知在什么地方又保存着一大本相片记念册，他把我们所看见的景色人物都珍藏起来，让我们随时可以拿来回味。它可以使我们想起数十年前婚礼喜乐的情景，好像就在眼前一样。请看神的创造，是多么智慧奇妙。

试想改换肢体位置

我曾觉得鼻子长在前面不大方便，不如长在头顶，好像烟囱，出气入气都可自由。转而一想，如果路遇大雨，怎么得了。冬夏如果戴帽，盖住鼻子，不能透气，岂不闷死了吗？腐臭鱼肉在没有入口以前，先经鼻子一闻，再送到口里。如果鼻子在头顶，势必先要把菜举到头顶，叫鼻子闻过气味好坏才放入口，岂不太麻烦吗？又有一次觉得两眼都在前面未免浪费，后面如果有人打我，毫不知道，这样岂不太笨？不如一前一后，两面都顾到才算智慧。后来一想，如果夜晚睡觉，必有一眼压在头下，垫在枕上，岂不痛死我吗！又想，眉毛长在眼上好像没有必要，不如长在食指之上，可以当做牙刷，比较合用。后来一想，如果在夏天流汗，而没有眉毛挡着，盐质汗水流到眼中，怎么得了。想来想去，还是神的设计高妙！

我们看见桌子，就知道有一个造桌子的木匠。看见一座房子，便知道先有工程师设计，然后运用材料建筑起来。我们知道，只有瓦、木、砖、灰、泥土，堆在一处，不能自成一座房子，更不能分卧室、饭厅、客堂、浴间、厨房等等。这些必有工程师设计。我们看到万物的奇妙，难道能说没有一位造物者——神吗？正像《圣经》所说："自从造天地以来，神的永能和神性，是明明可知的，虽是眼不能见，但借着所造之物，就可以晓得，叫人无可推诿。"（罗马书1:20）在岩石里，包含着《圣经》的教训，在流水中，暗示了神的话语。朋友们！万物都在那里向你招手说："来吧！让我们一同赞美歌颂那位创造者吧！朋友，请你祷告说："神啊！求你可怜我这个无知的瞎眼的罪人！"

人的艺术品和神的创造

你曾用放大镜看过人的艺术品吗？一张名画只是一些粗劣的斑点和黑块；如果看一具雕刻，既不整齐，又不光滑；如果看剑的利锋，好像和锯齿一样，人的艺术品不过这样罢了。如果用最高度的显微镜去看神的作品，树叶花草或动物的任何组织和器官，就不知道是多么的精美，找不出一点毛病。一只黄蜂的刺针放在显微镜下看，像玻璃一样光滑；有些微小贝壳，像针尖那么小，夹在海底泥沙之中，你如果把它放在显微镜下观看，你要惊奇，它像美丽的花瓶画上了五彩的艺术图案。比针尖还小的贝壳，神却用他的巧工装饰它们。神更为着自己造出亿万颗金光灿烂的大星，悬绕在伟大奥妙的宇宙之中，以显示他的艺术大能。为什么你不信呢？

33

四、人类的本性证明有神

全世界几百种的民族，几千种的方言，在他们的文字语言之中，别的文字或者可以缺少，但是"神"字绝不缺少。按理，必定先有物，才有它的名，所以必定先有神，各国字典才有"神"字。

人类都有敬拜神的天性

美国有一国家地理学会，是个规模很大的组织。他们曾到各地各处调查人文地理，他们查考的结果断定：人类都有敬拜神的天性。无论文明、野蛮、进步、落后，这点都是相同的。没有开化的苗民，他们也知道有神。现代最大科学家也多相信有神。所以，对神的信仰，是人类普遍的天性。

另外，根据调查可以知道，世界上二十亿人口的时候（现在约有六十亿）有宗教信仰的约占十七亿多人，相当全人口80%以上，其中基督徒约占六亿一千万人，回教徒约占二亿一千万人，佛教徒四亿六千万人，多神教徒约占一亿四千万人，天主教徒约占三亿七千万人。所以，世界充满了拜神的空气。你如果周游世界，可以遇见没有城墙，没有文字，没有法律，没有房屋，没有货币的城市，但是不会遇见没有庙寺，没有神，没有祈祷，没有预言，没有求福避祸，没有献祭的城市。你看哪一个地方没有福音堂、天主教堂、庙宇、寺院、回教堂呢？在这广大的世界上，只要有人类生存的地方都可以看见伸开两手、举目向天，跪着祈祷的人。这个普遍拜神的事实，已经足够证明人类有个相同的天性，就是敬拜神！他们言语不同，肤色不同，风俗习惯各有不同，血统历史文化相差很远，但他们拜神的观念和事实，却是完全一样。

穷则呼天，痛则叫娘

我们中国有句古话说：穷则呼天，痛则叫娘，就是拜神本能的表现。敬神的本能平时可被种种世俗的事物隐藏埋没，但到尽头末路，生命遇着危险，前途走到绝望的时候，那个埋没在内心深处的敬神的本能，就会完全显露出来！所以，在病院里，可以听到喊天叫娘的声音，在紧急关头，可以见到人们种种俯伏跪拜祷求的表示。

有一次在南美洲，一个传道人从森林经过。忽然听见好像有人喊叫救命的声音，于是随着声音奔去。后来跑到一条河边，看见一个人乘着独木小船，从上直往下冲。水流很急，并且隔不多远就有一个瀑布，如果没有人援救，那人一定要被瀑布冲下去了。正危急时，那人竭力喊着说："神啊！救救我！救救我！"传道人见到这情形，想办法把他救了起来。第二天，传道人又从森林经过，看见河的那边，有几百个人聚集，有一个人正在那里演讲，他就去听，看看到底讲些什么。那人正在讲到是否有神的问题，讲了很多很多的理由，结论是没有神。

讲完之后，就对大众说："我已经讲了这么多的理由，如果有谁不服，要想驳我，可以来驳。"这位传道人就上台对众人说："我不会驳，我也不讲什么理由，我只讲一个故事给你们听：昨天我正行路走对面的森林，听见有人喊救命说：'神啊！神啊！求你救救我！救救我！'这样不断地喊着，我就跟着声音奔去，跑到一条河的旁边，看见一个人坐在一只独木船上，水流很急，而且临近一个瀑布地方。他的生命非常危险，我就把他救起送他到家。今天我把这位介绍一下，昨天在船上喊着：'神啊！求你救救我！'的那一位，就是今天这位讲许多道理说没有神的先生。我说得有没有理由，请诸位去问他自己吧！"那人喊神蒙救，为什么又说没有神呢？这是因为无论什么人，心中都有神的观念，急难求神，但到事情过去，情况也改变时，就又认为是偶然碰巧的了。

宗教本能

有人又解释说："人类的宗教本能是因为原始时代，没有知识，看见雷电、猛兽、发生了惧怕的心，也就把这些当做神来敬拜，随后渐渐有了神的信仰。这种解释，是把原因当成结果，把车子放在马前面。例如，我在街上走路看见一个人，我就立刻拉着他叫："王约翰！王约翰！你是什么时候来的？那人转脸看我，我就知道认错人了，便道歉说："对不起，我认错人了。"这没有问题，是一个错误，但要紧的是在我没有认错王约翰以前，我已经认识了王约翰了。不然决不会把一位陌生人当做王约翰的。同样人把雷电、猛兽当做神，是认错了神。但在没有认错之前，人必定先有了神的

35

观念；神的观念毫无疑问是先有的，然后才会错误地把雷电、猛兽当做是神，这是很容易看出来的道理。这种种的观念，也是随着宗教本能而产生的。

人的良心也证明有神

人不只有敬拜神的本能，就是人的良心也证明有神。当你犯罪作恶时，良心岂不要责备你吗？想到已往对父母，对亲友的亏欠，能不感觉不安吗？所以，许多的人平时作恶犯罪，任意妄为，临死便要虚心悔改。所谓"鸟之将死，其鸣也哀；人之将死，其言也善。"这些都是良心功用的明证啊！

从前有个女孩子，父亲是位无神派，母亲是位基督徒。那个女孩子对于有没有神漠不关心，没有神也好，有神也好。一天生病很重，孩子对父亲说："我心十分不安，恐怕就要死了，是否有神的问题需要快快决定。我是信你的呢？还是信母亲的呢？"可怜的无神派父亲到这时候，没法使他的小女心安，便说："你还是信你妈妈吧！"可说无论什么人，当他临死临危的时候，良心必定时常发生作用，这便是神在人的内心呼召的明证。

36

临终测验

一件铁的事实：美国有一医生，曾用四、五十年临床经验，写了一本书，专门研究人临死的情况。他的结论是："无论什么人，当他临终断气时，都是十分痛苦；惟独基督徒有主耶稣的宝血洗净他良心一切的亏欠，确实知道他的归宿是天家，他的归宿又是真实可靠。甚至有些基督徒一边唱诗，一边安慰家人，平安离世。"也许有人怀疑这是心理作用；如果是心理作用，为什么假神不能安慰他们呢？事实告诉我们，凡没有真神作为根基的宗教，绝对不能安慰一个将要死的人的灵魂，叫他不怕死亡的威胁。心理作用，只能欺骗一时，到了紧急关头便失去作用了。儿子总有一个地方像父亲，说话不像，走路还有点像。人既是神照他自己的形象造成，无论怎样堕落，总有一个地方像神，这就是良心，是神所留下的。一个人无论怎样犯罪作恶，良心时常发现。父母不能管他，律法不能管他的时候，良心还是可以管他。良心所发的见证，就是有神。

心灵的饥渴

人类本性还有一个倾向，就是心灵的饥渴，无论什么都不能满足，惟有信了神才能满足。人在青春时代，常常觉得一种心境不安，称为青春烦恼。等到和情投意合的异性结婚，家庭生活美满，心中便安定下来。但人心灵的更深处，还有另一种的不安，不是异性可以满足的，不是名利可以满足的，好像世上没有什么东西，能够使他满足，一直等他找到了神，心灵才能安定下来。这时心绪的安静，像婴孩躺在母亲怀中一样。

人有求神欲

这个事实，足以证明：**人有求神欲。**人的内心有一种求神欲，正像饥饿的人想吃食物，干渴的人想喝水一样。这是一件顶希奇的事实，就是无论你的内心有什么欲望，在你身体上面，便有一个器官来作你解决欲望的工具；同时在外界也有事物，来供应你的欲望。所以，欲望、器官和供应，三样东西互相联系，缺少一样也不行。你有观看美色的欲望，在你身上便长有两个眼睛，作为吸收美色的工具，而在外界也有青山绿水，花木鸟兽的美丽，足够供应你的需要。你有听美妙交响乐的欲望，你便生长两个耳朵，外界也有鸟语蝉声，音乐诗歌来供应你的需要。你有食欲，你便长个口，作为进食的工具，外界也有鸡鸭鱼肉、大饼油条来合你的心愿。总之，一切内心的欲望，外界既然都有供应，怎么能说有了求神欲，在外界却唯独没有神来供应呢？这么多的人在内心深处有一个求神欲，也真得到了神满足了他的欲望，你为什么还不信有神呢？没有别的缘故，是因为你错用了工具，所以找不到神。五官是接触世物的工具，不是接触神的工具。惟有使用人里面的心灵才能摸着神。某一器官只能摸着某一类的事物。比如，你要知道花的香味怎样，非用鼻子闻闻不可。你如果用眼去看，香味是看不见的；用耳去听，也听不见什么气味；用口去尝，尝不出它的香气。同样原理，你如果用眼去看神，用口去尝神，用手去摸神，用脑去想神，用鼻去闻神，用耳去听神，都是不可能的。你非用心灵和诚实去寻求神不可。因为神是灵，所以心灵是测知神、感觉神的适当工具；你如果用这个器官，保证你会遇见神。你如果不信，请你试试看，你只要跪下，诚心做个短短的祷告说："神啊！求你开我愚昧的心眼，使我真知道有你，好叫我认识你，相信你，敬拜你，事奉你，愿你给我明确的凭据，叫我也能传扬你的名。"你如果诚心祈求，只要一两次，便会认识那位创造者了。因为许多人这样试验成功，请你不妨诚恳地试验一下。当你祈祷时，如果感觉有罪，就请你向神认罪，求主耶稣的血洗净，你便会头一次碰到神，以后就不会不信有神了。

曾某某试验有神

举个实在的例子给你听。我有位同事曾某某，他是技术员，从某大学机械系毕业，他信科学万能，不信有神。一位基督徒刘君，他和曾君同住一室，向他传扬福音，曾君拒不接受，并且提出许多反驳，结果刘君借给他《到底有没有神》一册，请他细读。曾君因为受好奇心的激动，一次就把它看完了。看过之后，觉得好像有点道理。不妨按照书上方法试做一个祷告，看看到底灵不灵。当晚做这个试验，可惜因为疲劳太过，在祷告中进入梦乡了！次日晚间又做一次祷告，简略地说："神啊！你是无所不知，如果真有你，请你启示我。我必绝对信你！"祷告完毕心中就有一个意思，好像自己对自己说话，又像有人在耳边说话的声音说："〈约翰福音〉18:21。"他就忽然惊起，自言自语说："难道这个就是启示吗？"转而一想，如果〈约翰福音〉没有18章，或有18章而这章没有21节，岂不大笑话吗？他在半信半疑时，又做了一个祷告，他说："神啊！假如这个是你的启示，请你再告诉我，那节圣经是在某页某行上面，我便相信你了。"那时他在幻想中，好像拿了一本《圣经》，用手一翻，手一指，指在右半页的中间一行上面，并说："就在这里！"

那时正在夏天，宿舍很热，他是睡在办公室内，刘君送他那本《圣经》不在手边。次日早晨急忙拿来一看，正在〈约翰福音〉18:21，上面正写着主耶稣回答："你为什么问我呢？可以问那听见的人，我对他们说的是什么？我所说的，他们都知道。"这节圣经，好像神亲自向他说话，并带着责备的口气。他便吓得两手发抖，当场就跪下，说："神啊，我信你！"最奇妙的，曾某某从来没有读过《圣经》，没法以心理作用曲解这个见证。刘君虽曾送他一本会所印的

〈约翰福音〉，但他从来没有翻过一次，想不到那节圣经正在那本《圣经》右面的中间一行上面。朋友！你如果不信，请你试试看，到底有没有神！这类事件很多，不能一个个地列举出来。神是爱我们的，我们只要真心寻求他，向他恳求，他必想尽方法，好叫你我都能信他。

五、生命证明有神

生命在自然界中是件最大的秘密。谁也不能回答生命是什么。园中有一块小石头，我把它种到地下，等了几日，它仍是一块死物，没有动静。我把一粒无声无色的，极渺小的豆子种在地下，过了两天，它便会发芽生长，接着开花结实，可以传留后代。这个，谁能明白？我们看见天庭的伟大和星辰的众多，便会大受感动。现在如果用一架显微镜，在一滴水中，看见许多数不过来的微生物，一定也要惊叹说："神在微生物中也显出他的荣耀。"

一颗麦粒

你拿一颗麦粒来，稍微观察后，便会惊讶：一颗微小的麦粒，一种在地下，便会发芽，生长，作成纤维组织，并且茎向上长，根向下长。它怎么知道茎向上，可以接受阳光，吸取碳气，根向下长才可吸取土质和水分呢？它怎么知道茎上分为节段，可以增强抵抗力呢？一颗麦粒，没有头脑，没有意志，没有手足，它竟然能有那样精致美好的工作！是谁安排的呢？

科学不能造生命

世人造了不少奇妙东西：就像空中的飞机，地上的汽车，海底的潜艇，太空的卫星，不是奥妙到了极点吗？人的智慧，可见日日都在增高！将来还有什么做不到呢？于是有"科学万能"，"人定胜天"等等的话。但是请问：

科学家能造生命吗？能知道生命从哪里来吗？人所造的，都是没有生命的。人能造飞机，却不能造一只蝴蝶；人能造汽车，却不能造一个蚂蚁；人能造潜艇，却不能造一只小虾；人能造鸡蛋，形状颜色、成分口味和真鸡蛋一样，却孵不出小鸡；人能造一粒种子，可是种在地里不能吸收养料，不能生长，自己反被地土吸收消灭了。科学家既不能造生命，而且不能改变生命，不能变狗为猫，又不能变猫为鸡。科学最新发明的人工受胎法，也不过是传递生命，而不是创造生命。科学直到现在不只不能从无机物造一个细胞，连一个细胞的原料，一个蛋白质分子还造不出来呢！

自然律不能产生生命

杜奈博士在《人类命运》一书中说："在科学立场上证明，单靠机会不能解决生命产生的问题。原子无论怎样奔跑活动，自由结合，照"自然律"的计算，宇宙物质虽然多，地球年龄虽然久，总不够组成蛋白的机会。因为地球的年岁不过20亿年，只是在2后加上9个圈儿的年龄，如果要碰巧组成一个蛋白分子，就需要2后加上600个圈儿的年代。即使把地球的寿命一秒算为一年，也只有17个圈儿。蛋白质不过是构成生物细胞的材料罢了，蛋白质已经没法碰巧而成，生物怎么可以碰巧而成呢？蛋白质产生生命更需要一种超自然的神力的干预才行。

生命的奇妙

生命是什么？没有人能知道，它没有重量，不能说它是多长多厚，什么颜色，什么味道，但它有极大的力量。正在生长的树根，能冲裂岩石，生命征服了水，陆地，空气，能叫物质分解，也能叫它们化合。生命刻出生物各种不同的式样，设计每种树叶的图样，渲染每朵花的色彩，生命教每只飞鸟唱它爱的诗歌，教昆虫用千万种声音，彼此唱和，成为乐曲。生命把各种味道赐给水果，各种香气赐给花草。生命把水和碳酸变成糖和木料，并且在这样做的时候，放出氧气，叫动物能靠这些来维持生存。

一滴几乎看不见的透明胶质里的原生质，能够自己移动，又从太阳吸收能力，这单个的细胞，透明的小点，在它里面能有生命的胚种。自然界从来没有创造过生命。被火烧毁的石头，和死的海洋不能应付这个要求。

每种生物各有它的遗传因子，每一因子是由百万个原子构成，必须用超显微镜才能看见。这个发现（达尔文时还不知道）更可以显示造物者作为的奇妙。如果把人类的遗传因子放在一起恐怕还没有针顶那么大呢！但它能够带有祖先特性，并且保留每人的心理特性，而统治地上所有的生物呢！真是一个很有趣的例子，说明这种法则，除了出自智慧的神以外，没有别的假说可以解释。

41

生物各有它们的祖宗

生物学家巴斯德相信：生物各有它们的祖宗，不信腐草化萤一类的言论。他相信腐烂的草中，必有萤火虫的卵。因为在烂草中，有适合它生卵的条件，所以有萤火虫从草丛中生出，并不是腐草本身能变为萤火虫。他用实验的方法，证明他的理论。他把一团腐草先用蒸气灭菌，把它所有幼虫种子全部杀死，然后用玻璃罩盖紧，观看腐草到底可不可能化为萤。经过这个试验，证明腐草不能变化为萤。又像打针的药水，经过灭菌的手续之后，封在玻璃管中，就不生长细菌了。世界本身没有生过一个有生命的新东西，都是在世界上早已有了，并且是各由它们的祖宗传下来的。虽然是田沟里的一条小鱼，它有父亲，也有它的祖宗。它的始祖在世的年月，也许和我们的始祖亚当一样的老，一样的久。一棵小草，也是早已生在世上了，正像《圣经》所记：神创造万物……各从其类。这不是今天才变成的，推算万物的来源，不能不承认创造论了。

生活环境培植生命

42

神既创造生命，也必预备生活环境培植生命。地球上的一切生物，需要许多生活条件，才会生长得好。太热必干枯而死，太冷必冻结而亡；没有水不能生存，没有阳光不能生长。如果地球的转动速度，每小时不是一千英里，而是一百英里的话，我们的白天、夜晚，必定比现在加长十倍。如果这样，那么白天炎热的太阳持续晒在植物上，十天的时间，便会烧毁一切草木；并且在漫长的黑夜中，又必冻坏初生的嫩芽。况且，太阳地球之间，相距九千三百万英里，这样才能使华氏一万二千度高热的太阳照在大地上不过于热，也不会过冷。如果地球离开太阳的距离减少十分之一，那么炎热的阳光，必把生物烧死；距离稍远一些，或是太阳的热度，只有现在热度的半数，那么一切生物又要冻死。再看地球绕太阳旋转必须倾斜二十三度半，才能产生春夏秋冬，如果没有这个斜度的话，就没有春夏，而且海洋蒸气，走向南北两端，就要造成冰的大陆了。

假如月亮离地只有五万英里，不是现在二十三万英里的距离，那么所有的海水，被月球的吸力所吸，必会淹没大地，甚至高山也会被冲刷掉。再如地球的地壳，只要再厚十尺，那么空中的氧气都会被用去制造地壳，空中便没有氧气，生物绝对没有生存的可能。如果海洋再深九尺，空中的碳气和氧气，都被海水吸收完了，那么植物动物也都不能生存了。或者空气的气层，只比现在稍微稀薄，那么，每天几百万个陨星，就不会在空中氧化消失，而要撞击世界上的每个城邑，到处放起火来。

产生一个结论

总结以上事实便要产生一个结论，太阳、地球、月亮，三者的联系和生物的生存，都有极大关系；太阳温度太低不行，太高也不行。地和日的距离，太近不行，太远也不行。地壳厚了不行，海水深了也不行。地球不转不行，转慢了也不行。月球离地太近不行，远了又不行。试问为什么这些复杂的要求，它的每一个条件都能正好适合生物生存的需要呢？在这样千变万化之中，如果差了一点，生物岂能生存在世上吗？就像烤一块面包，也必有人掌握适当的高度，使它距离炉火不高不低，才可不焦不生。难道这些生物复杂因素，可以偶然凑巧构成吗？一次可说碰巧，两次可能偶然，次数多了，说是凑巧成功，就不合理了。你如果不信，试拿两个硬币，一个粘上绿纸，一个粘上红纸，放在袋里，随便取出一个，然后放进袋里再取。第一次可能碰巧取出红色，第二次可能偶然又是红色，第三次也许又取出红色；你如果继续拿一百次，结果必定是红绿两色取出的次数，几乎各得半数，绝对没有一百次偶然全是红色，或者全是绿色的事实。既不是自然，又不是偶然，你就不能不承认主耶稣的话说："生命在我，复活在我。"神是生命的源头。

43

六、生活经验证明有神

经历神必须用对工具

研究一样东西，必须用一种合宜的工具。化学离不了试验管，天文必须用望远镜。用望远镜去找细菌，用试验管去求数学的答案，都是不可能的事情。天下也没有人这样去做。但一谈到神的问题，我们很容易说："试验管化验不出神，显微镜看不出神，没有神！打倒神！迷信！迷信！迷信！"试验管、显微镜当然找不到神，因为宇宙是被造的物，神是造物的主。科学仪器，是研究宇宙现象的，是研究被造之物的；神既不属宇宙，自然不是这些仪器所能测验得到的。比如，王木匠造了这些桌子，王木匠不是桌子，桌子不是王木匠，我们在分析解剖桌子的时候，找不到王木匠，怎么能断定说没有王木匠呢？分析解剖是用桌子作为对象，但要认识王木匠，必须找到他本人，和他谈话、交往、做朋友才行。同样，科学是用神所造的物作为对象，所以不能在受造的物质中，找创造物质的神；要认识神就必须另用一种工具，另一种方法，就是用心灵去体会他，在生活经验上去认识他，这是证明有神最实际的途径。

只信有宇宙

有人只信有宇宙，不信有创造宇宙的神。正好像你只信有桌子，而不信有造桌子的木匠。你如果说除非经你看过才信，那么，你看见过美国总统华盛顿吗？你为什么信美国第一任大总统是华盛顿呢？你同他握过手吗？谈过话吗？假如我说美国没有总统，更没有一位总统叫华盛顿，那你必定要笑我不懂常识，是一个没有知识的人。照样，我们信神的真确性，正像你信美国第一任总统是华盛顿的真确性一样。信徒对神的认识，更在经历上多加一层。你没有和华盛顿谈过话，没有见过他的面，你已经这样确信他的存在。但在信耶稣的人，却更在经历中认识了神。正像你如果已经尝过巧克力糖的滋味，你便不能否认有巧克力糖的存在一样。你虽不能把它从肚腹里拿出来给我看看，但你确知有巧克力糖这件东西。

老妇人和博士辩论

一位著名博士，向来反对神。一天公开讲演之后，请信神的人和他辩论，当时人人害怕他的辩才学问，都畏缩不前。这位博士洋洋得意，正要宣布散会，一位乡下老妇人手提一篮橘子，走上台去。大家希奇，博士也以为这位老妇神经失常。老妇人开口说："我是刚从市场买橘子回来的，听见博士讲没有神，顺便进来领教。对于博士学问深是钦佩，但要请问博士，我买的橘子是酸的，还是甜的呢？如果酸，酸到什么程度？如果甜，甜到什么程度？"这时，她的手中拿了一个橘子。博士说："我没有吃到，怎么能断言呢？"老妇人剥开橘子一片片地当众吃完，然后说："我吃过了，我知道是甜的，我虽不能形容给你听，但我知道它是多么甜！我在生活上，经历过神，和他常有心灵的交通，他常赐福给我。我不会辩论，但我知道有神。你没有尝过神，正像没有尝过这橘子，怎么能说没有神呢？"谁的辩论胜利了呢？人要研究神的有和没有，必须先来体会、经历，"你们要尝尝主恩的滋味，便知道他是美善。"（诗篇34:8）这是知道神唯一的方法。人如果没有这样体会过，绝对不能说没有神。所以《圣经》说："神的事情，人所能知道的，原显明在人心里；因为神已经给他们显明。自从造天地以来，神的永能和神性是明明可知的，虽是眼不能见，但借着所造之物，就可以晓得，叫人无可推诿。"（罗马书1:19-20）

45

有没有神可以实验

比方说，你不知道到底南京有没有一个张某某，只听人说有，你不相信。如果一定要证明有或没有，可以用一个最妥当的法子，就是写封信给南京张某某，他如果有回信来，你便不能不承认南京有位张某某了。我们对神的存在，也可用这法子，你不相信有神，你可跪下，诚恳祷告说："神啊！你是不是存在，我不知道，求你启示我！使我从心里承认神，我便信你。"态度必须要公正，诚恳，这样神必启示给你。

公务员吴君

有一次，一位年轻的公务员吴君，他是我的同事，他在听过福音之后，回家路上，自言自语说："到底有没有神？神啊！你如果真有的话，请你给我看看，使我真知道有你，我便决定信你，否则我不再听福音了！"到宿舍后，开灯不睡，等神向他显现。等了一小时，还没有动静，很是失望，就立刻上床睡觉。正在将要睡着时，忽然有一个黑物，跳在他的身上，当时就感觉胸中压闷，非常难受，挣扎不脱，呼叫不能出声，看见灯光发暗，正在精疲力尽时，耳边有小声音呼唤说："你为什么不求耶稣救你呢？"这句话提醒了他，他立刻喊叫说："主耶稣啊，求你救我！"这话刚一出口，黑物忽然逃去，身心完全恢复，四面看看没有一个人，同室许多人还在睡梦中呢！从此以后，他就确信有神了。

信徒在祷告上认识神的存在

信徒在祷告上认识神的存在更是明显。几乎每个信徒都可以把他祷告蒙应允的事，述说十件八件。我有一次和几位同事共同包饭，其中有留学生两位，大学毕业生两位。他们用科学方法向我挑衅说："空口传福音没有用处，我们要兑现，你看目前已有八十多天没有下雨，天气又热，今年如果没有收成，都要饿死在四川了。"我当时不敢回答。晚间他们又是一再催促，我仍不回答，因为如果说可以下雨，又恐怕神不听我的无理祷告，如果说不能下雨，他们更要笑耶稣不灵。两难之间，就在晚上跪下暗暗祷告，把事情苦衷告诉主，求主指示怎样回答，怎样证明他是管理宇宙的主宰。祷告完了，内心忽然有一个声音说："三天下小雨，五天下大雨。"这是一句想不到的话，于是暗暗的放在心上。

次日一早，到办公厅上班，那位同桌吃饭的科长，指着我的脸，对我说："你看！你看！早上已经三十度了，快快求你的耶稣下雨吧！我立刻回答说："三天下小雨，五天下大雨。"他说："这是你的耶稣说的啊？我们要看你的耶稣灵不灵？"其实，这位同事是专心信佛的人，目的在打倒耶稣，有意和我为难。我被他这一逼，更觉得这事非常严重，话已出口，被他捉住，只好拼命求耶稣。他们每饭必问："为什么还不下雨？你说三天下小雨，五天下大雨的啊！"我说："二十四小时算一天，过了七十二小时，若不下雨，你再来问我，现在还没有到时候！"这样一天一天过去，心中焦急，不能安睡，时常梦见下雨。只有不住地求主大显神迹，并请妻子一同祷告。

到了第三日下午四时，忽然起大风，带来一群黑云，我正非常高兴，但是到现在还没有见雨，又怕大风吹去黑云，心中十分焦急。感谢主！下午六时果然落下小雨。当时，我们正在一同吃饭，我便大大夸耀起来，跳着赞美耶稣！他们一言不发，只是听我一个人说话。那日饭后他们是借伞回家的。临散去的时候，有一位大声说："你不是三天下小雨，五天下大雨吗？如果只是三天下小雨，第五天没有大雨，那么你的神还是不灵的啊，也许这雨是凑巧下来的呢？"大家同声附和。我被他们一问，便吃一惊。但是凭着信心祷告，果然第四天就倾盆大雨，一直下到第五天晚上，机关屋顶漏穿；雨水落在办公桌上，家中是从楼上漏到楼下。他们从此哑口无言了。你看我们所敬拜的神，是怎样听祷告的神啊！

确实有神

有神这类事件很多，不能一个个列举出来。如果说是偶然的事，我们这么多年来，这位神常常保护我们，安慰我们，指导我们，鼓励我们，改变我们的生活，赦免我们的罪过。我们倚靠他，一次会碰巧，两次会受骗，难道这么多年无数次的都受欺骗了吗？一人可以假，两人可以受骗，难道古今中外历代的圣徒，他们都是受欺骗了吗？你如果不信有神，你只需跪下，切实求问便知道有神。这是一个实验方法，请你不妨试试看！基督教和别的宗教有一个很不同的地方，就是别的宗教都是人去找神，基督教是神来找人。人是这样微小，神是多么伟大，天地是他所造，人到哪里去找神呢！正如父亲飞到美国，一个小孩子要去找他，那是一件不可能的事实，但是父亲要回来找小孩子，便容易多了。所以，基督教称为启示的宗教，因为不是人找神，实在是神找我们。（参看路加福音19:10）基督降世为人，目的就是特别为了来寻找我们。每个基督徒，都说有神，也领受过神的恩典，你如果不信有神，说没有神，将来到审判台前，你一定失败。

七、有鬼证明有神

我曾遇见许多的人，他们相信有鬼，相信扶乩，相信占卜，却不信有真神。交鬼行邪术的在法国巴黎一城之中，就有占卜家，算命家，手相家，相面算命家，总其大约有三万五千人，做这类行业的人，每日收入约有二十万法郎之多。

鬼就是假的神

如果世界上有鬼，反过来说一定有神，因为鬼就是假的神。世界上无论什么东西，一定先有真的，才会有假的，否则就不必假冒了。北方有一剪刀铺，名叫"王麻子"，因为这位老板是个麻脸，他的钢料特别好，生意非常发达。一班下流商人开了许多冒牌商店，名叫"老王麻子"、"真王麻王"、"汪麻子"、"旺麻子"、"真老王麻子"、"老老王麻子"等等。他们不姓王，又不是麻脸，但都用"麻子"当招牌。真的王麻子只有一个，假的却有许多。神也是这样，真神只有一位，假神却有千万。

男巫林振渠

我在这里举个有鬼的事实证明一下。我们中间有位信徒，原住福州，名叫林振渠，从前是个男巫。十几岁时到庙中为他的家人借寿，把他的岁数借给他快要死的家长，使家长能再活几年。这事以后，他就得到两个鬼和他作朋友，每到晚上，鬼就到他的住处闲谈；只有林君可以看见，别人连声音也听不到。他们相处很投机，对于林君也没有妨害。有一次，林君失业，一时找不到事，非常苦闷。鬼说："我教你看病好不好？"林说："我没有学过医，怎么会看病呢？"鬼说："不要紧，我在你耳根告诉你怎么办，你就怎么办；告诉你怎么说，你就怎么说。"林君因为穷困没有法子，就照他的话去行，挂起医生招牌来了。他看病时不按脉，不问病源，鬼在耳根告诉他什么便说什么。说得又对又灵。所生的是什么病，什么时候开始，什么情形，说得一点不错。怎样开方也是鬼告诉他的，所开的药物，都是奇怪东西。例如，房上某个地方瓦下的土一杯，又某个地方墙脚下拿点野草，再加上一个虫子、蝎子等等当药方。吃后病确实能好，于是林君大大有名。

原来，第一个鬼把某人弄成疾病，第二个鬼再去医好他，两个鬼唱双簧，欺骗愚民。他也会给人观兆，或招他们阴间父母见面，问问阴间生活情形。当上坛时鬼便附在林君身上，假装问事人母亲的声音说话，说出他母亲的事和她平常所说的话。临死穿什么礼服，幼年小名等等，使问事的人相信。其实，不是他的真母亲，是鬼假装的。以后在阴间怎样情形，就随便乱说，因为问事的人根本不知道。不过骗取迷信人的钱罢了！结果，遇到有人请他赶鬼，鬼便附在林君身上，做出种种奇怪动作，各房乱跑，假装跳神模样，赶出鬼去。（其实是小鬼让大鬼。）林君能把舌头划一条口子，流出几杯血来，鬼离开之后，舌头仍像正常的状态，所以信他的人很多。他也给鬼做了两个泥像。但是，林君每被鬼附一次之后，身体非常疲乏。被附时自己完全失掉知觉，一切都不知道，鬼怎样说就怎样说，怎样跳就怎样跳。最初，允许鬼上身来，鬼才附上。后来不叫鬼上身，鬼也跳上身来，甚至正在吃饭时候，鬼也跳到身上，乱舞几小时才醒转过来。林君虽然发财，身体精神却非常痛苦，这时想不要鬼，也由不得自己作主了。

有一天，他实在受不了了，逃到漆山他的妻子家中，鬼因为离了他的管辖地区，不能前来找他。那时，正有信耶稣的人，在漆山传讲福音，林君也前去听讲。那位传道人看见林君听得非常起劲，讲完之后，走到他面前问他："我看你特别需要耶稣。"林君立刻回答说："我真是特别需要耶稣。"传道人立刻把主的道理，向他说明，送他一本《约翰福音》，于是，林君谈起自己是交鬼的，怎样逃到漆山等等经过。那位传道人劝他仍旧回到福州，带着耶稣去对付那两个鬼，不然他和鬼的关系断绝不了，有一天鬼还会找到他。

第二天，林君立刻起来回家，晚上天黑时，果然两个鬼友又来找他。林君怕他报仇，急忙拿《约翰福音》来读。读时鬼便迟迟走来，不像先前那样快速，但仍旧继续前进。林君心急像火烧一样，怕他一跳上身，晕迷失去知觉，没法应付。情形紧急，林君就立刻大喊："主耶稣啊！求你救我。"真是奇怪，一喊耶稣的名，鬼立刻向后退去，再喊再退，不喊主名，鬼又走来。这样经过几十次之多，两鬼不能近身，林君也精疲力尽。幸亏这时天已见亮，鸡叫鬼退。这夜叫得四邻一夜不能安眠。林君急忙赶回漆山，把情形告诉传道人。传道人告诉他说："你还要回去，把所有的偶像符咒都除去，他就不敢再来找了。"

第三天，林君就又赶回福州，到家之后，把家中所立的两鬼泥像摔碎，又把各处黄条符纸撕去，鬼便从此不敢再来。林君既已信主，就在乡间传道。他常对人说："许多人说耶稣不是复活的主，我林某决不承认，就是用刀把我切成肉糊，我也承认耶稣是复活的主，因为一喊耶稣的名，鬼立刻就向后退去。"

我亲身经历的赶鬼见证

再说一件我亲身经历的赶鬼见证。我有个最好的朋友名叫郑大强，他是我的中学同学，又是留学德国的同学。他得了工程师学位，回国之后，感叹人生的虚空，转而倾向佛学，吃了十九年长素，打坐念经，虔诚修行，胜过和尚十倍。最后，以为油能败气，盐能伤精，就有十个月之久不吃咸盐，十二个月不粘油味，不只不吃荤油，素油也是一点不沾。这样修行好像应该成佛，但是所得到的结果却正好相反。

1944年3月31日，他的同事罗少侠先生，匆匆跑来见我，他说："大强病得要死，已经十四天不吃不喝，四肢冰冷，痰里带血，无力吐出，话已说不清楚，神经完全错乱，我来按照他遗嘱，买点香烛纸钱，白衣白裤，办他后事。"我听到这个消息，真是不知道该怎么办，他离我住处有三、四十里，天色已晚，交通又不方便，不得已只好通夜为他祷告。第二天早晨约了刘泣裹弟兄和吴梦霞先生前去探望，吴是郑大强的拳师，又是道学好友。（他因为这次神迹在天津也信耶稣了。）我们一到病房，见他好像死人一样，面色青黑，骨瘦如柴，嘴向上歪，牙齿不能合拢，满口佛祖观音字样，见了我们断断续续地说："吕祖说：想要……成佛，就当……受苦。……我……有……罪，……我……受苦……是应当。魔鬼……缠我……控告……我。"我们劝他吃饭喝水，他说："吕祖……要我吃……我……就吃；……吕……祖……要……我……喝，……我……就喝。"事后，我们知道他的病原来是这样的：郑兄每逢烧香念经，就有两个小鬼前来玩耍，一个是尖头瘦鬼，一个是大头矮鬼，手拿一支古旱烟袋，头戴瓜皮小帽，跳来跳去非常讨厌。一天他正打坐时，魂游象外，行走在天空之上，从高处往下看山水万物和奇花异草。正在自己感到得意时，忽然摔倒在地，从此神经错乱，状态疯狂，赤身露体，不觉羞耻。口说鬼话，乱滚乱跳，不吃不喝有两个星期以上，住院十天，医生一点办法也没有。我见到这种光景，心里有个意思说："只有接到教会聚会处去祷告这惟一的办法了。

那时，教会聚会处就在我家楼下，于是冒险把他抬回家中。那天正有传道人徐仲洁弟兄来到重庆，他对赶鬼很有经验。当晚我们和刘润寰弟兄三人，根据三点，很有信心地为他祷告：一、他是诚实寻求真理却没有找到正路的人，他和我们辩论三年，他不能信，是因为他不明白。二、他严格要求自己，敬畏神，不敢犯罪，就是思想有罪，也是懊悔自责。三、主耶稣是公义的神，不能叫这样的人死了下地狱，并且信神是全能，全爱的神，必定愿意救他，也必能救他。于是，祷告时候要求四点：一、求主查看他的内心，他不是不要你，乃是认错了你，求你照你的公义向他显现，证明你是真神；二、平时辩论已不能明白，病中神经失常，更不是讲道能有帮助，求主借异梦或异象向他显现；三、求主把他身上的鬼赶走，四、他不能被鬼弄死。因为死亡和阴间钥匙是在我主手中！三人祷告半小时，十时上床睡觉，半夜十二时大强忽然喊我说："老张！老张！快快起来！我信耶稣了！……"

那时，他的声音气色精神大大好转。他告诉我们说，他做了一个梦，梦见耶稣向他显现，梦中自己落在汪洋大海之中，四面非常广阔，一眼望不到边，万分恐惧，只有一个小小救生圈套在颈项上，维持不至灭顶。等候许久没有船，用力支撑也没有用，绝望之余，不如一死了事；正在仰起脸来准备由它下沉时，忽然见到救主耶稣在空中显现，面貌好像太阳放光，衣服洁白像雪，慈爱面容又好看，又可亲。有个声音说："你要我救你吗？"那时他就喊着说："主啊！我要你救我！"只见主右手一举，好像有绳子把他一拉，他趁势一跳，便跳出水面；同时空中忽然降下一团烈火，进到他的心中，这时他便惊醒过来。从此，心中大大快乐，精神完全恢复正常，三天以后他的健康已经复原，可以参加聚会。七天以后，一同到饭馆大吃，十九年来长期吃素的郑大强，从此没有一样不吃了！魔鬼工作从此完全失败。这样的事多得数不过来，不能一个一个列举出来，这里不过说到一、两件而已。有鬼证明有神，同时鬼必定怕神。

魔鬼假充神

山东烟台东关，有位信耶稣的人，名叫许清禹，他在没有信主前是个男巫，灵魂可以出窍，走到一百里以外医治病人。曾有一次，从距离烟台一百八十里地的蓬莱县大辛店来了一个人找他，请他前去医疗。他就打坐入定，灵魂去到大辛店查询；先见蓬莱县的城隍（假神），城隍打发小鬼一位陪见大辛店的土帝，再通过病人家门的门神（邪灵），最后见到灶神，问他那人为什么生病。灶神回答说，因为那人不给他烧香，也不献祭，所以叫那人生病。只要尊重灶神为大，在某月某日给他献祭，他便免他生病。许君游魂回来，告诉原因，那人按法办理，果然病就好了。

许君有这个本领，完全因为倚靠烟台东关的大鬼而来。这鬼是他的朋友，一次曾经带他上到空中观看，地上所有各种宗教寺庙，在天上都有。有庙、有庵、有寺、有院，也有红十字会等等，并且看见各级官员，也远远看见玉皇大帝（就是鬼王）。许君经过这样一看，更加相信这些假神。一天他的弟弟许清泉劝他相信耶稣。他回答说："你说你所信的是真神，我说我所信的才是真神。第一、你信耶稣反贫穷，我信菩萨真富足。第二、我曾亲自上过天，见过天家和君王。"他弟弟最后问他一件事："你在天上看见过各种庙寺，也曾见有礼拜堂吗？你去问问看，耶稣在你们中间占第几位？"许君一回想，果然没有见过礼拜堂，信耶稣的人这样多，为什么没有礼拜堂？第二天果然问东关大鬼，为什么天上没有礼拜堂？耶稣到底占第几位？大鬼一听，非常生气，态度忽然不安。严厉责备不许问到有关耶稣的事。许君又约西关男巫去问，同样遇到严厉斥责。从此，许君对他所信的大大疑惑起来，就跟他弟弟来听福音，不久接受真神耶稣作他救主。这些鬼于是都来和他算帐，一面变出怪形恐吓，一面用利引诱，每天搅乱几次，许君一概不加理会，几个月才罢休，假神怕真神，一点也不错，耶稣才是真活神。

八、神迹奇事证明有神

处处都有神迹奇事

有神一定有神迹奇事。世人认为绝对办不到的事，才算为神迹奇事。其实，人生之中处处都有神迹奇事，不过因为习惯成自然，便不承认是神迹了。例如，一粒麦子种在土里可以生出几十粒米，这不是神迹吗？可是人硬说它是天然这样的。草场上的牛羊和兔同吃一样的草，但是牛长直毛，羊生卷毛，兔生绒毛，鹅生羽毛，这不是奇事吗？但许多人不承认这些奇事是从神来的。一个瞎子看不见太阳，他说没有太阳，难道太阳便不存在了吗？这类神迹奇事，真是数说不完。现在只能介绍大家一两个特殊的奇迹，用来证明神的存在。

舱里求告

一位方弟兄，教会托他到福州去购买木材，建造会所。不料搭上一条贼船，行到半途，就被抢去五千元及行李，又被关在货舱里面。群贼商量怎样处理他，方弟兄就在舱里求告主。忽然风浪大起，船几乎要沉没。群盗十分惊慌，听见方弟兄祷告声音，知道他是基督徒。立刻带他上来对他说："如果你能祷告，求神止息风浪。我们一定送还你的行李和钱财，并且也要相信你的神。"方弟兄就为他们迫切流泪祷告，不久，果然风平浪静，海盗就把东西送还给他，并且接受基督作救主。

传道人倪弟兄亲自经历的事实

1926年农历的正月，传道人倪先生约了六位信徒到乡下布道。他们到了梅花乡，那里出鱼顶多。渔夫赚钱也多，六个人中有一位年纪只有十七岁，得救以后、很喜欢做主的工，就同到梅花乡布道。他们到了那里，没有地方可住，后来到了一家药材店住在他们的阁楼上。

初七夜里他们第一次出去布道。那里有种特别的风气，人都客气，但是话都半吞半吐的，说了半句就走了，而且人们不愿听道。问乡下人为什么？又不肯说实话，真是弄不懂。他们去问药店老板，他说："你们不要理这些事吧！"第二天出去卖圣书、布道。同去的十七岁青年出事了。原来他被那样闷葫芦气得了不得，就拉一个乡下人问他："到底为什么？"那个乡下人说："你们不知道我们这里的神太多了，所以别的神一概都不能接纳。我们这里有一位大王神，每到正月，就有游行赛会的事，你们来得真不巧，因为十一日就要举行赛会，大家都忙得很，不能听你们讲耶稣。这个大王神从明朝一直到现在都很灵验。而且从清朝到现在二百多次出会都是天晴，没有一次下雨的。那位青年一听这话，气极了，就说："你看今年出会，必定要下雨。"这时许多青年人，一下子就喊起来说："有一班传道的人说，今年大王出会要落雨的。"不到两点钟的工夫，全梅花乡的人都知道，传道的先生说了，今年迎大王神的那一天要下雨。于是，有人纷纷议论说："如果下雨，那么是他们的神灵；如果不下雨，就是大王神灵。"

他们回家以后，大家都知道这不是一件随便说说的事。所以，他们大家都去祷告神，祷告到大家都没有忧愁，都很平安，而且每一个人都好像有把握的样子，才去吃饭。吃饭的时候，就对老板说："我们大家都知道，十一日大王出会的时候，要下雨的。"老板就说："照我看起来，不见得会下雨的，请你不要胡说吧！第一、是因梅花乡有三千多渔家，差不多每个男子，都是靠打鱼吃饭，难道他们还不识天时吗？他们早几天就知道了。第二、请你们也要顾到我这小店的生活，不要连累我。"但是他们各人都很平安，很有把握，知道神已听了他们的祷告。初九那天，他们又出去，不只那位小弟兄说，十一日要下雨，他们大家都说，十一日要下雨。他们卖福音书籍，人们不买，道理也不要听，只说："等到十一日再讲，这天如果下雨，就证明耶稣是神；如果不下雨，就是大王神灵。"初十夜里，大家再向神祷告，因为如果不下雨，就不能再向梅花乡上一万多人布道了。第二天早上是好天气，可是一碗稀饭刚喝完，忽然听见屋上有淅沥的声音，雨就越下越大了。吃完早饭，他们都立在小店门口，看大王神出会。

本来，大王神预备上午九点钟出会，但是雨从九点下起，一直下到十一点还不停。因为不能迟过一个时辰，就勉强把大王神抬出来。这次的雨实在不小，深处竟有两、三尺深的水。大王神从庙里被抬出来，抬了没几步，几个抬大王的人，一人一跤跌在水里，连大王神像自己也跌下去。跌断了三个指头，一只手臂，头也扭了。有人就把大王神扶起，把头弄正，再往前抬。后面跟着许多青年人，都喊着说："今年大王神倒霉了。"这样一面走，一面喊，雨越下越大，真是不能走了，他们就把大王神抬到陈家祠堂去。几个老年人去问大王神："为什么今年下雨呢？"那些老年人答案是应该十四晚上才出会。但是那些少年人说："为什么今天大王神自己也跌跤，而且手臂手指都跌断了呢？"

到了中午时候，倪弟兄又求神下午天晴，可去做工，连带求神十四晚上再下雨。他们吃了饭，就出去布道。那天下午真是好，一堆一堆的书真是不够卖，一会就卖完了。

倪先生等人因为十五日上午约定回家缘故，就求神十二，十三、十四，都天晴，十四晚上必定要下雨，使人知道大王神不是真神。真的，十二、十三、十四，都天晴。他们决定在十四晚上，在那药材店里，开一个布道会，那时店主也已信了主，十四晚上天果然再下雨，越下越大。这晚乡人抬大王出庙的时候，跟着大王神一同出来的，其中有十七、八个，至少跌了六个，许多少年人喊着说："有神！没有大王神。"十五早上天还没有亮，他们就动身回家了。这次他们做了很好的工，真是赞美主！

德国柏林有个神奇事

有一天，在柏林发现一个少女尸体，是被枪打死的。亚利裴与威廉两个军官平日常和这少女来往，侦探就指认他们两人是嫌疑犯。审判官审问好久，两人都不承认。长官就命令士兵把战鼓和两颗骰子拿来，便对两个嫌疑犯说："你们两人可以把骰子打在鼓上，点数多的得释放，少的斩头，以了结这个案件。亚利裴先扔，结果两骰子上面都是六点，一共十二点，心中非常欢喜，自言自语说，骰子每面至多不过六点，我扔两个骰子，上面共有十二点，他必定不能比我还多。我可得到释放，他是必死没有疑问了。扔完退下，换威廉来扔。

威廉是个诚实的基督徒，他在没有扔之前跪下高声祷告神："主啊！你知道我没有杀这少女，这明明是亚利裴干的事。他听说少女昨日下午六时，和我有婚约，就妒嫉，把她杀死。求主在众人面前为我伸冤！"祷告完了拿骰子来扔，两个骰子竟然扔出十三点来。因为一骰子上面六点，一个骰子断成两半，一半上面有六点，另一半上面有一点。亚利裴看见这种情形，吓得战抖变色，审判官再加审问，于是不敢不承认杀人的罪了。两个骰子到现在还藏在柏林荷肯所离博物馆中，另有牛皮一块记载两个骰子的来历。各位如果到柏林，也可到那里观看一下。

九、报应证明有神

有神必有报应

神借着使徒保罗，在〈罗马书〉12章19节说："伸冤在我，我必报应。"如果有神，这位神一定要公正，有赏也有罚。作恶应该得恶的报应；行善应该得善的报应。反过来说："如因果报应真是存在的话，就可以证明必定有一位具有特等智慧，特等能力的神，管理这个因果。我们看不见神，但看他所给的报应分明，也足以证明有神的存在了。这类的事很多，不能一一列举，现在在只讲几个实例给大家参考一下。

有位传道人亲眼见到的故事

第二次世界大战之后，在乌仁拿的京城加尔可夫，有两个极端的无神派，当众宣布无神以后，一位向天开枪说："神！我用枪打你，如果有神，你可立刻报应我，叫我即刻死去！"说完连开两枪。另一宣传员说："如果有神，我愿成为废人，终身不能行走！我一天仍能走路，就是证明没有神！"两人演讲完毕，赶去车站，又到另一城市宣传。想不到侧面一辆汽车急开过来。两人正是兴高采烈，不按路线行走，一时急促来不及逃避，一个被送到医院的途中就断气身亡，另外一人也被撞伤。他料理了同伴的尸首之后，去赶火车，不料火车已开动，他冒险向上一跳，想不到车子开得太快，把握不住，滑跌车下，车轮压过两腿，立时把两腿折断，昏倒在地，以后真的成为残废人了。两位宣传员的结局，证明真神实在不可轻慢。

张之江先生家乡的故事

张家村有位老年人，年终三十晚上，从城内收了帐款，骑着小驴，快快乐乐地回家过年。路上忽然看见一个青年，在树上上吊自杀。老人见了就可怜他，急忙把他解开，问他为什么上吊。青年回答说："我欠人三十块钱，债主催逼没法应付，我想不如一死了事。"老人看他情况实在可怜，为了三十块钱赔上一条性命，实在不值得。怎么能见死不救呢？于是急忙从驴上解开背包，拿出三十块钱，交给青年说："这三十块钱是给你还债的。"又拿三十块钱给他说:"这是给你明年作本钱的。你年纪还轻,大有希望,快去还了人家的债,明年做个小生意,切切不要寻死。"但那青年看见老人的背包很重,知道他还有许多银钱,因此贪心发动,就立刻起了恶念,他见四面没有人。趁老人把余款放进背包的时候,偷偷拾起一块石头,对准老人的头顶,用力一击,老人即刻晕倒在地,青年便把所有银元,全部盗去。

过了几个钟头,老人醒来,不知道为什么睡在这里,只是觉得头痛,用手一摸,都是鲜血。精神略微清楚,方才想起刚才怎么救人,怎么忽然被人一击,不省人事,心里想道:"这个小子,我救他命,他反把我打死,真是忘恩负义。这人必遭上天的报应。他把衣服撕破一块,把头包好,慢慢走回家去。在家疗养休息三个多月才好。

一天老人进城里办货,看见一个新开的茶楼。因为好奇心,进去喝茶。坐下之后,看见帐桌旁边坐了一位年轻人,面孔好像打伤他的青年人,越看越像,但不敢认,立刻招了茶房询问:"你们老板是谁呢?"茶房说:"就是坐在帐桌上的那位。听说我们的小老板,原来是个穷小子,去年三十晚欠人钱没法还。后来得了一笔横财,他就开起茶楼来了,生意还不坏。"老人再看这位小老板,真是自己所搭救过的青年人。如果去找他讲理,没有证据;如果不找他,这个冤枉,哪里去伸呢?这种没良心的人,反倒发财。心里越想越气,便用手掌拍桌对天叹息说:"没有神!没有报应!"连拍连说:"没有神!没有报应!"

不久,满天忽然黑暗,乌云四起,下起雨来,雷电交加,霹雳一声,竟把小老板打死在地。大家吓得乱跑。那老人立时站起当众说明:"你们不要怕!这事和你们没有关系,是天上的神施行报应!报应那没有良心的人。"就当众说明他怎样救了这小老板的性命,而他竟用仇恨报答恩惠,发不义之财,开茶楼等故事。大家方才安定下来,颂赞神的公义。转眼天也晴了,只有神知道人一切所行的。你做坏事,以为没有人知道,其实神是样样知道;你瞒得了人,却瞒不了神。神是无所不在,无所不知;当你做坏事时,神就在你旁边,你看不见他,他却看得见你。你心想要做的坏事,他也知道。他要照着各人所行的报应各人！人因为没有见到立时的报应，就说没有神，没有报应。这是不对的。

亚萨心怀不平

《圣经》记着有个义人亚萨，他曾向神发怨言说："我见恶人和狂傲人享平安，就心怀不平。他们死的时候，没有疼痛；他们的力气，却也壮实。他们不像别人受苦，也不像别人遭灾。……他们的口亵渎上天，他们的舌毁谤全地。……他们既是常享安逸，财宝便加增。我实在徒然洁净了我的心，徒然洗手表明无辜；因为我终日遭灾难，每早晨受惩治。我思索怎能明白这事，眼看实系为难。"但是等他进到神的圣所，思想恶人的结局，他便改口对神说："你实在把他们安在滑地，使他们掉在沉沦之中。他们转眼之间，成了何等的荒凉！他们被惊恐灭尽了。……但神是我心里的力量，又是我的福分，直到永远。"（诗篇73篇）

神有时不立刻报应

因为他盼望那人悔改，如果一而再，再而三地不肯悔改，神便加以刑罚。我们常看到作恶的人，反而发财升官，凡事顺利；一般好人，反不如他。这时，我们的心中千万不要不平，事情要看结局。好比两个商人，各向银行借一万元做生意。某甲为人正直，省吃俭用，刻苦经营；某乙大吃大喝，狂嫖滥赌。在这一个时期，大家非议某甲做人正直，生活反苦；某乙犯罪，反倒阔绰，真是没有天理。但是，到了年终大结帐的时候，某甲把所借的一万元连本带利还给银行，自己还余几万，一家平安过年；但是某乙却把一万元，吃喝用尽，不但利钱缴不出，连本钱也花光了。银行把他交给官府，官府把他下在牢里。这时候，你便知道他的结局和报应了。世人将来被定罪的光景也是这样。

迟慢的报应

上面一个故事，说到现事现报。再说一件迟慢的报应。一天，都那博士走到乡间，看见一个农民手拿一根大钉，正对钉子仔细察看；博士走到这个农民面前，问他说："你为什么看这钉子？"农民说："这钉子是我从这死人头骨中拔出来的。"说时便把坟中的骷髅指给他看。博士心里想了想：明明是一件谋杀案啊！便向农人把钉子要来，包在自己手巾包里。然后详细打听这坟是哪一家的？是什么人的？住在什么地方？一一记下，博士按照地名门牌访问，到了那家门口敲门。有一个白发老太婆出来开门，他便进去和她详谈，问他丈夫什么时候死去？得什么病死的？埋在什么地方？她回答说："是三十五年前喝醉酒死的，埋在某村某地。"那正是博士所到的地方。博士变脸说："你的丈夫不是喝醉酒死的，乃是你害死的。"妇人大吃一惊，不肯承认。博士就把手巾包的钉子拿出，给他一看，她脸立刻变白变青。后来，承认她在三十五年之前，曾和一个男子相好，便在夜间用酒把她亲夫灌醉，当他睡觉之后，用了一根大钉，从太阳穴钉进脑中，丈夫立刻丧命。博士就把这件事报官，官府把她处死。这里的报应，是在三十五年之后方才实现。

一个死后的报应

我再说一个死后的报应。大约在四、五十年之前，有个老人，名叫柏杜，他死在美国俄亥俄州，北明顿城里，死的那年是八十二岁。他是一生侮慢神，也不承认有神，更是轻看《圣经》，他说《圣经》是假的。在他没有死之前，先为自己建成一墓，墓上盖了一座纪念碑，碑上为自己塑了一个铜像，手中拿着一张纸，纸上写着说："人类任意行动。"左脚之下有一本书，意思就是《圣经》。他高举人类想做什么，就做什么，还要践踏《圣经》。在他没有死之前，曾说："如果有神，或者《圣经》是真的，愿我的坟墓给蛇来居住。"他想一定没有神，所以不致有蛇住在他的墓里。当他死后，有人把他棺木放进墓穴的时候，他们看见有条大蛇伏在墓里。看守那墓的人，在那里杀了很多蛇，蛇却越杀越多。前几年，有个基督徒听见这事，不能相信，起身要到那里看个究竟，到了那城，就问一个老人，问他知道不知道那个墓在什么地方。老人回答说："你们莫非是来看蛇墓的吗？有！那墓离开这里只有几十里路，很容易找。"那基督徒就和他的朋友到了那地，他们看见铜像，就用摄影机拍下照片，看那地上，却有六条大蛇。杀死一条，又拍了一个照片。守墓的人告诉他们说，早上他刚杀死四条，有时一天就杀死二十条之多，但是越杀却越多起来。在那里别的墓旁都没有蛇。守墓的人又说：“真是神差遣蛇到这墓里来。”那些蛇有青色的，有黑色的，凡住在那地的人，都知道这故事是真的。凡看见这个事的人，没有几个敢说没有神，或敢说《圣经》不是真的。这是柏杜自己指定的报应，因为他说：“如果有神，愿我的坟墓给蛇居住。”

总清算

朋友，这样的报应还不是总清算呢！那么什么才是总清算呢？关于总清算，《圣经》上告诉我们说：“死了的人都凭着这些案卷所记载的，照他们所行的受审判。于是海交出其中的死人；死亡和阴间也交出其中的死人；他们都照各人所行的受审判。……若有人名字没记在生命册上；……胆怯的、不信的、可憎的、杀人的、淫乱的、行邪术的、拜偶像的，和一切说谎话的，他们的份就在烧着的硫磺火湖里；这是第二次的死。……他们必昼夜受痛苦，直到永永远远。”（参考〈启示录〉20、21章）这才是大结帐，总清算呢！你目前所有的一切，都算不得什么，不过吃用快乐几十年罢了。你在神的审判台前，能够站立得往，才算真有福气呢！那时神要刑罚一切罪人。神在今天有报应，不过显明他是实行公义审判的主；今天的报应，不过是表示将来的审判，也证明有实行报应的“神”。“原来神的忿怒，从天上显明在一切不虔不义的人身上……”。（罗马书1:18）你如果承认自己有罪，就请你快快悔改，接受耶稣作你的救主。

十、古圣证明有神

有一件顶希奇的事情，就是崇拜孔子和孟子学说的人，一般不相信有神的存在。所以，我不得不稍微举一些中国古代公认的圣贤敬畏真神事迹的记载，来作为他们相信有神的证据。

我国古代的人就已经相信神

早在我国古时的夏、商、周三代以前，"天"的观念已深深地进到我国人民的生活中，就像世界上的其他各民族一样，有神的观念是人们生来就有的，不是人们编造出来的。人对神的称呼，也许有不同，人对神的敬拜也许有差别，但是在天地间有一位最大的神，有一位最高主宰的概念，却是世世代代都没有改变，中国人和外国人也都是一样的。我们中国人心目中的"天"字，就是指一位最大的神的意思。

孔子以前

无论是在《书经》或者在《诗经》上，对于"天"都有详细的说明。天创造人类，给人制订了法则，叫人遵守。至于古书《礼记》中的祭仪、祭统、祭法等文章，更是证明了这位天地主宰的存在。这些都是孔子以前的文字。《书经》上有记载宰相伊尹的话说："只有神不用常规来处理事物，对行善的人降下百种吉祥，对作恶的人降下百种灾祸。"

商朝汤贤王的事例

在汤王做皇帝的时候，有七年的旱灾，全地都是饥荒。商朝的皇帝就剪掉头发，截断指甲，身上披白色的茅草，带着所有的臣仆在桑林祷告，拿六件事情来自己责备自己说："是行政不守约束吗？是老百姓失业吗？是宫室太高大吗？是女色太多了吗？是贿赂流行吗？是拍马讨好的人昌盛吗？"祷告完了的时候，天上降下大雨方圆几千里。这件事情记载在《尚书》和《史记》上。如果你不相信，请你自己查查。又有记载，当汤王登基作皇帝的时候，曾经祷告神说："我在神面前不敢自己称自己是皇帝，只能称自己是小子；我鼓起勇气用诚心献祭，并且祷告真神，我有罪不敢求神赦免，我和臣仆都有罪不敢隐瞒，所有的一切都在神的鉴察中。我有罪，请求神不要刑罚百姓；百姓有罪，是我领导得不好，仍是我的罪过，请求神不要把罪归到百姓的身上。"（这件事情记在《论语》尧曰篇上。）汤王这样的敬畏神，这样虔诚恳切的祷告，难怪他蒙神的悦纳和垂听，因此得到了神的祝福。

孔子的父母信神

在孔子的事迹里，可以看出孔子父母和孔子本人，都是信奉上帝、敬畏真神的人。先看孔子的父母亲在"孔子家语"中有这样的说法："孔子的父亲叔梁纥，做邹邑县城的大夫，向颜家求婚。颜家有三个女儿，最小的女儿名叫征在，叔梁纥把她娶来作妻子。婚后久久没有孩子，夫妻两人就到尼丘山上祷告真神，从此就怀孕，生下孔子。"孔子父母为着记念神的恩典，就给孔子起名叫"丘"、字"仲尼"，用来表示不忘记神的恩惠，是因为孔子的出生和他们在尼丘山上的祷告有关系。这里，首先给我们看见，孔子的父母已经是敬畏真神的虔诚人。

孔子信神

63

再看孔子本人，更可以看出他是一位敬畏真神的虔诚人：《论语》述而篇有记载说，孔子患了疾病，他的学生子路请求教师准许他为老师祷告。孔子说："我不住地祷告已经很久了。"再请看上论乡党第十篇，孔子每次饮食虽然是蔬菜，淡饭、羹汤，也必定像祭祀斋戒那样虔诚恭敬。可见，孔子无论是在病中，或在饮食的时候，必定祷告真神。

孔子遭遇卫国叛乱，人设计谋害孔子，有人告诉孔子这件事，孔子就说："上天保佑我，他能把我怎么样呢？"孔子的得意门生颜渊死的时候，孔子就说："天丧我啊！这就是说，他承认人的生死，遭遇，都在神手中。

孔子说："祭如在"，意思就是，虽然神是没有形体的，但人在祭祀神的时候，不要因为神是没有形体的，看不见的，就马虎了草的去做，而是应该虔诚恭敬的，如同在神面前一样。孔子又说自己："四十而不惑，五十而知天命。"意思是说活到四十岁的时候才可以不受迷惑；五十岁的时候，他才知道人的一切都在天上的真神手中。"可见孔子在青年的时候，他的政治主张是用仁爱来治理国家；因为无法实现，于是就学习哲学，从中认识到人的命运是掌握在真神的手中，终于成为认识真神的人。

孟子信神

孟子说："以大国服事小国的，是使神喜悦的、天生快乐的人；以小国服事大国的，是敬畏上天的。天生快乐的人，足能安定天下；敬畏上天的人，足能保持自己的国家。孟子还说过："上天将要把重大任务落到一个人头上时，必是先刻苦他的心怀意志，劳动他的筋骨，饿瘦他的身体，穷困他的身子，他的每个行动总是受到阻碍而不能如意，这样才能做到虽然震动了他的心意，他却仍然能够坚韧克制自己的性情，并且能增加他本来所不能得到的益处。"这完全是信仰真神的人的口气。

有人拿"子不语怪力乱神"这一句话来作为孔子不信神的凭证，这是不对的。孔子对于"天"，已经有正确的认识和信念，所以他不像一般人乱谈邪神鬼怪的事，正像今天信仰真活神的人，也不乱谈怪异邪神鬼怪的事一样。商汤和孔子，孟子之所以能大有成就，并且被万代人民所敬仰，难道是偶然的吗？

64

十一、猿猴变人学说的错误

进化论告诉人说，最进化的人是从一种低等的人进化来的；这种低等的人是从一种动物——如猿人——进化来的；猿人又是从猿猴进化来的；猿猴又是从比它低等的动物——如青蛙——进化来的；青蛙又是从比它更低等的生物鱼进化来的；而这种低等生物或有机物又是从某种结晶体出来的。总之，他们认为有生命的，是从没有生命的自然产生的。生命的源头照达尔文说，是"电和蛋白质"组成的。

自从达尔文公布这种学说以后，各界人士一齐赞助。甚至写在小学教科书上，以致每人的头脑之中，都被深刻地印上这种论调。当时，人们对神的信仰，大受摇动。因为神借《圣经》告诉我们，人是神照他自己的形象造的。现在科学家说，人是猿变的，是经过鱼类、两栖类、爬虫类、哺乳类各个阶段，多年逐渐进化来的。他们提出一些科学证据，好像非常可靠合理，所以对神造人的讲论，认为是一种神话。可是不到五十年，这个学说不但已被另外的科学家打倒了；而且达尔文自己也承认他理论的错误，仍旧接受《圣经》的说法，就是"神照着他自己的形象造人"。可惜现在还有许多人，受这种学说的遗毒，仍旧说人是猿猴变的，拒绝《圣经》的教训。在这里我愿意略略提一点辩证：

（一）古生物学中找不到猿猴变人的过程

如果说人是猿猴变的，或者照需兰开司脱博士说："是一种并不强有力的半直立的猿变的"。如果真是这样，在历史上一定应该有记载。如果说历史时间太短，猿猴变人要几千万年时间，但历史只有五千年，怎么能记载这事呢？如果是这样，那么应该在骨头化石里找到猿猴变人的各期过程。但是，事实告诉我们，在骨头化石里只有人和猿猴的骨头，没有像猿又不像猿，像人又不像人的骨头或化石。

（二）人血和猿猴的血构造不同

人类的血经过科学化验证明，和猿猴的血显然不同。人和人的血是完全相同的。白种人的血液，和野蛮人还是一样。但是猿猴的血却和人的血完全不同，这证明人和猿猴不是一个血统。所以，病人输血不能使用猿猴的血，否则就要抽筋而死。白人和野蛮人仍然是同一个血统，绝对不是黑人从猿猴进化来，白人从黑人进化来。人能直立，并且有长头发，猿猴却没有。

（三）从生育原则来看

生物学上有个最高原则，更有事实证明，就是不同类的动物，虽然配合，却是不能生育。（马和驴虽然可以混杂生出骡子，但从此便断绝生育了。）人和猿猴不能配合生育，所以猿猴和人不是同类。但是目前科学较进步的白种人，如果和最落后的黑人、野人配合，不但可以生子女，并且能生出顶聪明、顶健康的子女来，子女们也能继续配合生育，世世无穷。可见白人和野人同类，只是知识量和肤色不同罢了。

（四）任何生物不能互相变化

小猫不能变狗，狗也不能变鸡。千万种的昆虫、鸟兽、鱼虾，没有一样可以变成另外一样的。每一种生物各有各的祖宗，正像《圣经》所记："神造万物各从其类。"不但动物是这样，植物也是不能互变，桃树不能变梨，梨树不能变杏。桃树勉强可以接在杏树上面，但是这种树所结的果子，再种在泥土里，它便不能生长了。

波斯脱教授专门为了研究人类来源，从叙利亚去英国，参观不列颠大博物馆，遇见那个博物馆的专家列奇博士，请他指示达尔文进化论的证据。列奇博士说："在这个大博物馆里，没有一件东西可以证明生物族类是可以变化的！所谓'化石人'并不存在，"又说，"在这个博物馆里充满了说明那个见解是错误的凭据！"

（五）后天改变不能遗传

祖先受了环境上的影响，接连不断继续有后天的改变时，它的形状和性质总是不能遗传。为着这个缘故，惠诗曼博士曾用老鼠做过实验。他把老鼠尾巴斩断，看它的后代会不会发生影响。实验证明，后代尾巴和前代同样的长，不但第一代不能遗传，惠氏连续斩了十九代、第十九代的小老鼠不但仍旧有尾巴，并且和祖宗尾巴一样的长。中国古时女子经过许多代的裹脚，生下来的女孩子的脚决不因为许多代的裹脚习惯而变小。后天的获得性是绝对不能遗传的，这是遗传定律。所以，猿永远是猿，绝对不能因为环境改变，后代就变成人了。

（六）从生物的生存来看

单细胞进化成鱼，鱼又进化成猿，猿又进化成人的学说如果是真实的话，为什么现在动物植物的生活，还是和从前一样，没有见到有一点进步呢？鸟仍把草含在口里做窝，仍是生卵孵小鸟，蜜蜂还是采花造蜜，海獭仍是筑堤防水呢？为什么只有人类技术每天每月都有新的变化，常有进步呢？如果这些没有进化的植物和猿猴能变成人，那么像这样有进步能力的人，更能进化成特种人了。你能找出一种特种人来吗？最低能的野人和最聪明、最灵活的动物猿猴之间，有一条通不过的深沟。中间的桥没有一个科学家能够造成。

人类不进化，而是退化了

按照人类始祖亚当，他能管理天下各种飞鸟、地上各种走兽，甚至海里各种鱼类，更能记住它们的名字，呼叫使唤它们。单单只昆虫一类，已经有三十万种名称，今天的你能够叫出一百种虫名来吗？亚当的子孙中，有发明乐器、工具、建筑高塔、大城、方舟的技能。可见，洪水前的人类大有技能，充满智慧。中国古代的四书记载，文王身高十尺，汤高九尺，又说七尺须眉男子。现在少有身高六英尺的人。（古人的尺是一肘，约合一尺五寸。）以年岁来说，古人多是活到八、九百岁，今天一般人最多活到八、九十岁的人。现在人类因为罪恶太多，不只身体越来越矮，寿数越活越短，体力越来越弱，道德一天比一天堕落，就是智慧，也是一天不如一天。德育、智育、体育，全部堕落退化了！有人对于智慧退化这一点，特别反对，并且提出科学发明作为证据。这点好像有理，但是仔细一研究，实在不是这样。所谓科学发明，不过是利用过去各个世代古人的心血成果，自己加上一点，改变一点罢了。全部建造在过去各个时代千万古人所建立的根基上，好像在已经建造成功的十层楼上再加一层，或者改变一点花样，这十一层洋楼就算是自己造成一样。所以，不是今天的人更有智慧，而是把过去各个世代古人的发

67

明抄来，当做是自己的发明罢了。这个好比万里接力赛跑，并不是你能跑一万里。如果把古人的书籍、图样、仪器、和做成的样品一起烧掉，请问你能造出飞机来吗？下一代的人类还能发明潜水艇、原子弹吗？今天的人要和古人比智慧，必须在不可照样做的根基上来比。如果在技巧、艺术、美术、审美、诗画、音乐、文章上来比，你就会发现今天人的智慧，实在不如古人了！生物学家达生爵士说："人类最早的遗迹告诉我们，人类最初的时期，就是他的黄金时代。"人不是从猿猴进化来的！

几件疑问的解释

人从低等动物进化而来学说，好像有几点容易叫人受它迷惑的地方：（一）地上各类生物生存的先后，无论在现存的生物或化石之中，都有一定层次，好像和进化论互相符合。（二）人体内有不重要的器官，像盲肠、尾骨，算做动物进化成为人的时候，遗留下来的多余器官。（三）人类胚胎生长的过程，和人类进化论所想的过程，鱼、两栖、鸟、兽类相像。（四）他们找到了所谓爪哇人和北京人的骨头，形状像猿又像人，说是人类先祖的骨头。但这四点都不成立。

对于第一点：《圣经》已在几千年前告诉我们，神的创造次序是从低等动物造到高等动物，先造水族鱼类，再造天空中的鸟类，再造陆地上的走兽，最后造人。我们不能因为生存前后次序互相符合，就说某一种是从另一种进化而来。一位木匠可以先造一条板凳，再造一张椅子，又再造一张桌子，但是人不能说，桌子是板凳进化来的，这个不过是不同种类的单独创造罢了。

对于第二点：所谓人体的遗留下来的多余器官，像盲肠、尾骨等等，现在经过医学证明，实在没有一样可以缺少的。它们不是生存上所必需的，就是胚胎发育过程中所必需的，不过从前科学不发达，他们认为是前人遗留的废器官而已，其实是胚胎成长过程中的必需品。

关于第三点：他们以为人类胚胎的时候，有像鱼鳃的发现，就以此作为人类进化过程是从鱼类而来的证明。胎中虽有一段时间，有像鱼鳃的形状发现，但是没有鱼鳃的功用。成人之后变成牙床舌头，并不是腮。再有，在胚胎过程中，一般都是先有心脏，后有血管，再后才有血球，进化论的假定程序，正和这个事实相反，低等动物是先有血球，进化而有血管，再进化而有心脏。这是不合事实的猜想。

所谓爪哇人和北京人

关于第四点：所谓爪哇人和北京人并没有完整的人形人体化石被发掘出来。不过在不同的地方，甚至不同年代中，找到几块零碎骨头，东拼西凑，不到半边人头，不到百分之一的人体，便说它是我们祖宗猿人的骨头。究竟找到的每块骨头，是不是猿猴骨头加上人的骨头呢，还是别种绝种兽类的骨头呢，还不一定。（他们曾经有一次找到一种绝种的野猪的牙齿，当作是原始人的骨头。）

所谓爪哇人，乃是由一位荷兰医生杜拔亚在1891年在爪哇苏罗河滩内发现，只有一块头盖骨，三个牙齿，另外有一块左边大腿骨，离开头骨二十码的地方，也是随便拼上去的。究竟是不是属于同一个人，也没法知道。那个地方同时还有二十四种哺乳类动物的骨头混杂存在。各个科学家看法也不同，有人肯定说头骨属猿，腿骨属人。1937年杜拔亚本人说头盖骨是一个绝种猿的，股骨是野猪的。到今天生物学家自己还是互不相信，弄不清楚，那么我们怎么能够肯定地说人是猿猴变的呢？至于北京人的来源，更是渺茫。根据记载是1920年在北京西南，周口店的石灰洞里发现的。在许多哺乳类的骨头里，发现了"两颗人的牙齿"。经过研究之后，据说是"人属以外的种属"，暂定名为"北京人"。七年后，又去发掘，又得同样牙齿一个。经过和黑猩猩及小孩子牙齿比较，形状不同，就被认为是原始人的牙齿，是"人科中的一个新属"。接下去有两次发掘，得到两块头盖骨，一块是年轻女子的头盖骨，一块是壮年男子的头盖骨，说是很古很古，可以和直立人猿同时存在不分前后；这些东拼西凑并没有真实根据的零碎骨块，又在不同年代不同地点发掘出来。生物学家自己还是怀疑不信，甚至站在反对的地位上批驳，我们怎能相信它是真的呢？

69

科学的骗局

1911年，一位英国律师又是业余人类学家，名叫查理道森，在派尔当地发现一付头骨，就被一些性急的人类学家，断定为最初的"英国原人"，学名称为"派尔当人"，认为是七十五万年到九十五万年间的人类头骨。1953年被三个科学家证明它是假的，是由一付人的脑盖骨，和一付猿的牙床连在一起假造而成的。揭发骗局的是英国博物院奥克力博士，和牛津大学的韦纳和克拉克两位教授。他们的根据是：骨头如果埋在地里头年代很久远，骨头上面就要生出一层氟。"派尔当人"头骨经过仔细分析，那种脑盖骨在欧洲并不希奇；那付牙床笑话更大，原来是一付近代猿的牙床，那只猿只活到十岁。当年假造的人很技巧地涂上一层颜料冒充古董。

一件进化论没有办法解释的事

一件进化论没有办法解释的事就是北冰洋的白熊，脚掌的里面也长出很长的毛，其它动物的脚掌部分绝对没有长毛的道理，它却长满又长又多的毛。它为什么长毛呢？因为它是寄居在冰面上，奔跑在流动的大冰块中间，脚掌如果没有长毛，必定会滑到海中。这里两个问题值得思考！第一、谁能预先知道白熊将来要寄居在冰上，恐怕它滑跌水中，为它脚掌里面特别预备长毛呢？第二、如果说熊掌的毛是从进化来的，这毛便是因为白熊从陆地转住到冰上，渐渐进化长成。那么，请问当白熊的始祖搬到冰上的时候，毛还没有长成之前，岂不是已经滑到海中一个一个地淹死了吗？似乎来不及长成长毛，就已经灭种了吗？那么为什么现在北冰洋上还有白熊呢？请问，朋友们！你对这个问题，用进化论怎样解答？除非承认是神用他的大智慧大能力，根据他预定的计划使它生成之外，你就没法回答。这正像《圣经》告诉我们说："神造万物各从其类。"不会因为环境的改变，自动转变成为另一类的。

达尔文做了两件工作

一、根据现实和古代的化石，把各种生物按照它的性质分成各类。从下等动物到高等动物，分成水族、两栖、爬虫、哺乳、猿猴、人类。二、根据理想制定一种学说，说人是从这些动物按照次序进化而来。达尔文的第一件工作，是有事实的明证，并且是合科学的。

第二件工作，把各类中间穿了一条线，而说人是从下等动物慢慢进化而来，这是一点没有根据的。学说和定律大有分别，学说完全是凭着理论，而没有证据。学说经过事实证明，才成为定律。达尔文猿猴变人的学说，不过是一个老旧失去效力的学说罢了。因为他不知道人从哪里来，就用头脑想出一个猿人进化论来，想找事实根据，一辈子也找不出，因为他是想出来的，不是出于事实，自然找不到证明。

相反的证据

近几十年，不但找不到进化论的证据，反而发现许多相反的证据。自从遗传学发明之后，证实每种生物的种子，都有它独有的、特别的基因；这基因包含着那种生物的特性和本能。除非经过人力，故意使种子中的某一个基因，失去功用，才能使它生出的生物暂时改变。然而到了第二代时，仍旧复原。又因为选种的方法，虽然可以利用人力使某种因子完全除掉，但是从来不能另外加入一种生命的因子。换句话说，因子是不变的，临时除去，下代仍旧复原；另外加一点减一点都是不可能的。这是证明物种是永远不变的。正像《圣经》所记："神造万物各从其类。"进化论实在没有根据！

达氏最后信神

达尔文因为要找一种动物是在人和猿猴之间，用这个来证明他的学说，所以在1831至1836年，乘"猎犬号"轮船周游世界，寻找这种动物。事后报告，经过的地方以纽西兰为最黑暗；那地的人民没有衣没有鞋，在树上做巢居住，杀婴孩献祭，拜偶像，不顾妻儿的争斗，欺骗诡诈，大量喝酒，淫乱等等可恶的习惯多得不能一个一个地列举出来。达尔文说这类民族，还需要进化二千年，才能像现在人的样子。但是，当他第二次再经过那个地方时，因为基督教已经传进去，竟然完全不同了。人们已经建造房屋居住，并且装窗，也能种田种树，恶习惯大大除掉。达尔文到这时不能不赞叹基督的大能！自己惭愧所创立的学说幼稚错误，就出一大笔金钱，买了许多《圣经》分送各处土人，到这时他说："我承认原始的生命是造物的神造的，如果没有一个终极的原因，宇宙就不能存在。"（参见《达尔文自传》）

71

霍浦夫人和达尔文先生一次见面谈话的纪录摘要

她说："达尔文晚年，经常患病躺在床上，见他穿着紫色睡衣，床头放些枕头，支持身体；手中拿着《圣经》，手指不停地痉挛，满面忧愁地说："我过去是个思想没有组织结构的孩子，想不到我的思想，竟然像野火蔓延，得到许多人信仰，我感到惊奇。"他歇了口气，又谈一些关于"神的圣洁"，"《圣经》的伟大"。又说："在我别墅附近，住了将近三十个人，非常需要你去为他们讲解《圣经》，明天下午我会聚集家里的仆人、房客、邻居在那儿。"他手指着窗外一座房子说："你愿不愿意和他们交谈？"我问他说："谈些什么问题？"他说："基督耶稣，和他的救赎，这不是最好的话题吗？"当他讲述这些话时，脸上充满光彩。我更不能忘记，他那附带的一句话："假如你明天下午三点钟举行的话，我会打开这扇窗子，同时你可以知道，我在和你一同唱赞美诗呢！"（译自"The Shining Light"）

人类有件特别东西

人类有件特别东西是一切动物所没有的，就是理智的能力。没有记录记载任何动物有本能，能从一数到十，或者明白十个数字的意义。兽类的本能只像一枝笛子所发的单个音符，虽然美丽，可是有限。但是，人类的脑筋却能包括乐队各种乐器发出的所有音符。人类的智力所以能使我们思想，并且反复思想，推测宇宙有神，又能发明，乃是因为我们从宇宙的神那里，接受了一朵智慧的火花。

美国科学家们曾经以猿猴和生番野人，同时给他们人类的教育，发现猿猴只能知道多和少，不知道"三"以上的数目。譬如，给它的十只苹果中，又拿去九只，它就向你求讨，因为知道少了。如果你给回三只，它就满意，虽不足数，也不追讨，因为觉得多了。如果在十只苹果中，偷它三、四只，猿猴并不知道。如果偷它七、八只，只剩一、两只时，它就会觉得少了，态度也显得不安了。如果想教它知道十个数字，决不可能。但是，生番虽然是野人，经过教育之后，有的能进中学，甚至有能进大学的，并且知道敬拜神。这样，可见猿猴和人实在相差太远了。

万有是靠神的智慧托住的

多年以前，有一种仙人掌被人移植在澳大利亚当做篱笆。因为那地方没有能害它的昆虫，这种仙人掌便开始厉害地繁殖生长。到了一个地步，这植物占有的地面，相当英格兰岛那样宽广，并繁殖到城市及乡村，毁坏了他们的田园。昆虫学家为要寻找抵抗方法，最后发现一种昆虫，这种昆虫不吃其他东西，专靠仙人掌维持生命，并且繁殖很快，在澳大利亚也碰不到任何强有力的对手，生物学家就加以利用。结果动物征服了植物，仙人掌的蔓延受到了限制。然而，如果是这样的话，昆虫又将征服世界了。

由于这类昆虫繁殖最快，所以科学家原有昆虫征服世界的说法，但是因为它们是用管子呼吸，而管子不能照身体的比例长大，因此阻止它们的蔓延。如果没有这种生理上的限制，人类恐怕早就不能在世界上存在了。为了这些奇妙的事实，你就没有理由否认，有位全能者用他奇妙的方法，促使各物互相约制，成为平衡，所以可以托住万有。

朋友！请你虚心地研究一下，不要被世界上的小学蒙蔽，以致离神越来越远。神盼望你我的心回转归向他，正像慈爱的母亲在家门口盼望远游的浪子回家一样。神已等你好久了！

十二、没有神的人的可怜和信真神的人的福乐

世界上最可怜、最没有指望的人，不是那些缺衣少食的人，不是那些没有儿女的人，不是那些给别人做仆婢的人，而是那些没有神的人。人如果没有神，就是富有天下，做尊贵的元首，子孙满堂，有很多仆婢，他仍然是一个可怜的人。因为人如果没有神，就没有永生；没有神，就没有指望，人的生命非常短暂，像花草那样容易枯干，像一口气那样一吹就散，像一阵风那样一去就不复返。这是多么可怜，多么没有指望呢！美国柯达克照相机厂主人在世界每一个角落都有他的分店，西半球商店开门做生意，东半球关门睡觉；东半球开门做生意，西半球关门睡觉，可说是昼夜做生意。他登上纽约最高屋顶一看，各大银行都有他的存款，他可以随自己的意思开支票提取。他的收入不是以一年、一月计算，是以每秒计算。他可以要怎样就怎样，想怎么做就怎么做，他已经享受了所有的人生福乐。就是总统竞选，也要靠他作为经济后台。他虽然样样都有，却少了一件，就是没有神。没有神就没有平安。别人看他快乐，他却十分痛苦，内心的痛苦，比肉体的痛苦更厉害。不知道怎样才能排除；世界上的人所用的方法，他已经用尽，有钱有势，什么不能办到呢？可是神的平安不是用钱可以买到的！他的苦闷因为没有办法解决而变得更加厉害，最后想周游世界，看看美国以外，会不会有一个角落，能够解除他的烦闷？他求平安，却不要神。结果，世界已经游遍了，失望苦闷却更加沉重。于是，由绝望而灰心，由灰心而想自杀，终于在他回美国的路中，投海自杀了！没有神的人没有平安。你有平安吗？

英国克莱侯爵

英国克莱侯爵替英国征服印度之后，扩充了国土十倍以上，全国上下敬佩颂赞，自然不用说了。他的父亲写信给他说："我儿快回家吧！全国的人等候见你，他们听了你的名字，就快乐得像喝醉酒那般疯狂，你已经被封为侯爵了！"克莱侯爵虽然地位尊贵，多有金钱，又被全国人民拥护，可是只缺少一件，就是没有神；没有神的人就没有平安！回到英国，群众都出来欢迎他，仰慕天下英雄，

个个都是敬佩得五体投地。但是他自己并不觉得快乐，这些好像烟云一样。他内心的需要，不能满足，这些反更引起他的烦闷，更使他觉得人生的虚空。回家之后，拿了一枝手枪，走上屋顶晒台，把枪对准脑门，一枪丧命，倒在血泊之中，因为他没有神，没有平安！

有一个反对基督徒最厉害的人浮坦尔（Voltaire）

有一个反对基督徒最厉害的人浮坦尔（Voltaire）是位法国哲学家。当他临死的时候，看见有一个黑暗在他面前，他不愿意去，但是那黑暗却渐渐临近。他很害怕，用手拒绝黑暗的逼迫，却是抵挡不住。黑暗渐渐向前进，浮氏惊怕，眼睛睁大凸出，张口大喊："我怕！我怕！"两手想把黑暗推开，黑暗却仍是渐渐逼近，浮氏就在这种恐惧、狂叫、凸眼的光景中断气了。陪伴他的一位护士小姐，吓得魂不附体，从此不愿意做护士了。以后如果有人请她去做临时特别护士，她先要问病人是不是基督徒，如果是无神派，她是一定不去的。

抓住什么

英国曾经有父子两个，都是著名的无神派，写了很多的书，攻击基督教，迎合了很多人的心理。一天父亲病重，心灵不安，感觉人生虚空。在苦闷中挣扎，无神的观念有点摇动。当死亡临近的时候，更觉得没有安慰，不敢肯定没有神了！这时，他的儿子，看见父亲对于无神的信念已有动摇的趋势，恐怕影响父子名誉，于是大声喊叫说："父亲！抓紧，不要摇动！"父亲回答说："儿啊！抓住什么？"真的，无神派的人临终，可以抓住什么呢？什么可以使他得安慰呢？他没有神，抓什么呢？结果就是进到永远的黑暗中，等候将来的审判罢了！

著名小说家

美国有位著名小说家起初很穷，有一次写成一部小说，因此大大出名，生活改善，非常富足。各大书店都以争得他的稿件为幸运，因为他的言论已经被全国人士敬仰爱慕。一日，他病势危急，各报记者都来采访消息，迫切盼望在这伟人口中得到最后的几句遗言，来满足全国爱慕他的人们。这位小说家正在死亡线上挣扎，没有神的观念；内心苦闷万分，各种各样的感受都集中在头脑中，临终还不能得安息。虽然记者一再催促，请他留几句话，作为最后记念，他却始终一句话也不回答。记者一再催逼，这位小说家最后只说一声：〈马太福音〉16章26节，"气就断了。各报记者连忙拿过《圣经》来看，这节《圣经》说什么呢？原来是说："人若赚得全世界，赔上自己的生命，有什么益处呢？人还能拿什么换生命呢？"真是不错，这位小说家在世界上可以说是名利双收，到临死时，方才觉悟人如果赚得全世界，失去永远的生命，有什么益处呢？他能带什么去呢？怎样见神的面呢？审判的日子，名利能救他吗？敬请大家郑重地考虑一下！

信真神的人的福乐

现在说到信真神的人的福乐。信真神的人，生活也许艰难，环境也许困苦，但他内心深处的平安，却是不能被夺去的！他在患难中有忍耐，在试炼中有喜乐，四围受敌却不被困住，遭遇逼迫时仍然有指望。

王子不如臭皮匠

意大利有个王子不如臭皮匠的故事。意大利有一位皮鞋匠，他是虔诚的基督徒，住的地方很小，整天修补臭皮鞋，劳苦所得的钱只够糊口；但是他一天到晚歌唱喜乐，逍遥自在。一日，意大利国的太子因为内心烦闷，上街散步，经过那地方，见了觉得很奇怪，顺便问说："你这个皮匠这样劳苦，怎么能有喜乐呢？我身为太子，怎么反而不喜乐呢？"皮匠回答说："你不如我，你不相信吗？我的爸爸管你的爸爸；你的爸爸是我爸爸派的！"王子更惊奇地问说："你的爸爸是谁？你是谁的朋友呢？"皮匠回答说："我是天上真神的儿子，是万主之主，万王之王的朋友，所以你不如我。有主耶稣的圣灵住在我的心里，作我喜乐的源头，你有这一个吗？"

陈崇桂牧师的父亲

他是个虔诚信耶稣的人。有一天他对家人说："主耶稣明天要接我去了，你们快打电报给我大儿子，叫他回来。"家人以为他的年纪太大说话糊涂，就对他说："你老人家身体那样的好，主耶稣现在不会接你老人家去的。他说："你们不知道，昨天晚上主耶稣亲自告诉我的。你们照我的话去打电报给我大儿子吧。你们要买白衣白裤给我穿上。"家人没办法，只好照办。第二天晚上九点钟的时候，他还吃了一大碗面，加上两个荷包蛋。家人说："主耶稣不会接你老人家去的。"他仍旧不听，叫人给他穿上白衣白裤，并且把家人招到床前，讲话一番，劝告他们好好信耶稣，传福音救人，然后为他们祝福；祝福完了，他就眼睛闭着，靠在床上，面带笑容，用手指着说："主耶稣来接我了，他穿白衣，手里拿着一把钥匙。"（那把钥匙就是《圣经》所记载的阴间和死亡的钥匙，是在主耶稣的手中。）说的时候，他就平安地离开世界了。你看这样死法快乐不快乐？福气不福气呢？

吴复初弟兄的祖父

另外有一件，就是一同聚会的吴复初弟兄的祖父，他是个虔诚信耶稣的人，活到七十多岁，平日时常扶着孙子走到大路旁边行人休息亭子里，劝人相信耶稣。他临死前，身体一点病也没有。一天晚上，正和家人围着火炉安坐闲谈，老太爷渐渐不讲话了，快乐地安睡。家人以为他年老打盹睡觉了。儿子继续谈话，这时，吴先生的父亲从外面进来，看见老大爷一动也不动，喊他，他也不回答，摸他的手已经冷了。这才发现老大爷已经死了，回到天家去了。信耶稣的人，真是福气，就凭临终这点快乐，你也应该信耶稣。信耶稣的人的死就像搬家一样。从这一间醒龊的房子，搬到另一个美好的房子，永远快乐的居所。因为我们的家是天家，地上不过是一个客店；我们在世界上不是等死，而是等候回到天上的家。我们在这个世界上，还有救人的工作没有做完，一时还不能回去。我们的任务一完，天父就会来迎接我们，和他一同享受永远的福乐。天家那里没有痛苦、没有疾病、没有忧虑、没有烦恼、没有眼泪、没有忌妒、没有仇恨、没有不安、没有死亡。朋友们！我们一同来相信主耶稣吧！回到天父那里去吧！天父天天等着你我回家，何必死亡呢？不要再受魔鬼的欺骗了！总有一天你要离开世界！总有一天你要见神！朋友们，那时怎么办呢？〈阿摩司书〉4章12节说：

"你当预备迎见你的神"

在马路上碰见很多的人，你不看他，你不理他，都不要紧。但你碰到一个人是你的债主，你欠他钱，他要问你讨债，你和他就不能没有关系了。你在路上如果碰见你的父亲，就不能不睬他了。宇宙中有一位神，他是创造你的，管理你的，看顾你的，有一天他要和你算帐。今天你不理他，你不信他，好像和他没有关系。但是有一天，你要见他。这个基本问题如果不解决，你的人生就像一只小船在海洋里没有掌舵的人一样，一定要沉没。你不解决这个问题，就没有盼望。《圣经》上说：没有神就没有指望！活着没有盼望，过日子就没有味道。你如果没有神，不但在世上活着的时候劳碌、悲惨、苦闷、没有平安，将来见神的时候，怎样来面对他和你算帐的事实呢！

十三、请看神的心

神就是爱

朋友！你们不要神，是因为不认识神的心。《圣经》说：神就是爱。先从神的本性来看，动物都有天生爱的本能。这种爱的本能会叫我们领会到这是从造物的神慈爱的本性反映出来的。例如：古人劝人孝敬父母，往往用小羊跪着吃母羊的奶，和小鸟长大了反过来喂养年老的母鸟来作比喻；论到兄弟的亲情，就称赞鸿雁；谈到夫妻和睦，就引述鸳鸯；谈到父母爱子女，就讲老牛舔犊。至于母鸡碰到敌人时，就伸开翅膀保护小鸡；小的鲸鱼被害，母鲸就紧紧跟在小鲸后面，不舍得离开。从这些例子可看出，连动物也有天生爱的本能。

一只公鹅头

台北居民李培松家中养了一对鹅，性情温和，全身雪白，可爱，两鹅整天双出双归，相依为命。有时把它们放到很远的地方，也会自动回来，从来没有走错路。所以，主人特别疼爱它们，几次过节都不忍心把它们杀了。

一天李君三岁的小孩子生了病，到一位中医师那里看病，医师开了一张药方，需要一只公鹅头，配药熬煎。李家夫妇为了要医治自己心爱儿子的毛病，便杀了一只鹅。当李君去捕捉公鹅时，母鹅就大叫起来，不停地吵闹，后来竟发现母鹅死在厨房外面一堆染有血迹的公鹅的羽毛里。原来母鹅看见公鹅的毛和血，知道同伴已经被杀死，痛苦得不想再活下去，就伸长了脖子，把头向地乱摔，直至摔死，眼眶出血，头部创伤，额上的细毛脱落，歪着头伏卧在地。

专门研究野兽生活

专门研究野兽生活的生物学家萨古勒，在阴森的松林里发现一只灰色的鸟，已经老迈，嘴的下部几乎完全破碎，以致没有力量拾取食物，停在树枝上。随后，飞来另一只鸟，口中含着食物。跳到第一只鸟的身旁，老鸟饥饿地高举它的嘴，第二只鸟非常小心谨慎地把食物投进它的咽喉。

有人把食物给一只黑猩猩吃，但在他旁边笼子里的猿猴却不得吃，那黑猩猩便从铁条缝里把食物分一部分给猿猴们吃。有一只猿猴手指破裂了，走到另一只猿猴面前，于是那只猿猴就很谨慎地为它治疗，就像是人类的医师一样。

袋鼠在动物中可算是母爱最浓厚的一种动物，爱护小鼠，十分周到。小鼠遇到敌人，便立刻逃进它妈妈的腹袋里，母鼠就带着小鼠快速飞跑，万一逃不掉，它就把小鼠藏在隐密的地方，然后再和敌人决斗。

神是巴不得把心掏出来给你看。他借着先知以赛亚说："妇人焉能忘记她吃奶的婴孩，不怜恤她所生的儿子？即或有忘记的，我却不忘记你。"（以赛亚书49:15）又借先知耶利米说："人若休妻，妻离他而去，作了别人的妻，前夫岂能再收回她来？若收回她来，那地岂不是大大玷污了吗？但你和许多亲爱的行邪淫，还可以归向我。"（耶利米书3:1-2）你看神是怎样爱你啊？我们是神的杰作；是神创造的结晶品；是照他自己的形象造成的。神造我们的目的是要我们像他，得着他永远的生命，代表他管理全地，一同享受他的丰富，显出他的荣耀。可是，我们世界上的人拣选罪恶，甘心和魔鬼联合，远离天父，不虔诚不公义，和神为敌，亏欠了神的荣耀。虽然这样，神爱我们的心始终不变，正像母亲不能忘记她的吃奶婴孩一样。神用千方百计，要把你我游荡的心挽回。

拣选罪恶远离天父

朋友！你不信你是拣选罪恶远离天父的吗？请问你终日所思想的是罪恶呢？还是神呢？你敢把你今天脑筋中所想的一切事情，告诉我们听听吗？你可以把你过去的私生活，用活动电影照出来，放映一回吗？你能说你从来没有说过谎话吗？从来没有打过人，骂过人吗？你见了妇女没有动过淫念吗？你连公家零碎东西都没有拿过吗？一张信纸也没有用过吗？不告而拿都是偷。你从来没有恨过人吗？神说："凡看见妇女就动淫念的，这人心里已经和她犯奸淫了。恨人就是杀人。我们如果说自己没有罪，便是自欺，真理不在我们心里了。"是的，我们应当不看不应当看的，但是我已经看了；我们应当不说不应当说的，但是我已经说了；我们应当不听不应当听的，但是我已经听了；我们不应当去做不应当做的，但是我已经做了。终日思想，行动言语，没有一件不是违反神的公义原则。他公义的审判，岂不是要临到我们吗？这怎么是好呢？

牺牲他独生的儿子耶稣

请你不要害怕，神自己说他爱我们，甚至牺牲他独生的儿子耶稣作为我们的赎罪祭，背负我们的罪孽，代替我们钉死在十字架上。主耶稣已经替我们受了我们犯罪所应该受的刑罚，他已经代替我们死了。我们只要接受他代替我们死的事实，就不致受刑罚、下地狱，反而能得着永远的生命。这就是我们所传的福音！当主耶稣还没有作成救恩之先，神虽然非常非常爱世上的人，但是因为世上的人有罪，神就不能亲近世上的人，也不能叫世上的人亲近他自己。现在他的儿子代替罪人受刑罚死了，满足了神公义的要求，神和人中间的关系从此改变了。基督的死，不是改变了神的心，因为神从来就是顶爱世上的人。现在神因为审判了主耶稣，所以他能接收世上的人，毫无阻碍，不致不义。

法官有一个儿子

这里可以用一个比喻说明：一个法官有一个儿子，法官非常爱他，父子天天亲近。一天这位儿子偷了公款逃跑，公家登报要捉拿他。这时，父亲虽然爱他，然而他们中间的关系已经改变了。本来，他们是父子的关系，现在呢？他儿子变成罪犯了，是法官和罪犯的关系了。如果儿子被捉拿到案，父亲就不能待他像儿子一样。父亲必定要审判他，定他罪案，和待别的罪犯一样。他的父亲虽然爱他，但是无法救他，除非他的父亲肯卖掉家产，代儿子赔偿，他的儿子才能自由，父亲才能接收他回来，而没有拦阻。

我们世人都像那个儿子。我们都犯了罪，得罪神，得罪人，应当受审判，被定罪，永远沉沦。但是，神爱我们，赐下他的独生子耶稣代人受苦，死在十字架上，还清了我们的罪债；流出他的宝血洗净我们一切的不义，改变神和人中间的关系。现在和平已经成就，神已经能接受罪人，只看人肯不肯接受这个和平，而定规他的得救或沉沦。

主耶稣流血赎罪

关于主耶稣流血赎罪不妨再说一个故事，使你更加明白。有一次，一阵大雨引发洪水，竟然把一条铁路上的铁桥冲坏了。有个乡下老人经过那地方，看见铁桥坏了。他想，今天火车开来，结局一定万分凄惨。忽然听见远远有轰轰的声音，正是一列火车开来。这时，他为拯救全车的人的性命起见，就不顾自己，用刀割破大腿，撕下一件白的衬衫，染上鲜血，走上路旁一个高坡，一面大声喊叫，一面高举鲜红的血衣摆来摆去，目的是要叫司机看见红的颜色，停止向前行使。那时，车上头二三等乘客，有的在吸烟，有的正在看报，有的吃好东西，有的说说笑笑，有的思想到达目的地要做些什么：再过一点时候就可到家，看见家人，就可看戏，就可办什么事。却不知道再过一点时候他们就要遭遇可怕的死亡。那时，老人的手仍在摆着，腿上的血继续流着，喊声渐渐低下去了，司机忽然看见红的颜色，马上尽力刹车，把车停住；但那位老人却已经倒在血泊之中；车上的人还不知道为什么停车。大家下车之后，才知道铁桥坏了，于是大家方才醒悟过来，知道这位老人舍身流血救了他们。于是大家造一个坟墓，把这位老人好好安葬，又立一块石碑，上面写着："他为我们死。"

朋友！车上的人好比你和我，老人好比主耶稣。他因为看见你直奔地狱的路而仍然不自觉，所以耶稣为你死在十字架上，舍身流血救你出死入生；耶稣的死完全是代替你死的，但愿你不要再走那条死亡的路，现在就信靠他吧！请你祷告说："主耶稣啊，我信你！我谢谢你为我担当罪孽，代替我死！"

你与神和好了吗？

你是一个得救的人吗？你有没有借着主耶稣与神和好？神的法子是"借着神儿子的死，得与神和好。"（罗马书5:10）不是你自己的功劳，能够叫你与神和好。你虽然可能已经是一个教友，已经受过洗礼，领过圣餐，你如果没有与神和好，仍旧是一个罪人；或者在教会里当了很大的职任，是信徒的领袖，但是你如果没有借着主耶稣的死，与神和好，相信他的死，是代替你死的，为你成就救恩，担当你的罪的，那你还是神的仇敌——沉沦的罪人。神已经出了所有的代价，已经成就了完全的救赎，主耶稣基督已经完全成就了和平。现在摆在你面前的，就是得救或沉沦。你不能因着你的义得救，你也不必因着你的罪沉沦。得救或沉沦，就是看你肯不肯相信主耶稣所成就的救恩。朋友，现在就请你祷告接受吧！请对神说："神啊！我是一个罪人，谢谢你叫你儿子代替我死，为我受罪的刑罚，叫我免去刑罚。我相信，我接受这个救法，从此我能与你和好了，你能收留我了。"

美国南方和北方交战

美国南方和北方交战的时候，一个得胜的将军下命令告诉敌方的士兵说："我现在划出几里土地，作为和平的范围，你们中间凡肯放下武器走进这块土地的人，都必免死，否则统统杀死不得赦免。"许多相信的人，接二连三地走进这块土地，放下武器，都得救了。其他疑惑不肯走进去的人，后来都被杀死，没有留下一个。各位！神现在已经定规他的十字架，作为和平的地方。你本来和神为敌，如果你肯在这时候，丢弃你的罪恶，站在十字架的根基上，倚靠主耶稣替你所成就的和平，你就必定得救；你如果怀疑不信，就要死在你的罪恶当中。在这个例子中，敌兵的生存和被杀，并没有别的分别，就是看他肯不肯进入那块土地而已。不能因你自以为平常行为好而放过你。有人就是站在界线之外，或者距离很近，只要一起步就可以进去；但终究他们还是在界线之外，他们终究还是被杀死了。各位不要再拿不定主意，不要只差一步！你只要一倚靠主耶稣就可以得救，为什么不这样做呢？"愿意的都可以白白取生命的水喝。"（启示录22:17）请你来吧！不要拖延！不要辜负神的美意！

主已经替你还清你的一切罪债，你如果接受主所成就的和平，你就不必再惧怕受罪恶的刑罚，因为《圣经》上记着说："神在基督里，叫世人与自己和好，不将他们的过犯归到他们身上。"（哥林多后书5:19）多么的快乐！我们相信他，必定得救；既然得着救恩，罪孽就不再控告我们，有什么比这个更快乐呢！"既借着我主耶稣基督得与神和好，也就借着他，以神为乐。"（罗马书5:11）

各位！我现在再问，你们已经与神和好了没有？这是应当快快

83

解决的问题，将来的结局，完全看你今天怎样来回应。所以，我们做基督的使者，好像神借我们奉劝你们一样；我们替神求你们与神和好，并且传和平的福音给你们在远处的人。

被误会的爱

据某地报纸记载，有位中学生，母子感情非常亲切，不幸在他进中学的时候，母亲一病不起，竟成永别。父亲娶了继母，继母爱护他的心不比亲生母亲差。但是，这位中学生总是认为继母不会真心爱他，一切的好，不过都是故意装出来的假心假意，买他父亲的欢心而已。一天，当继母为他整理房间时，他故意把他自己亲生母亲的照片贴满了墙壁，以作示威。暑假时候，特意住到外地亲戚家里，表示不愿和继母同住。其实，继母诚心诚意爱他，可是没有办法证明她真实的感情，她也不愿意再生孩子，免得心有偏爱，也怕他的父亲偏爱她的孩子。所以，当她有一天发现自己已怀孕的时候，便暗中吃了坠胎的药物，因为小产，流血很多。父亲发觉之后，立即送她到医院治疗，同时打电报叫他儿子回来。那个孩子因为到亲戚家不久，就被父亲叫回家，心里感到非常不满。他在气愤中，勉强回家，父亲立刻陪他到医院看他的继母，并且说明坠胎的原因。这个孩子见到当时的情况而大受感动，不知不觉地泪如雨下，三个人抱头痛哭，孩子到这时候才知道他的继母实在是真心爱他。朋友！我们岂不也是这样误会神的爱吗？

天父没有你得不到安慰吗？

朋友们！你们知道天父没有你得不到安慰吗？从前犹大国巴勒斯坦地方，有一家父子三口，靠牧羊维持生活，穷苦度日。两个儿子放羊，老父亲做饭，每天到太阳下山的时候，父亲必定爬上高坡呼喊两个儿子："约瑟，以诺，回家吃饭吧！"两个儿子听到声音就带领羊群回家。后来两个儿子年龄稍大，受不了牧羊的苦生活，就去美国谋生，光景得意，快乐得不想回家。老父亲在家里思想成病，每天晚上仍旧去高坡，喊叫两个儿子的名字。一日又一日，一年又一年，风雨无阻，始终不见两个儿子回来，每次都是忧忧愁愁转回家去。邻居看到这种光景，心中不忍，便把这种情况托人带信告诉两个儿子。他们良心发现，决定整理行装回家。到了村庄之后，天时还早，两人便躲在平时牧羊的地方，特地等候老父亲来喊。到时候果然见到一位白发老人家，扶着手杖慢慢摇晃地走来，完全显出年老体弱的样子，远不像当年的健壮了。一会儿见老人连连喊叫说："约瑟啊！以诺啊！"两个儿子躲在远处，连连应声回答说："爸爸啊！我们回来了。"他们急忙跑出来，老父亲远远看见，喜出望外，迎上前去，连忙把两个儿子抱在怀里，连连亲嘴，于是父子三个人一同欢乐地回家去了。

朋友们！父亲不见儿子没有喜乐；儿子不到父亲跟前不会平安。天父没有你们，得不到安慰；你们没有天父，心灵不能满足。

请你祷告

你如果愿意回到天父面前与他和好，请你祷告说：

"父神啊！我从前不知道有你，更不知道你这样的爱我。现在我明白了，我愿意接受你为我预备的救法。我相信你差遣主耶稣来钉死在十字架上，是为担当我的罪。求你因你儿子的缘故，赦免我的罪！奉耶稣基督的名。阿们！"

这样，你就是从心里向神表示你已经接受耶稣作你的救主了。

85

《圣经》是神默示的吗

Is the Bible Inspired by God

《圣经》是神默示的吗

序言

——我迷信科学，认定人能胜天，不相信任何宗教，直等到我自己学了科学，才知道科学并不是万能的。

第一、科学只能制造死的飞机和潜水艇却不能创造有生命的活的蝴蝶和小虾。直到现在人们想要造出一个活的小细胞也不可能。

第二、科学可能帮助人犯罪杀敌，却不能改良人的道德，也不能救人脱离罪恶的行为。

第三、科学虽然可以有点办法帮助人解决身体上的某些疾病和痛苦，但是对于人内心的痛苦，灵魂的得救或沉沦，各种灵界的事情或精神的事情，科学却是一点办法也没有的。

第四、科学的书籍常常会改版，有人称赞它每天每月都有新的变化，天天都在进步，但是爽直地说，它们是常常有错误，所以每一版都需要改正。

亲爱的朋友，请问："你愿意把你的一生放在这个靠不住的根基上吗？"所以我就改变方向而去研究基督教，但是当我开始研究的时候，首先碰到三个没有办法解答的问题：

一、天地间真的有一位神吗？

二、耶稣明明是人，我怎么能一点没有根据地说他是神呢？

三、《圣经》真是神写的吗？它不是人假造的吗？为着这些基本的问题，我曾和一些基督徒和传道人辩论了三年的时间，最后得到了真实圆满的实际经历。

我愿意把上面讲的三个问题编写成三本传讲福音的书：一、《到底有没有神》。二、《圣经是神默示的吗》。三、《耶稣是神的儿子吗》。希望借着它们，能给那些追求真理的人，得到满足的答案。愿神祝福你！

89

一、世人对《圣经》的各种误解

宇宙中的一切景象，只能显示宇宙中有一位全能的创造者——神；但不能告诉我们说：神爱世人……所以神就需要用文字来向世人说明他的心意，这就是《圣经》。

许多特别的看法

可是一班不信神的人，有许多特别的看法。他们常说《圣经》是一本劝人为善的书，是古时候的贤人假托神的名义写成的，目的是用它来劝戒世人，叫他们不敢犯罪作恶，叫他们改正错误去行善，以补足法律所办不到的事情罢了。按照文学家的看法，《圣经》是一本文学标准经典。世界上无论哪一本书，文笔的巧妙，写作的美好，都没有高过《圣经》这本书的。不看重《圣经》的人们就说《圣经》不过是一部犹太人的历史，一种外国经典，正像我国各种宗教的佛经，道经，可兰经之流一样，只不过是一种神话，一种没有根据的话罢了。敌视《圣经》的人则却说，《圣经》是欧美宗教侵略的工具，是一本危害民族的宣传品，我国义和团的百姓叛变就是因为基督教而造成的。一般没有知识的人说，《圣经》是一本简单无聊，一点阅读价值也没有的书；只要把《圣经》打开看，所见到的不是神用泥土造人这类没有根据的话，就是你们，我们，他们，阿们等类平凡的言语。以上大家议论纷纷，各人坚持一种说法，好像都有理由；但是我们如果真的仔细想想，却不是这样简单。

人不是用泥土造的吗？

你说人不是用泥土造的吗？科学家的回答说是的，造成你身体的元素，没有一样不是从土出来的；如果用化学把你身体分析一下，便知道你这个人真是泥土造成的人。化学实验的结果说，你的骨头是由磷酸钙组成的，磷酸钙就是一种矿石粉末，是泥土中的成分之一。你身上的肉，是由脂肪和蛋白纤维细胞组成的，如果把它分解，就要变成水、碳和芒硝。你说这三样是不是泥土的成分呢？你的血液如果分解了，可以得到水和氧化铁，而氧化铁是红色泥土的主要成分。你如果死了，难道不是仍旧变成泥土吗？神说，你是

91

由泥土造成的，难道错误吗？是没有根据的话吗？神在几千年以前所说的话，现在科学证实完全不错，你看奇妙不奇妙呢？说到人，自己常以为很不错，很有本事，事实上，不过是一块泥土而已；至于人的身体，实在不值什么钱。

人的身体的价值估计

从前有一位化学家，曾经把人的身体的价值估计过一次，他做了下面的结论：人身上的脂肪可做六块洗衣肥皂，磷质可做二百二十根火柴，所有的石灰质可以消毒一个鸡笼，人身体内所有的硫磺，可杀死一条狗身上的蚤子，所有的铁质可以打一根铁钉，另外还有盐一把，糖一杯，还有一点氮气，如果把它做成火药，可以放一炮。以上各种物质按照平时价值计算，不到一块银元（大概几美元）。所以，人的宝贵不是因为身体，而是因为灵魂。生理学家告诉我们，人身上的细胞七年新陈代谢一次。换句话说，你的躯壳七年死一次。所以，躯壳或死或生都算不得什么，最要紧的是灵魂得救或沉沦的问题，因为这是一件关系到永远的大事情。

92

《圣经》是劝人为善的书吗？

《圣经》自己怎么说呢？《圣经》说："人称义是因着信，不在乎遵行律法。"又说："蒙神的恩典，因基督耶稣的救赎，就白白的称义。""既是出于恩典，就不在乎行为；不然，恩典就不是恩典了。"《圣经》说人称义不在乎行为的好坏，只在乎神的恩典和人的信心。那么说《圣经》是劝人为善这种话的人，岂不是误会了《圣经》原来的意思吗？

《圣经》是宗教侵略的工具吗？

《圣经》这本书，是犹太人的经典，由犹太人传留下来，再被英美人所接受的。如果说《圣经》是侵略的工具，那么犹太人应该首先侵略了英美，但是为什么犹太人亡国了呢？英美反倒强盛呢？可见《圣经》不但不能侵略别人的国家，反而能帮助接受《圣经》的国家，因为他们有尊神为大的心，而蒙神赐福，强盛起来。

《圣经》是一本好的文学书吗？

《圣经》的文词确实是真好；可是《圣经》上说："字句是叫人死，精意是叫人活。"文章虽然好，但是如果你只接受它的字句，就算你能把全部《圣经》一字不差地倒背如流，却仍旧不能帮助你的灵魂得救，免去沉沦，不下地狱。所以，世人传说《圣经》是文学书也是不够准确的。

《圣经》是犹太人的历史吗？

初看起来好像有点像；但是《圣经》不只说到犹太人的经历，并且详细记录了人类的起源，也说到人类将来的归宿。《圣经》明白地记着说：耶稣降生是大喜的信息，是和世界上的每一个人都有关系的；耶稣是人类的救主，就是主基督。这样看来，那班人的论断是不够正确的。人们为什么常会判断不正确呢？这个毛病是因为结论下得太早了，他们没有深刻地去研究，参考材料也不够，就冒失地下结论，所以常会犯错误。我以前对于《圣经》也是这样看法。记得在中学的时候，有一个同学，他有一本皮面金边的漂亮《圣经》。我虽然和他同住了几年，常常看到这本《圣经》，却从来没有打开看过一次，不知道为什么心里总是十二分的看不起它，确实认为它是迷信，连看也不看，翻也不翻，硬说那是骗人的书，荒谬得不值得一看。你说我这种态度可笑不可笑呢？但是，后来我经过了多方面的访问，辩论，又经过长期的研究，结果不能不说这本《圣经》确实是神所默示的，是神自己的话，它一点一划也不会错误，也不能加添，也不能减少。

我们坦白地说，如果《圣经》这本书不是神的话，那么全世界数不过来的信徒就一点也没有信仰的根据。他们早就应该脱离基督教另找出路了，千万的传道人都可以把它烧光了。以上所说的只是消极的判断，以下举出几件积极的证据，给各位朋友研究和参考。

93

二、逻辑证明《圣经》是神的话

神是否存在的问题已经在《到底有没有神》那本书里作了充分的证明。既然天地间有一位真神，万物和人类又是他所创造的，那么他既然造人，一定也愿意和人有往来和交通。

他既然造人，一定也愿意和人有往来和交通

如果这个推论是对的，那么他那么伟大，而人是这么微小，他说话像打雷一样，人们怎么能懂呢？但是，他必定照我们所能接受的办法，来和我们交往。人类相互交往的方法有两个：第一个法子是用文字，第二个法子是见面讲话。所以，神也只好照着我们的智慧和可能接受的方法，来和我们人类交往。如果这个理论是对的话，那么世界上必定有一本书，就是神用来和人交往的书，而且必定具备下面几个条件：

（一）这本书上一定明说，是我（神）自己的写的，如果不写明，人就不能够知道是神自己写的。正像人和人通信的时候一定要亲自签上自己的名字，某某手书字样，好叫对方知道这封信是谁写的。

（二）这本书的道德标准一定比人的道德标准高。

（三）这本书一定要说明创造世界和人类的来源，以及将来天地是怎样的结局，因为神必定愿意让我们明白我们的来源和将来的归宿。其他的书籍因为是人写的，而人又不知道天地万物的来源和归宿，所以，就不可能把它们写出来；神既然知道一切，而这一切又是我们必须知道的，所以神就必定会告诉我们。

（四）这本书一定叫任何人都能懂得，每个人都可以取得到，因为神不单单是富人的神，也是穷人的神；不单单是有知识人的神，也是愚笨人的神。所以，这本书一定要让各种人都能懂得，都能得到。

（五）这本书预言将来要成的事必须完全应验，否则便不是神的话了，因为神说的话怎么可以不成就呢？

（六）这本书必定说明神对人类的旨意，因为神如果不把他的心意告诉我们，不指示我们应当怎样事奉他，我们就不知道应该怎样去做。

世界上到底哪一本书是神写的

如果大家以为上面所说的推论是合理的话，我们便可以把世界上所有的书，在这六种原则之下审查一下，就可以知道世界上到底哪一本书是神写的。或者没有一本书是神写的。我们现在把天下古今中外所有的书，放在审判台前，先用第一个原则来审查一下，看哪几本书是署名说，这是神我自己写的。大家在这第一审中，可以看见，只有三本书，是合乎第一个原则的。第一审能通过的，就是：一、《圣经》；二、《可兰经》；三、《摩门经》。

因为在世界上数不过来的书籍中，只有这三本书自称是神自己写的。佛经并没有说佛经是神自己写的，佛经上说："己身即佛"、"实即是空"，根本不信有神，所以佛经不能算是神写的，我们再把以上三本书用第二个原则，来作第二次审查，看看这三本书的道德标准，有没有超过人类的道德标准。《可兰经》所写的，天堂是可以多妻的，娶四个妻子也不算犯罪。大家看看，这里的道德是怎样地堕落，难道人在地上犯罪犯得还不够多，还要到天上去犯罪吗？我们再看《摩门经》，这经第一版和第二版，内容大大不同，更改了很多，你看这个道德标准是怎样的呢？神说的话能够三翻四覆，可以改来改去的吗？这样看来，全世界的书中，可以说在这两个审查中，都已经全部被淘汰，只剩下《圣经》这一本书了。

《圣经》能够符合上面所说的六个原则吗？

我们再仔细看，《圣经》能够符合上面所说的六个原则吗？

（一）关于署名的问题：全部《圣经》有二千多次写着，"这是我耶和华（神的名字）说的，"这就可以充分证明神已经很多次说过，这本书是他自己写的。

（二）关于《圣经》的道德标准问题：毫无疑问，《圣经》的道德标准，实在高过所有其他书籍的道德标准；就拿我们最尊敬的孔子和孟子书籍的道德标准来说，也是远远赶不上《圣经》的。孔子说："非礼勿视，非礼勿听，非礼勿言，非礼勿动。"（意思是：不应该去看的，就不看；不应该去听的，就不听；不应该去说的，就不说；不应该去做的，就不做。）但是《圣经》说："凡看见妇女就动淫念的，这人心里已经与她犯奸淫了。"请看，《圣经》连淫念都不许可有，只思想上想一想的坏念头都被定罪，当然是比孔子所说"非礼勿视，非礼勿听，非礼勿言，非礼勿动。"的道德标准要高。

有人以为耶稣说的"爱人如己"和孔子说的"己所不不欲勿施于人"是一样的意义。照表面看来好像是很相似，其实大有出入。因为自己所不要的，不要加在别人身上，只是一种消极作人的方法，维持谁也不侵犯谁，各人小心谨慎的自守罢了。耶稣所说的爱人如同爱自己，才是一种积极的作人之道。凡是自己所不愿意要的，不要加在别人身上，本来就是理所当然，是人们在社会中所应该有的起码责任；但是爱别人像爱自己一样，就是用爱自己的爱去加在别人身上，这才是《圣经》的道德标准呢！

96

孟子说："有人待我以横逆，君子必自反，我必不仁也，其物奚宜至哉？自反而仁矣，其横逆犹是也，君子必自反，我必不忠矣，自省而忠矣，其横逆犹是也，君曰此亦妄人也已矣，与禽兽奚择哉，与禽兽又何难焉。"（意思是："有人蛮横凶恶地对待我，一个君子（就是修养很好的人），必定自己省察自己说，一定是我对人不仁爱，别人才会这样待我。我自己反省之后，知道自己没有什么对人不仁爱的地方，然而对方仍旧以蛮横凶恶地对待我，一个君子，必定再一次自己省察自己说，一定是我办事不忠心，别人才会这样待我。我自己反省之后，知道自己没有什么办事不忠心的地方，但是对方仍旧以蛮横凶恶来对待我，这一次，这个君子就会说，他是一个不讲理的人，和鸟兽没有什么分别。）孟子受三次蛮横凶恶的待遇，就责备别人是禽兽。但是《圣经》说，你要饶恕人不是七次，而是七十个七次。当耶稣被众人钉在十字架上，非常痛苦、死亡迫近的时候他还祈求天父说："父啊！赦免他们，因为他们所做的，他们不晓得。"而孟子遭遇三次不礼貌的待遇已不能再饶恕别人了。相比之下，《圣经》的道德标准是高得多了。

（三）只有《圣经》把神怎样创造天地万物，人类怎样堕落，怎样蒙神救赎，将来天地是怎样的结局，都说得非常明了。

（四）关于《圣经》的普遍问题：《圣经》真是任何人都能懂得，没有知识、不识字的人，只听也能够明白。到今天为止，《圣经》已经翻译成一千六百多种方言，就是一些土族部落也有《圣经》可读。每年卖出的《圣经》，据1932年的统计，英国一千零五十万本，中国三百万本，日本一百万本，美国九百七十五万本，每年全世界大小《圣经》，发行量有三亿五千万本。据圣经公会2003年的统计，全世界的发行总量已达四十三亿两千万本。第一版的《圣经》（Gutenberg Bible）每本都价值连城，现在仅存四十八本。每年所出版的《圣经》，如果把它们直排起来，可以横渡太平洋，凡是愿意读的人，每人都可以有一本。

（五）关于预言应验的问题：我们可以这样说，其他宗教书籍，没有一本是有预言的。作者根本不敢写预言，因为将来的事情如果说了而不应验，就会失去写书的人和他所传宗教之信仰的地位。但是，全部《圣经》，其中四分之一都是预言，而所预言的事，没有一件不应验。世界上的不信派，专门在预言上找《圣经》的毛病，可是，到现在为止总找不出来。你如果能找出《圣经》里有一个预言不应验，或者有一个预言和事实不符合，你就可以打倒《圣经》，并且可以得到一笔奖金，因为美国当时科学局长瑞墨博士（Dr. Harry Rimmer），曾经预备了奖金，征求能找出《圣经》上有错误的人来；这通报一发出，曾引起许多人来挑《圣经》的毛病，可是一直都没有结果。

（六）关于说明神旨意的问题：在全部《圣经》里，人所应该知道和应该做的事，都有详细明了的指示；如果你翻开任何一卷《圣经》，你都可以看见神的旨意清楚明白地被记在《圣经》中。

总结以上所讲的，如果有一位神，这位神一定愿意和人交往；交往的方法有两个：（一）用言语当面谈话。（二）用文字通信。如果用文字，那么在全世界里面，必定有一本书是神所默示，是神用来和人类交往的。如果真是这样的话，那么这本书应该有六个特点，而如果用这六个特点来审查世界古今中外所有的书籍，那么只有《圣经》是符合这六点要求的。从这里我们可以证明《圣经》确实是神的话,是神自己所默示的。

三、《圣经》的组成证明《圣经》是神的话

四十几位作者经过一千六百年的时间写成的

这本《圣经》是由旧约三十九卷和新约二十七卷组合成的，是由四十几位作者经过一千六百年的时间写成的。作者有君王大卫，政治家但以理，祭司以斯拉，哲学家摩西，法律家保罗，也有牧羊人阿摩司，又有税吏马太，也有渔夫彼得、约翰，还有医生路加，还有先知以赛亚、耶利米等类人物。论到这书作者的地位，学问，性情，风俗，习惯，都是完全不同的。他们写作《圣经》的地点，更是各在一处，有的写在西乃旷野，有的写在阿拉伯高大的山岭中，有的写在巴勒斯坦山中，有的写在耶路撒冷圣城圣殿里，有的写在伯特利的先知学校中，还有的写在波斯国的王宫里和巴比伦的河边，还有的写在罗马的监狱内和拔摩的海岛上。试问四十几个不同的人物，从地位高的君王哲学家，到地位低的牧人渔夫，在各国各地，各种不同环境下，经过了一千六百年时代的改变，怎么能合编成一本书，并且能成为一本像《圣经》这样宝贵的书呢？试问世界上难道有第二本书，是经过一千六百年才写成的吗？世人用最长时间写成的书，就是韦氏大词典，但也不过用了三十六年的光阴就完成了；世界最著名的吉本罗马历史，也不过用了二十年的时间就写完了。《圣经》如果不是由一位神的圣灵引导而写成，那么也就没有其他解释的可能了。

如果有一部医书，也是六十六卷

如果有一部医书，也是六十六卷也是由四十多个专门学校毕业的医师，经过一千六百多年写成，内容包括各种医疗方法，有顺势疗法、针灸法、物理疗法、不药疗法、草药疗法等等。如果把这些书订成一大册，然后照书所写的医治病人，请问在医学上能合理吗？能有什么成效吗？会有人采用吗？不要说由不同技术的人，在不同时代，合写一本书是不可能的，就是你自己单独写一封信，如果你今天没有写完，明天再接下去写，就显得不一致了；或者另外换一个人接下去写，更要看出明显的不同和不连贯来，何况一本传

99

留古今中外的《圣经》呢？正好像我要做张桌子，我不叫一个木匠制造，却叫许多木匠各人制造一部分，四个人每人造一个台脚，另有一位只造一张桌面，却不给他们图样，也不叫他们彼此商量，完全随他们自己的意思，各人在不同地点去做，你看各部分能配合得起来吗？能成为一张合用的桌子吗？它们必定大小不同，形式不同，榫头不同，高低不同，木料不同，所以你没有办法把它们配成一张桌子。如果我在事先，发给各个木匠一张图样，又亲自指示他们怎样做法，当他们做成以后，各个部分必定能互相配合，并且能成为一张精美的桌子。《圣经》的组成也是这样。《圣经》是由一位真神默示各人写出来的。

《圣经》不是人凭自己的意思随便编造写出的，而是神默示一班虔诚敬畏他的人写成的。大卫、摩西、保罗等人，不过是代神写《圣经》的人，他们所写的都是根据神的指示。例如，以赛亚自己承认说："主耶和华的灵在我身上……叫我传好信息。"又〈彼得后书〉"预言从来没有出于人意的，乃是人被圣灵感动，说出神的话来。"先知所写的，有的连他们自己都不明白，因为他们多半是写将来的事，而这些事是经过许多年以后才被应验出来的。从这点可以证明，他们不过是神手中的工具，被神使用写成《圣经》。因为他们敬虔忠心，所以神乐意用他们，叫他们写出神自己的意思。

《圣经》写事实这方面来看

再从《圣经》写事实这方面来看也可以证明《圣经》是被神的灵引导而写成的。因为《圣经》记载很多犹太人羞耻卑鄙的罪恶。例如，提到祖宗说谎、诡诈、偷盗、奸淫，甚至拜偶像等等，如果不是真神引导犹太人，叫他们必须按照事实一件一件地写出来，他们一定不肯把这些丑事记在他们历史上的，正像我们不愿意把自己家族中的丑事写在家谱中一样。

就律法的美好和完备来看

可以说古今中外各国的律法，没有比《圣经》的律法再完备再美好的了。你看十条诫命是多么简单、详细明了、精妙广博啊！哪一个国家的律法会判定恨人和贪心是罪呢？美国的宪法是经过不少的专家，开了许多次的会议编了十年才完成的；它可算是今天的世代中，最完美的律法了。但是和《圣经》比较却相差很远，因为他们现在还是常常在修改宪法。

现在我稍微举几条《圣经》的律法给你看看："不可心里恨你的弟兄……免得因他担罪。""你借钱给他，不可向他取利。""收割庄稼，不可割尽田角，也不可拾取所遗失的，不可摘尽葡萄园的果子……要留给穷人和寄居的。""人把当头拿出来，……不可留他的当头过夜，日落的时候，总要把当头还他。""每逢七年末一年，你要施行豁免……凡债主要把所借给邻舍的豁免了……，总要向他松开手，照他所缺乏的借给他。……要谨慎，不可心里起恶念说，第七年的豁免年快到了，你便恶眼看你穷乏的弟兄，什么都不给他，以致他因你求告耶和华，罪便归于你了。"

"困苦穷乏的雇工……不可欺负他。要当日给他工价，不可等到日落，因为他穷苦，把心放在工价上。""人被卖给你，服事你六年，第七年就要任他自由出去，……不可使他空手而去，要从你羊群、禾场、酒醡之中，多多的给他，耶和华你的神怎样赐福与你，你也要照样给他。""第五十年……作圣年，在遍地给一切的居民宣告自由……各人要归自己的产业，……到了禧年，地业要出买主的手，自己便归回自己的地业，奴仆……到了禧年……他和儿女……一同出去，归回本家。""你若在路遇见鸟窝……里头有雏，或有蛋，母鸟伏在雏上……不可连母带雏一并取去，只可取雏……就可以享福，日子长久。""六日要作工，第七日要安息，使牛驴可以歇息。"朋友，你看像这样关心穷苦的百姓，包括对动物也加以爱护的、满了恩惠的律法，除了在以色列国以外，实在没有另外一个国家有这样的规定了。

神到底怎样感动人写《圣经》呢？

那并不是受符咒的作用，或进入晕迷状态中写的，而是神借着圣灵感动他们，使他们心灵受神的引导，然后像学生默书那样写出来的。他们正像给神记笔记的人一样，这样才能不至于遗漏或误会了作者原来的意思。

《圣经》中有好多的地方可以帮助我们解释这个问题。你如果翻到〈民数记〉23和24两章，就可以找到巴兰的故事。巴兰曾经接受摩押王的邀请，为着财利去咒诅以色列民。他自己很高兴、很热心地去做这件事。所以，他一到山顶，就想办法献祭，并且开口求神咒诅以色列民。但是，神的旨意完全管理了他的意识，这时他只能说神传给他的话，（民数记23:5,12,20）以致巴兰只能为以色列民祝福而不能咒诅。这些祝福的话虽然是巴兰的口所说的，但是他所说的却是神的话，因为他受神管制，所说的话正和他自己的意思相反。

又有一次，祭司长和法利赛人聚集公会，商量怎要处置耶稣的时候，大祭司该亚法忽然说出一句不符合他自己内心思想的话来，他说："你们不知道什么，独不想一个人替百姓死，免得通国灭亡，就是你们的益处。"这话并不是出于他自己，而是神使他预言耶稣将要替人受死的事，他并不知道神的灵临到他。所以，默示就是圣灵把所要说的话，安放在神所要用的作者心里，并且管理他，使他所写的没有错误。这不是说作者失掉了自己的意志，而是他把自己完全降服于神，顺服他的引领，这样才能为神使用，所以各卷《圣经》是前后一致和连贯的。

〈彼得后书〉第1章说："《圣经》……没有可随私意解说的。"记录员不能照自己的意思写一个字。当时，先知并不明白他自己所记的，例如：以赛亚曾经说："主啊！我们所传的有谁信呢？"又有人问，难道《圣经》每字每句都是神所默示的吗？是的，原稿是每字、每句、每点、每划都是神所默示的，《圣经》自己说："一点一划不能废去。"也不能"加添"，因为希伯来文中一点，就是字母中最小的一个，一划就是记号里面最小的一个。

四、《圣经》上预言的应验
证明《圣经》是神的话

没有一个宗教的经典敢预言将来必成的事情

　　论到《圣经》的可信，完全根据《圣经》预言的准确性得到证明。世界上没有一个宗教的经典敢预言将来必成的事情。他们恐怕预言如果不应验，就会失去经典的价值，失去它的信用，羞辱了作者的名声。但是在《圣经》里面，每四节中就有一处带着预言的性质，有一千多处是独立的预言。预言的应验，不但能证明《圣经》是神所默示的，而且可以证明真神确实存在，更能证明除了《圣经》以外，所有其他的书籍和各种宗教的经典，都是人按照自己的意思写出来的。预言的应验证明《圣经》是神的话，比较神迹奇事更加确实有力。

　　如果以神迹奇事证明有神，人们可以说："《圣经》中的神迹奇事，不一定确实有这样的事。"几千年前所行的神迹，现在当然没有办法证实它们是有，或是没有，所以常常被人完全否认。但是，一个在几千年前说出的预言，现在确实能够清楚应验。这就比一个神迹，更能叫人信服了。当主耶稣在世上传道的时候，也曾经许多次以预言的应验来做见证，使他同时代的人们可以接受。确实，预言的应验，是在"神是信实的"这根基上，并且它还是长久有效的。别的证据可以假造，可以改变，可以遗失，预言却不可能。矛盾的叙述能够蒙蔽争论的地方，自私感情和欺诈的话语都能摧毁证据；但是预言的应验，却有历史作事实的记录，所以它就能充分地作现场的见证人了。

　　过去许多年代，神怎样用那远在数千年前发生的大事，以无可指摘的证据显给我们现代的人呢？神又怎样来满足那些需要证据来帮助他们解决疑问的人们呢？既然我们离开那些事实的本身一日比一日更远，神又怎样给我们更有力更充足的证据呢？神早已料到这一点，也早已计划了一个独特的方法来证明，他的话语是没有人能够反驳或者假冒的；况且在全世界全部的历史中，也从来没有用过同样的方法，所以它的影响力，决不会因为时间久了而失去效果。古代历史中著名的地方，像推罗、西顿、巴比伦、埃及、罗马都是《圣经》预言应验的实例。从《圣经》尽它所能地来预言将来所要发生的事情这一点来看，可以知道《圣经》所有的预见，远不是人类的智慧或者一切的假神假教可以预料和假冒的。在〈以赛亚书〉41章21-23节，神对假神说："你们要呈上你们的案件，……可以申明、指示我们将来必遇的事，说明先前的是什么事，……好叫我们知道你是神。"预先知道将来所要发生的事情是真神所独有的权能。科学虽然解决了许多奇怪的问题，好像几乎超出了自然，但是，它在清楚地预测未来的事情这一点上，却没有使我们比古人有更多一些的知识。人类想要预先知道将来的秘密的本领，正像他要在银河上摘取几个星球的本领一样。所以，使徒彼得在亲自见过主耶稣的登山变像和主耶稣的复活升天之后，他才能正确地告诉后来的人说，《圣经》的预言是更确实、更可信的凭据。（彼得后书1:19）。

如果想要打倒《圣经》，有两个很简单的方法

（一）只要驳倒《圣经》中的预言，（二）再拿出另外一本含有真实预言的书来。如果你办不到以上两件，那么你只要办到第一件，也就可以永远毁灭"《圣经》是神的话"的信仰了。凡是可靠的预言，必定具备下面五个原则：

一、必须在应验前公开告诉大家。

二、必须远远超过人的预测能力。

三、必须有详细的解说。

四、必须排除人为努力的因素。

五、必须有清楚明显的应验。

现在我们根据上面所说的五点原则，把《圣经》中的预言抽出几件，一起来研究一下。

（1）关于推罗（Tyre）的预言

神借先知以西结在两千五百多年前预言说："所以主耶和华如此说，推罗啊，我必与你为敌，……他们必破坏推罗的墙垣，拆毁它的城楼；我也要刮净尘土，使它成为净光的磐石。它必在海中作晒网的地方。""将你的石头木头尘土都抛在水中。……你不得

再被建造，因为这是主耶和华说的。"（以西结书26:3-5,12-14）

推罗本来是一古代有名的城市，那里居住的人原来都是腓尼基（phoenicia）人。他们的航海、经商、探险等各种事业，早已在世界上出名了。凡是当时有名的海岸、都市，他们都去过。推罗的城墙很坚固，位置在地中海东岸，占军事上的重要地位。当它正强盛，好像必定会永远存在下去的时候，神却因为看到推罗罪恶很大，就借先知以西结发出预言，要刑罚他们。预言发出之后，接着巴比伦（Babylon）王尼布甲尼撒（Nebuchadnezzar）在公元前587年就围困推罗，经过十三年的争斗才攻入推罗城。但是，因为推罗国王预先把他的财宝搬运到一个面积大约有140亩，离城只有一里多路的海岛上。尼布甲尼撒王的军队进城之后一点也没有得到什么东西，就忿恨地把这城市完全拆毁。尼布甲尼撒王毁灭古城之后，城里的废迹却仍旧存在，到这里为止预言只应验了"拆毁它的城垣"这一部分。至于，"石头木头甚至尘土，也要抛在水中，只剩下净光的磐石，作晒网的地方，和不得再被建造。"等预言，却还没有应验，并且这段预言看来不像再有应验的可能。既然尼布甲尼撒王在对推罗大施报复的时候没有想到这些事情，那么谁还会去注意一个荒城中的废墟，以致要这样强暴地来破坏它呢？但是预言却在那里等候着它自己的应验。

二百四十年之后，废墟还是存在，所以预言的准确性仍旧还是不能全部显明出来。正在那时候，希腊国的亚力山大（Alexander the Great）皇帝的大名声震动着东方。他在公元前332年以很快的速度向新推罗城进军。这时候的新推罗城，已经被建造在岛上，因为以前在陆地上的城墙都被拆毁了。亚力山大一到城下，便叫推罗人开城。推罗人不肯投降，以为他们的城造在岛上，敌人必定不能渡过急水来到岛上攻城，但是他们怎么晓得亚力山大决心要攻下那城！亚力山大把老城的"木""土""石"抛在海里，修好一条大约有二百尺宽的大路直通到岛上。正因为工程太大就把泥土刮净，用来填满这个隔岸一里多宽的海港，他从这条陆路进攻。这样便应验了第二部分的预言，石头木头都要被抛在海中的话了。但是，末了一段的预言，"使它成为净光的磐石，……作晒网的地方，……不得再被建造"，还是没有应验。又经过了许多时候，有谁会知道这个地方的尘土被掘完之后，经过雨水的冲洗，不久就显出石头地。后来，海边的打鱼人竟然在那里大晒鱼网了。至于"不得再被建造"这一句话到这时候看来不可能再应验了。

预言好像是太冒险了，因为我们也许可以说一个城市要被毁灭，但是怎么敢说它永远不再被建造呢？就像罗马那样的大城，因为尼罗王要得到诗人的感叹和称赞而把它烧毁。不久之后它又被重新建造起来。近年来的事实也可以证明，人们在短期之内能够把一座新城建造起来。例如，美国华盛顿州（Washington State）的郎维郁本来是一片水草茂盛的泥泞地带，但是它在两年之内，就被设计、改造成现代新式的郎维郁城了。我们的南京曾经遭到太平天国之乱，几乎被毁灭干净。但是，不到几十年的时间却又恢复，而且更胜过当年。对于重新建造推罗这一件事情，只要英美国家的不信神的人，每人肯拿出金洋一元就可以把推罗造好，这样便能永远打倒《圣经》上所说有关推罗的预言了。推罗的旧址原是可以居住的，因为有一个泉源每天可以涌出一千万加仑的淡水，并且有肥沃的田地伸展到遥远的山边。但是，自从推罗被毁灭以后，到今天已有二千多年的时间，它却再没有被建造起来，所以没有人敢说这个预言是不确实的。法国著名的怀疑家佛而尼（Volneg）氏在他的旅行日记卷II，第212页上还记述他曾经到这个地方游览，并且看见许多渔民在那里的一大片石头地上面晒了许多鱼网，正像先知所预言的一样，"成为净光的磐石，作晒网的地方。"因为推罗的旧址，当它的木、石和尘土被刮光之后，雨水洗净它的石质地基，所以就成为渔民晒网的地方了。每一年、每一天和每一分钟，只要推罗是处在绝对荒废的情况中，人们便不能说预言没有应验。

（2）关于西顿（Sidon）的预言

神默示先知以西结说："主耶华如此说，西顿哪，我与你为敌，……我必使瘟疫进入西顿，使血流在它街上；被杀的必在其中扑倒，四围有刀剑临到它，人就知道我是耶和华。"（以西结书28:22-23）刑罚西顿的预言，和刑罚推罗的大大不同。对于推罗说，你必荒废永不复兴，成为净光的磐石。对于西顿却说："使血流在它街上，被杀的必在其中扑倒，四围有刀剑临到它。"却没有说要西顿灭亡的话，所以西顿和推罗的刑罚大不相同。

事实是这样：西顿经过了战争刀兵，现在又繁盛起来，人口大约有二万（1975年统计，人口大约有四万）。西顿照预言所说不至于被毁灭，所以仍旧存在，而推罗的城市遗迹却很难找到了。不过，西顿也受了很大的痛苦，西顿在几百年间接连遭到灾祸，这种长久的历史，很可以证明预言所定规的处罚完全应验。在公元前35年的时候，西顿是属于波斯国的，但是当西顿叛变以后，波斯军就把他们包围起来攻打。历史上记载说："四万居民没有被援救的希望。他们发誓死也不投降。人们一个接一个地自己把房子点火烧了，男女老幼都被烧死在火中。"但是神降在西顿的处罚，还不止这些，因为再经过几百年的时间，到了十字军的时代，西顿又接连多次被攻陷，三次被十字军所掳掠，又三次败在回教军的手里，这就应验了"四围有刀剑临到它"这句预言了。甚至到了现代，神对西顿的处罚还没有结束，德鲁司（Druses）和土耳其的战争，又土耳其和法兰西的战争，都以西顿作为战场，而1840年它又被法、英、土三国的军舰大炮轰击。以上这种种情况，正像预言所说的："四围有刀剑临到它"。

推罗和西顿两个城市都在地中海旁边，彼此相隔大约有五、六十英里，而预言竟然敢说到它们会有绝对不同的遭遇。如果先知以西结说，推罗、西顿两城市都将要被毁灭不能再被建造，那么今天西顿城里的四万居民的每一个居民，就都成了证明预言是虚谎的见证人了。如果先知说，推罗将要存在，并且遭受苦难，而西顿必定完全被毁灭，不会再被重新建造起来，那怀疑派将是多么有理由可以嘲笑《圣经》说谎话而一点不觉得难为情呢？但是，在这件事情上，为什么先知的预言竟然是完全准确的呢？为什么那永不再被建造的城正好就是预言所说的那一个推罗城呢？为什么那接连遭遇困苦而仍旧能够继续存在的城，正好就是先知所预告的那一个将要存留到世界末期的西顿城呢？从这里可以看出预言的应验，确实是《圣经》独有的权威，并且也是神默示的明证。

（3）关于巴比伦的预言

神借先知以赛亚曾经向巴比伦说："巴比伦素来为列国的荣耀，为迦勒底人所矜夸的华美，必像神所倾覆的所多玛、蛾摩拉一样。其内必永无人烟，世世代代无人居住；阿拉伯人也不在那里支搭帐棚；牧羊的人也不使羊群卧在那里。只有旷野的走兽卧在那里；咆哮的兽满了房屋，驼鸟住在那里；野山羊在那里跳舞。豺狼必在它宫中呼号；野狗必在它华美殿内吼叫；巴比伦受罚的时候临近，它的日子必不长久。"（以赛亚书13:19-22）两千六百年前的巴比伦城，在它最兴旺的时代，这一座城似乎一定会永远存在下去。但是，先知却在这时候发出了上面所说的预言。当时的人们，以为这种情况是决不可能发生的，但是事实却竟然是这样奇妙地应验了。

每一个读过历史的人都知道，巴比伦是怎样的伟大，在公元前700年时，它真是"列国中的荣耀，为迦勒底人矜夸的华美，"它发明了字母和计算时间的机器、雕刻钻石和其他宝石的艺术，又想出利用价钱最便宜的材料来建造大型的建筑物。在纺织方面它也达到完善的地步，在研究星球的运动方面也得到美满的结果。差不多在每一种科学上，它都做了一番发起的工作。希腊的艺术和学识有许多是从巴比伦来的。人们从来没有见过世界上有这样一座大城，它那坚强的壁垒有三百多英尺高，城围有六十五英里，还有一百个铜门，城墙有八十七英尺厚，城墙顶上几辆马车可以并肩赛跑，城里有高插云霄的宫殿，有世界七奇的空中花园，还有伟大金顶的七星庙宇。这座似乎可以永垂不朽的大城，果然照先知的预言，在预言发出不久之后，因为它两次背叛就被波斯王薛西下命令立刻把它的整个城都用火烧掉，所以它正像所多玛和蛾摩拉两个城市一样完全倾覆了。

介绍一个故事

说到这里，我要介绍一个故事大家便知道巴比伦城实际的情况和《圣经》上的预言确实是完全吻合的。以下的故事是海母林博士所说的：当克里米姆战争结束后，他在康士坦丁的时候，有一个土耳其军官名叫米南来问他说："我要问你一个问题，你能不能给我一个证据，证明《圣经》是神的话？"海母林博士暂时避开回答空虚问题，就坐过去和他谈话。谈话之间他知道这位军官游历了许多地方，特别是在东方，在幼发拉底河流域之间游历过。"你有没有到过巴比伦？"博士问他。军官回答说：

是的，并且那件事情使我回想起一个奇妙的经历。我是很欢喜打猎的，当我听到巴比伦的衰败后，我就决定到那地方去打两星期的猎。我知道到那地方去必须要约几个人同去，否则是很危险的。我有钱，我就雇了一个阿拉伯的酋长和他的仆人和我一同去。我们到了巴比伦，就支搭我们的帐棚，在太阳没有落山以前，我拿了我的枪，出去周游一下。我看见古城上有一个洞穴，知道这是被好斗的飞鸟挖破的，而这种鸟除了在夜里是很少能见到的。在很远的地方我又看见了一两只野兽，于是我就回去，预备太阳一下山就开始打猎。

但是当我回去的时候，使我大为惊奇的是，我看见这班人正在撤去帐棚。我就到酋长面前去竭力反对这件事，因为我是雇用他们一星期，并且给了他们许多钱，而现在他们却在契约还没有实行的时候，就已经预备回去了。我虽然说了很多话，但是不能使他们留下来不走。'这里是不安全的'他说：'在太阳下山以后，没有一个人敢等在这里，因为到了黑夜，鬼魔妖怪，东方的食尸鬼和各种的东西，都会从这些洞穴和屋子里出来，凡是被他们所找到的人，就被他们带去，结果也变成其中一个了。'我没有别的办法去说服他们，所以我只能说：'如果你能住在这里，我给你双份的钱。'他说：'不能，即使你给我全世界的钱，我也不能住在这里。从来没有一个阿拉伯人，能在巴比伦看见太阳下山，我们必须到离开这里一小时远的地方去，到天亮的时候可以再回来。'

直到现在，（1975年）所有当导游的阿拉伯人，仍旧不敢在那里等到太阳落山的时候，更谈不上支搭帐棚过夜了。其他像"牧羊人也不使羊群卧在那里"，和"豺狼必在它宫中呼号"等等的预言，也是一件一件地都应验了。现在每一个去到巴比伦考古挖掘的人，都可以证明先知预言的真实性。

109

海母林博士便拿《圣经》〈以赛亚书〉第13章读给他听。那段预言巴比伦的情形和他所见到的完全一样。当他读完《圣经》以后，军官说："那是对的，但是你所读的是历史。"海博士回答说："不是，这是预言，你是一个有学问的人，你知道这本《旧约圣经》被翻译成希腊文是在基督降生以前三百年，而写希伯来原文本至少比那个时候还早二百年，《圣经》记载这些事情，远在二千五百年以前，所以不是先有事实，后有以赛亚的记载。因此，这是预言，不是历史。"

先知以赛亚怎么知道

最奇妙的是先知以赛亚怎么知道在巴比伦化为尘土之后，那"阿拉伯人仍要继续存在呢？"远在二千五百年以前，当只有少数低微的阿拉伯人住在巴比伦附近的帐棚里的时候，巴比伦正在骄傲地统治着全世界。那时，有谁能预告人他们以后会完全的被消灭呢？先知的预告正像大家所知道的，现在果然连一个活着的巴比伦人都找不到了。但是，另外一方面先知实际上又这样说：世界上最强盛的民族和他们所管理的世界大城虽然将要被消灭，但是，这个既微小又不被人注意的游牧的阿拉伯民族，反而在这个骄傲的巴比伦大城变成废墟，以及它原来的位置几乎被人忘记之后，还要继续存在二千年的时间。

阿拉伯人既然是一个游牧的民族，所以有人猜想他们以后会离开巴比伦附近一带的地方，或者他们自身会陷入灭亡。这些都是很合逻辑的推测。但是，先知以赛亚怎么知道，他们将要存留在巴比伦古迹的南边，有两千年的时间，并且他们直到今天仍旧在那个废城的四围居住呢？如果今天在巴比伦周围一千里以内没有一个阿拉伯人，那么怀疑派又可以大大地嘲笑一番了。先知以赛亚怎样知道阿拉伯人要继续住在帐棚之内，而不自己建立住所呢？在巴比伦废址中，有充分的建筑材料，只要把它运到比较合适的地点，就可以建造许多乡村。但是阿拉伯人到今天还是住在帐棚里面，而世界历史中也没有别的民族符合这种情形。如果阿拉伯人是完全灭亡像巴比伦人一样，那么《圣经》的预言，岂不是要被人认为虚谎了吗？感谢主，《圣经》是神的话，说怎么样就是怎么样。先知耶利米在

〈耶利米书〉51章58节又说："巴比伦宽阔的城墙必全然倾倒。"假如巴比伦今天仍旧直立在那里，和先知所说的话语相反，也不是不可能的。中国的万里长城，不是到今天还存在吗？如果巴比伦城像埃及的金字塔和中国的万里长城一样，仍旧直立在四周围的平原中，那么《圣经》要受到多么大的打击呢？世界上的大城市，像罗马、耶路撒冷、雅典、大马色等等都曾遭受到和巴比伦同样的毁灭，岂不是又都被建造起来了吗？但是《圣经》却只说巴比伦城永远没有人烟，世世代代都没有人居住。感谢神，所有的事情都像《圣经》所预言的切实地应验了。如果《圣经》不是神所默示的，那么有谁能完全正确地预测这些未来的事情呢？

（4）圣城圣殿重建的预言

先知以赛亚在〈以赛亚书〉44章26节至45章2节里预言说：有名叫古列的，必定灭掉巴比伦国，释放被掳的犹太人，并且下令重新建造耶路撒冷圣城。同时，先知耶利米更预言说：这件事情必定在耶路撒冷被巴比伦掌管七十年之后应验。（耶利米书25:12）预言发出之后，果然有名叫古列的波斯王按照预言所说的时间去攻打巴比伦。那时，巴比伦王正在过荒淫无耻的生活，不理政治，忽然听到波斯国来向它进攻，就把城门牢牢地关住，不敢和它争战，只倚靠城防坚固、粮食充足，完全可使波斯国拿它没有办法。但是，波斯王古列设计切断进城的水源使水不往城里流，以致城里的河水渐渐干浅。正好有一个晚上，城中河旁的门没有关闭，古列王趁夜率领军兵从河道那里偷袭进来，杀死巴比伦王而得到了他的国家。《圣经》记载古列得国之后下了两道命令，其中之一就是建造圣殿。（以斯拉记1:1-3）

（5）耶稣的生、死和生活遭遇的预言

例如，公元前700年时，先知弥迦对于耶稣降生已经有预言，他曾经这样说："伯利恒以法他啊，你在犹大诸城中为小。将来必有一位从你那里出来，在以色列中为我作掌权的；他的根源从亘古，从太初就有。"（弥迦书5:2）这个预言经过了七个世纪，就一点没有差错地应验在耶稣的身上。（耶稣降生在巴勒斯坦的伯利恒城，正像弥迦所预言的。）而且先知以赛亚早在公元前八百多年已经预

言耶稣的身份和他的使命。（详见以赛亚书53章）他诚然担当我们的忧患，背负我们的痛苦。耶和华使我们众人的罪孽都归在他身上。他钉十字架为罪人死，他被埋葬，他的复活和得胜都是一点没有差错地应验在八百年以后降世为人的耶稣身上。难道这也是偶然的吗？

（6）关于世界列国的兴盛和衰败的预言

正当巴比伦王尼布甲尼撒掌握世界王权的时候，天上的神给他一个异梦，又借先知但以理的解梦，说出将来列国兴盛和衰败的预言。先是尼布甲尼撒王梦见："一个大的人像，极其光耀，形状甚是可怕，像的头是精金的，胸膛和膀臂是银的，肚腹和腰是铜的，腿是铁的，脚是半铁半泥的。见有一块非人手所凿出来的石头，打在这半铁半泥的脚上，把脚砸碎，于是金、银、铜、铁、泥，都一同砸得粉碎，成为夏天禾场上的糠秕，被风吹散，无处可寻；打碎这像的石头，变成一座大山，充满天下。"

后来，先知但以理受神的启示，向巴比伦王尼布甲尼撒解释这个梦说："王啊，你是诸王之王……。凡世人所住之地的走兽并天空的飞鸟，他都交付你手，使你掌管这一切，你就是那金头。在你以后必另兴一国，不及于你。又有第三国，就是铜的，必掌管天下。第四国必坚壮如铁，铁能打碎克制百物，又能压碎一切，那国也必打碎压制列国。你既见像的脚和脚趾头，一半是窑匠的泥，一半是铁，那国将来也必分开。……脚趾头既是半铁半泥，那国也必半强半弱。你既见铁与泥搀杂，那国民也必与各种人搀杂，却不能彼此相合，正如铁与泥不能相合一样。当那列王在位的时候，天上的神必另立一国，永不败坏，也不归别国的人，却要打碎灭绝那一切国；这国必存到永远。你既看见非人手凿出来的一块石头，从山而出，打碎金、银、铜、铁、泥，那就是至大的神把后来必有的事给王指明。"（参读〈但以理书〉第2章）

历史经过的事实考查这个预言是不是正确

现在我们要以历史经过的事实考察这个预言是不是正确。最好配合〈但以理书〉第7章来看，那里也说到四个统一世界的国家：第一个国家像狮子；身上生有两个翅膀。第二个国家像熊，口里衔三根骨头。第三个国家像豹，背上有四个翅膀。第四个国家像凶猛的野兽，有大铁牙可以吞吃嚼碎，剩下的用脚践踏。

第一、金头是指巴比伦国，先知已经明白说出。按当时的巴比伦国称霸在全地，无论在权威上，科学上，建筑上都占列国的第一位，这个王国世界闻名，它的荣耀光辉真像金头一样，它的威风正像狮子。在巴比伦皇宫的前面有两个大石狮子，狮子的身体各有两个翅膀，（现在被保存在伦敦博物院中）正和预言所指示的一样。

第二、说到"以后必另兴一国不及于你，（指不及巴比伦）"我们查考历史，便知道在公元前560年的时候；巴比伦国亡给玛代波斯。按玛代和波斯是两族人民合成为一个国家，又是两君制度，先是波斯族古列做王；后来是玛代族大利乌做王。所以，用人的两臂来预表这个国家实在合适。又因为玛代波斯虽然管理当时天下万国，但是它的国家政治大权却操在所有的臣子手中，不像巴比伦王的荣耀，所以用银质双臂来预表它。更因为它们性情残忍；并且并吞了三个国家，所以用熊衔三根骨头来预表它，因为熊是残忍的野兽。

113

第三、说到"又有第三国就是铜的，"我们查考历史便知道公元前331年，亚力山大突然在希腊兴起。他征服玛代波斯，又很快夺得整个欧洲，在全世界称霸，他的势力虽然比玛代波斯大，但是他的权势和荣耀却不如玛代波斯，因为当时希腊的政权都操纵在贵族手里，又因为它的行军速度像豹的动作一样飞快，并且这个国家在亚力山大死后分裂成为四个国家，由四个将军分别管理，所以用豹加四个翅膀来预表它，就正和后来实际的情况吻合。

第四、说到"此后必另兴一国坚硬如铁，"我们查考历史，便知道在希腊之后统治世界的是罗马帝国。罗马帝国号称铁血主义者，国势最强，压倒列国，践踏众王，但它的政权是君主立宪制，国王由选举定规，威荣更不如希腊，所以用铁来预表它。以后，罗马分为东罗马和西罗马两个帝国，正像异梦所预言的两条铁腿。罗马该撒的名号仍旧存留在德国、俄国等国家，直到第一次世界大战才完全结束。

预言中的金、银、铜、铁，是针对列国的尊贵说的，所以就荣耀来说，这四个国家是一个不如一个的；但是如果取金、银、铜、铁的组织强弱来说，他们却是越来越强的。世界列国的荣耀在世人眼中看为是金银，在神看来却都是兽类，都要毁灭，因此以天上大石压碎人像来作预表。（也就是说，当人反对神的王权，而高举自己为王时，必发展到自我毁灭的结局。）

今天的时代好像是在脚掌的部分。脚是半铁半泥的。铁是代表独裁，泥是代表民主。（人是神用泥土造的。）现在国际的情形好像和这种情况符合：有独裁国家——铁，也有民主国家——泥；他们不能相合，正像铁和泥不能相合一样。他们虽然不相合，却是搀和在一起，所以被称为是半铁半泥的脚。

朋友！你看先知但以理，有多么大的胆子，他竟然敢公开向大家说，在主耶稣未来作王以前，只有四个国家能够掌管天下，结果到今天真的只有四个统一世界的国家，其他像拿破仑，威廉和希特勒，势力虽然大，并且他们心里也打算着要掌管世界，但是却没有成功。如果在这二千年中能兴起多一个统治世界的国家，那么不只预言被推翻，并且人们还能够打倒《圣经》；但是事实正像预言所说，只有这四个帝国拥有统治世界的权力，真是多一个也没有，你看希奇不希奇呢？

第五、是说到世界末日的预言。"天上的神必另立一国，永不败坏，却要打碎那一切国，这国必存到永远。"这第五国，是指我主和主基督的国。主必亲自从天降临，灭绝地上所有的国，建立那永不败坏、存到永远的天国。亲爱的朋友！日期近了，应该悔改，信福音！

五、《圣经》的能力证明《圣经》是神的话

《圣经》上的话对于世界民族社会人类的影响

《圣经》上的话对于世界民族社会人类的影响就是非基督徒也不能否认。《圣经》说，不论作主人的或作仆人的，都因着敬畏神、爱主的缘故而向神负责，以爱彼此对待；因而定罪了那些以自己比别人高而奴役、亏待别人的人。《圣经》告诉基督徒说，你们要使万民做我主耶稣的门徒，福音要传遍地极。所以，有许许多多的基督徒不顾交通的困难和危险，去遵行这个命令。他们把福音送到地球的四方，送到少有人去的地方，送到撒哈拉炎热的沙漠地和北极的冰海地。在福音所传到的地方，他们看顾医院中的病人，以基督的爱为他们治病，解救痛苦人的心灵。他们更使一班走投无路的人，得到安慰和拯救；一班酒徒和浪子，因为接受了福音变成喜欢行善和施舍的正直人；年老病弱孤单的人得到平安和帮助；穷凶极恶的人，一夜之间变成好人，甚至为基督殉道，使别人认识基督的爱和能力。请问，各位可以找到另外一本书，有这么伟大的能力吗？

人格的改变可以从读科学书得来吗？

恐怕科学书反使你有了科学的头脑，有了巧妙的方法，害你去造飞机原子弹来杀害人类。恶人变为好人，是因为读英文来的吗？英文反而能使你骄傲，因为你会用外国话骂人。人格能因为读算术而改变吗？请问你有没有见过一个坏人，因为在算八加八等于十六的时候，忽然受感动悔改，就此变成一个好人呢？恐怕算术学会之后，反使你贪心更大，把不是你的钱财算到你的口袋里。

吃人的民族变为文明

但是《圣经》能使吃人的民族变为文明。当巴敦牧师初到新希伯奈时，他是和吃人的民族相处，这种民族常吃交战时被俘虏的囚犯。巴牧师说："虽然这样，但不到三十年以后，那从前吃他仇人的人，现在竟然能够爱人，并且能够把耶稣基督介绍给他的仇人，带领他们一同记念主耶稣舍命救罪人的大爱。因他的爱，他们就能

115

彼此亲密，互相交通。"有一次，有一个白种人到非洲做生意，见一个黑人在树下阅读《圣经》，就讥笑他说："这本书在我们美国已经成为过时的书，早已不时髦了。"意思是说，美国人已把这本书看为没有价值了。黑人一面望着他，一面指着自己的肚子回答说："这本书如果没有价值，你早已进到我肚子里了。"因为那个地方的黑人顶喜欢白种人的肉，他们说白种人的肉嫩，见了就淌口水，现在因为受《圣经》感化就不再吃人了。如果不是《圣经》的能力，这个白人早已被他吃到肚子里去了。现在再分类举例如下：

(1)《圣经》能使仇敌变成密友

一位住北美洲在印第安人中布道的杨先生说："有一个顶凶恶残暴的酋长，因为教士们的讲道，就悔改而变得十分温和，他那恨神和恨仇敌的心，都被十字架的爱的能力所征服了。"有一天，杨先生和这个酋长一同骑着马出去，走到一个地方，抬头一看，忽然看见山峡中有一班印第安人跑下山来，酋长就对杨先生说："这一班首领，就是我曾经发誓要把他们杀掉的。我们各个部落之间争斗了许多年，他寻找杀我，我也寻找杀他，但是现在我不杀他了；他如果要杀我，我也不会杀他了。"当那班人走近他的时候，他们的首领显出一幅强横又神气的样子，好像马上就要用刀来刺他。但是酋长走向前说："朋友，我告诉你，我爱神和耶稣，我不愿意杀你，因为基督已经救了我，所以我不要杀你。"这一句话使首领惊奇而安静，他们竟然彼此坐下谈论，像知己朋友那么亲切。后来那位首领大受感动，他也接受了耶稣洗罪的宝血，从此仇人变成密友。

(2)《圣经》可以使盗贼变成良民，恶人变好人

有一次，一个小偷听了牧师讲道大受感动，走到讲台前面，跪下认罪悔改，接受耶稣基督作他的救主，立志从此再不犯罪。第二天走过一家小食店，看见刚出笼的馒头，引起他的食欲，顺手偷了一个，吃下肚子，当天晚上一夜不能睡觉，心里非常不平安。天刚一亮就跑到牧师家里，牧师还没有起床。小偷对牧师说："我实在没有得救，主耶稣没有住在我心里，因为我又偷了人家的东西。"于是把经过的详细情况告诉牧师。牧师说："你从前偷了东西，心里难过不难过呢？"小偷说："偷得越多，睡得越香，偷不到东西，

反睡不着觉。"牧师说:"这就是你已经得救的凭据,你现在内心的不平安,就是主的圣灵在你的心里,禁止你去犯罪的结果。你需要把所偷的馒头作价还给他,并且向那个小食店的主人道歉,这样主才赦免你的罪过,你就可以恢复平安。"小偷立刻照办,从此,内心又得到平安,再也不敢做贼了。

有名的圣徒奥古斯丁

他在年轻的时候,就是一个吃、喝、嫖、赌、放荡不受约束的青年。他母亲是个虔诚的基督徒,她要求主教引导受他的儿子归主。主教说:"他的学问很大,我只要讲两三句话,立刻就会被他驳倒。"奥氏因为骄傲,所以没有谦卑的心来接受神话语的光照。母亲听见主教说没有办法,便跪下在救主面前大哭。主教说:"这样的流泪恳求,神必定会垂听。"

公元372年的春天,那位三十一岁的青年,心里觉得很不平安,随便走到一个花园,他觉得自己所犯的罪,重重压在心上,就倒在一棵无花果树底下,不住的叹息流泪。这时候,忽然听到附近有人喊叫说:"拿来读,拿来读。"他把这句话当做是神向他所说的,回去打开《圣经》一看,正读到使徒保罗写给罗马人的书信第13章13-14节上面,那两节《圣经》写着说:"行事为人要端正,好像行在白昼。不可荒宴醉酒,不可好色邪荡,不可争竞嫉妒。总要披戴主耶稣基督,不要为肉体安排,去放纵私欲。"读完,他就立刻决定说:"够了,不用再读啦。"他立刻悔改信主,从此他的疑惑完全消散,心里当时就觉得光明起来。后来,他大大地服事了主的教会。这难道不是《圣经》救了他吗?

(3) 《圣经》能使痛苦的家庭变成快乐的家庭

有一位大学毕业生,新婚之后生了一个儿子和一个女儿,家庭非常快乐。后来,因为受到社会上的刺激,没有办法解脱心里的苦闷和烦躁,便用喝酒来消遣,慢慢发展到每次都喝醉的地步,养成不可戒除的酒瘾。醉酒以后又疯狂打骂,使妻子受了很大的苦。工作的机关把他辞退,朋友不敢替他找工作,因此境遇一天不如一天。他把家里的东西全都当掉和卖掉,但是喜欢喝酒的恶习却反而更厉害。他的妻子只能靠自己做手工来糊口,但是仍旧时常遭到打骂。

这个大学生失业了很长时间，到后来竟然做了修路工人，以敲打碎石来维持生活，而每天所得的工资，仍旧全部用在醉酒上，回家还要妻子给他饭吃，如果招待不周到，就把妻子打骂。一天，他正在打石头的时候，有一个牧师在那里讲道，这个大学生听了大受感动，竟然悔改信主，自动不再喝酒，就用当天所得的工资，买了面包牛肉，欢喜快乐地回家去了。

家里的小孩，听见父亲回来，吓得乱躲起来，妻子正在床上生病，几天不能做工，一天没有开火，又饿又病，心里暗暗地在想：每天给他摆上饭菜，还要把我打骂，今天连饭都没有预备，一定打得更厉害了，她叹了一口气，觉得自己命苦。但是一开门看见丈夫笑着进门，并且带了面包和牛肉回来，真是出乎意外的高兴，当她问明经过，才知道她的丈夫已经悔改相信耶稣了。以后，夫妻两人合作努力经营生产，和酒永远脱离了关系。这个家庭从此变为一个良好的基督徒家庭，全家快乐平安。

（4）《圣经》能使人心甘情愿为主殉道

当拿破仑失败被关在荒岛的时候，有一次服侍他的士兵不听命令，他心里非常难过，叹口气说："当我带领大军征服全欧洲的时候，叫哪一个人死，哪一个人敢不死，现在却连我的士兵都不听我的命令了。想到耶稣，虽然死了一千多年，还有人肯为他心甘情愿地殉道，真使我赞美和钦佩不尽。"

在教会历史里，记载着一个事实：有四十个可爱的兵丁，因为信耶稣的缘故，被罗马官兵捉去定了死刑。他们都赤着身子被带到一个结冰的湖面上，让他们冻死在那里，但是，许可他们反悔。在那个生死关头的晚上，他们如果肯改变信仰，就可以上岸到监刑官那里说明后立刻可以得到免刑。那天晚上，站在岸上的哨兵看见一队天使飞翔在那些殉道者的上空，在他们每一个人的头上放一个冠冕，并且接他们上天，立时满天响起了歌声——"四十个殉道者，四十个冠冕。"最后，他们一起都升到天上去了，但是只有一个人的冠冕仍旧挂在高空中，好像没有人接受的样子。忽然，那个哨兵听见一个人的脚步声，抬头一看，原来是那四十个人中间的一个走近到他的身旁，这个人逃避了冰湖，不愿意殉道。那个哨兵惊奇地望着他，立刻把自己的衣服和徽章脱下来递给他，说："你这个愚笨的人啊，如果你看见我今天晚上所看见的一切，你决不会放弃你的冠冕。现在你来站在我的岗位上，我愿意去承受你的福分。"他马上赤着身子走上冰湖，迎接那荣耀的殉道，这时候那停了很久的歌声，又继续唱起来"四十个殉道者，四十个冠冕"。你务要至死忠心，必能承受生命的冠冕！四十个基督徒，他们宁可殉道而不愿意改变信仰。

（5）《圣经》可以使人得到真正的平安

有一位有名的牧师罗伦黑尔（Rowland Hill）他一讲道，就吸引了很多的听众，教堂里面时常容纳不下，只好在野外布置讲台。有一次，他在山上讲道，英国女王维多利亚乘着华丽的马车，带了许多的随从，路过这个地方，女王便停下车来听道。黑尔牧师便喊着说："我现在要拍卖一个人的灵魂，谁出的价钱最高，便卖给谁。"他接着说道："我听见魔鬼出了一个价钱，说：'我要用财富荣耀买那个灵魂，我给他钱财，叫他一辈子无论怎样也吃用不完，又给他世界上最高的地位，要他做世界上最大的国王，但是他死以后，他的灵魂要归于我。"黑尔牧师接着说道："我听见主耶稣出了一个价钱，要买那个灵魂，他说："我要用自己的血买他的灵魂归我，我甘心背负他的罪孽替他死在十字架上。当他在世上的时候，也许受人羞辱，被人虐待，也许不能过很富裕的生活，但我要带他去见我的父，住在他的家中。"黑尔牧师转过脸来问那个维多利亚女王说："你愿意把你的灵魂卖给谁呢？"维多利亚立刻回答说："我愿意把我的灵魂卖给为我流血的主耶稣！"女王从此便信了耶稣，后来成了一位有名的女王，英国历世历代因此受福不浅。女王从前虽然有财宝和地位，但是因为她没有耶稣，所以心里没有平安。

近代苏格兰小说家史各得爵士（Sir Walter Scoot），他在临终的前一天早晨，坐着病车叫仆人把他推到图书馆，他的女婿陆克哈铁坐在他的旁边，他对女婿说："请把书读给我听！"陆克哈铁看着图书馆里几万册精装的书籍，觉得一点头绪也没有，便问他说："读哪一本书呢？"他回答说："只有一本书！"这时候他女婿才明白，于是拿下《圣经》，读给他听。当人离开世界的时候，所有

119

的书籍都失去功用，只有《圣经》能给人安慰。

德国第二任大总统兴登堡氏，他八十四岁才离开世界。当他有病睡在床上的时候，医生看他的疾病没有好转的可能，体力也一天天衰退下去，就对他说："死神已来到门口了。"他不慌不忙用手摸到了枕旁的《圣经》，翻到〈约翰福音〉第14章就慢慢地读耶稣的话；"你们心里不要忧愁；你们信神，也当信我。在我父的家里，有许多住处；若是没有，我就早已告诉你们了；我去原是为你们预备地方去。我若去……就必再来接你们到我那里去；我在那里，叫你们也在那里。"读了就对他的医生说："请死神来吧！尽管请死神来。我已经预备好了。"

六、爱《圣经》超过爱惜自己的性命
证明《圣经》是神的话

好书反而会受到逼迫

世界上只有坏书被政府禁止、烧毁，却绝对没有一本好书反而会受到逼迫的道理。但是《圣经》却不是这样，《圣经》明明是一本爱人救人的书，但是历世历代却受到了各种的逼迫。在耶稣降生以后的三百年之内，罗马皇帝用尽各种方法想要除灭《圣经》，并且把读《圣经》的人一一搜查出来加以残酷的杀害，他们施行了十种长期可怕的逼迫方法。有一次，有十五万基督徒被杀。他们把基督徒关在一间房里，外面堆满木柴，然后点火把他们活活地烧死，有的把基督徒五十个捆成一捆，丢在海里。罗马皇帝建造了一个大戏院，可以容纳二万人，中央留一块空地，四围用铁栏和观众隔开。在指定的日期，把基督徒关在戏场的中央，然后，从一个大铁笼中，把饥饿的老虎或者狮子放出来。饥饿的老虎一见有人可以吃，便向基督徒猛扑过去，把他们活活撕成碎片，并吃掉尸首。戏院内的观众以这样的事情来取乐，好像看戏一样。许许多多的基督徒就这样残酷地被杀害，作为罗马的一个快乐日。

有一个教会的监督名叫玻雷卡（Poly Karpos）

当基督徒受逼迫的日子，有几件很值得记念的事情：有一个教会的监督名叫玻雷卡（Poly Karpos）。他们把他拿住了，因为他已是八十六岁的老人，所以他们不忍心把他处死。他们对他特别宽待，只要他肯说一声"我不认识拿撒勒人耶稣"就可以释放他。但是他回答说："我不能说我不认识他，我已经服事了他八十六年。在这八十六年中，他从来没有亏待我，我怎么可以爱惜我这个身体而说不认识他呢？"于是他们把他抬到火里去烧。当他下半身已经烧枯了的时候，他还能说话，他说："感谢神！我今天有机会能够被人烧在这里，用我的性命来为耶稣做见证。"

另外还有一个姊妹，他们只要她向亚底米（Artemis）偶像鞠一个躬就可以释放她，但是她怎么说呢？她说："你们叫我选基督呢？还是选亚底米呢？第一次我选了基督，现在要我再选，我还是选基督。"结果她也被杀害了。有两个姊妹站在那里说："有许多神的儿女已经被拖去殉道了，我们为什么还留在这里呢？"后来她们也被拖去关在监牢里，当她们看见许多人都给野兽吃了，她们又说："许多人用血为耶稣做见证，为什么我们只能用口做见证呢？"这两个妹妹中，有一个已经出嫁，另一个姊妹也已经订婚了。于是她们的父母，丈夫，未婚夫都来劝她们，甚至把亲生的小孩子也抱来求她们否认主，但是她们却说："你们想拿什么来和基督比较呢？"结果她们也被拉出去给狮子吃了。她们一面走，一面唱诗，直到被狮子撕得粉碎。

天主教领导罗马的时候

过了几百年，到了天主教领导罗马的时候。教皇和神甫便把旧事重新翻出来，也来玩同样的把戏。这真是一件奇怪的事情，因为自称基督的教会，竟会反对读《圣经》和逼迫基督徒。天主教里有一种"异教徒裁判会"，真是又邪恶又残忍的集会。那个集会专门调查存有《圣经》和读《圣经》的基督徒的姓名和住址。查到之后一声不响，在深夜的时候，忽然来捉拿他们，把他们下在土牢里，用各种残酷的刑罚拷打他们，用烧红的钳子夹他们的肉，或者把他们吊在半空中，下面用火来烤他们的脚，强迫他们不读《圣经》，并且要他们供出其他读《圣经》的人的姓名。如果他们不听从命令，就用严刑把他们杀死。

有的刑罚是用木板把信徒夹在中间，用锯锯死。有的是把信徒全身浇上蜡油，用火点燃，放在花园里当蜡烛使用。有时把死尸和信徒鼻对鼻，眼对眼，捆在一起，叫信徒受不了这种痛苦，而供出其他的同伴。天主教教皇和神甫这样反对信徒个人自己阅读《圣经》，理由是很简单的，因为《圣经》能告诉信徒，教皇和神甫的言论和行为与《圣经》的教导是不相符合的。

路得马丁

五百年前有一位爱神的神甫，名叫路得马丁。他看出教皇的教训不合《圣经》，便坚决把《圣经》翻译出来，叫人公开阅读，使人知道神到底是怎么说的。所以，有许多爱好真理的信徒，便脱离了天主教而成为基督徒。因此，当时罗马的天王教监督大大发怒，急忙报告教皇，说他们所受到种种纠纷的原因都是从《圣经》而引起的，而惟一阻止信徒脱离天主教的方法，就是禁止他们阅读《圣经》：如果仍旧允许他们读《圣经》，就没有办法阻止他们明白真道、分辨真伪了。这是神甫所说的真实口供。

今天仍旧不少

至于烧毁《圣经》和杀害基督徒的事情就是在今天仍旧不少。在南部非洲、西藏和蒙古一带，时常发生传教士被杀的事情。非洲有一个小岛，在岛上居住的人信奉异教。后来，有一位传教士把《圣经》用他们当地的土话翻译出来，教导土人阅读，因此有许多土人都信了主。但是，那个岛的女王却非常反对这件事，她把教士赶走，竭力除灭《圣经》，把岛上所有的信徒都下在监里，用各种方法叫他们抛弃《圣经》，仍旧转信异教。女王叫士兵把基督徒吊在高而陡的山崖间，士兵一手拿着刀子，一手拿着女王特赦的命令，向基督徒说："你愿意放弃《圣经》而得到生命吗？"基督徒回答说："永不！"于是，那非常锋利的刀立刻割断了那绳子，信徒便从悬崖落下，粉身碎骨。他们宁可舍弃他们的性命，却不愿意舍弃《圣经》。

朋友！你看见了吗？他们为什么这样的爱《圣经》，甚至看《圣经》比他们的性命还要宝贵？因为《圣经》使他们认识救主耶稣，而救主耶稣是他们的生命、安慰、快乐和盼望。为什么柯达克照相机的创办人柯达克先生跳海自杀呢？难道是因为他的钱财不够多吗？或是因为他的名声不够大？这些都不是原因，他感觉到人生的空虚。名利不能安慰他，音乐、美术、娱乐也都不能解除他内心的饥渴和空虚。朋友们！你平安吗？你快乐吗？如果罪和死亡的问题使你没有平安。请你快来查考《圣经》，结果能叫你宁可舍去性命，也不愿舍去《圣经》。

七、科学帮助证明《圣经》是神的话

世界上的人对于《圣经》和科学的看法，都把《圣经》看为陈旧和老套，而把科学看为是新鲜和别致；就是没有研究过科学的人，也是拥护科学，轻看《圣经》。如果有人问他，〈启示录〉在《圣经》的第一卷呢？还是〈创世记〉在《圣经》的第一卷呢？他必定完全不知道怎样回答，因为他们虽然批评《圣经》、尊重科学，但是他们对于《圣经》和科学却都是外行。

《圣经》能合科学吗？

在解答这个问题以前，先要知道什么叫科学。科学就是人对神完美创造的法则零碎地知道了一点，而以这一点定为定理和记录而已。所以《圣经》不可能不合科学，因为创造宇宙的是神，而《圣经》的作者也是神。所以，神的话语和神在宇宙中的作为，怎么可能会不符合呢？在用科学探讨《圣经》以前，必须有一个先决条件：就是《圣经》里的各种知识，只能和科学上确定不变的定理互相印证，而不能以一般的推论或学说来批评，这是因为推论和学说的本身是不是合理，还是一个疑问。所以，怎么能用科学中还没有肯定的答案来衡量千真万确的《圣经》呢？

八十多年前，美国报纸上登载一个震动全国的热闹消息，人们以为基督徒的陈旧信仰一定会受到致命的打击。因为在尼布来士卡地方发现一颗牙齿，科学家经过各种试验考证，肯定地认为它是一百万年以前原人的尸骨。白利安氏更说，单凭这一颗牙齿，已经可以充分证明《圣经》的〈创世记〉是荒谬的言论：因为《圣经》记载人类只有六千多年的历史，而这颗人的牙齿却已经是一百万年以前的遗物了。谁知道在当年，就是在1927年，忽然有科学家证实，所谓原人尸骨，不过是一种已经灭种的野猪所遗下的一颗牙齿而已。世界上的人认为《圣经》所以不合科学必定是因为它在道理和知识上，都是有缺欠和不足的，但这却不是《圣经》所应该负的责任。现在列举几个例子给探讨真理的人作参考。

124

（一）关于天文学

五百年前，世界各国都以为地球是一个平面，后来由科学家摩耳尼克氏在公元1475年，证明地球是圆的，全世界的人都感到很惊奇，但是《圣经》远在两千七百年前已经指示地球是圆的了。

已经指示地球是圆的

请看〈约伯记〉26章7节："神……将大地悬在虚空，"这样形容地球是多么的高超突出。"大地悬在虚空，"虽然在任何方面没有东西扶持它，也没有什么东西提吊它，但是它在它自己的本位上却非常稳定，这是什么缘故呢？因为这是神的作为，是神把它安放在那里的："神……将大地悬在虚空。"请再看〈以赛亚书〉40章22节，又说："神坐在地球大圈之上，"按大圈是由"库格"这一个字翻译出来的，原文的意思，不是指平面上所画的圈子，而是指球形或圆弧形的物体说的。神远在两千七百年以前，早已借先知以赛亚的口，把地球的真面目——圆球，向我们宣布了。

地面改变如泥上印印

另外，有一处的《圣经》是主耶和华在〈约伯记〉38章12节及14节责问约伯说："你自生以来，曾命定晨光，使清晨的日光知道本位，……因这光地面改变如泥上印印。""改变"在原文应该翻译为旋转，就是说，地面旋转，像泥上印印。到底这是什么意思呢？这是指美索不达米亚印字的泥筒说的。泥筒制造好以后，在它还没有被烘干以前，用一个细轴穿过筒的两端作为轴心，然后握住轴的两端，把泥筒旋转在字模之上，于是便能把模上的字，印在泥筒上面。《圣经》用这个背景说明：（一）地球是圆的。（二）它是在一个轴上转动的。可惜当时的人不了解，过了许多年，仍旧以为地球是平面的，而且是不动的呢！

主耶稣在他的话语中，也曾经暗示过地球是圆的

当主耶稣形容他自己再降临世界时的那一刻，他不只说是在白昼，不只说是在夜间，也不只说是在早上或晚上，因为主耶稣知道，如果只肯定一个时间，那么对整个地球来说就有了错误。因为在中国是中午，在美国却是半夜，这样，就会给科学家批评的把柄。请

看〈路加福音〉17章34-36节，那里记载主再次来到地上的时候是在什么时候呢？"两个人在一个床上……两个女人一同推磨，"〈马太福音〉又说："两个人在田里……"第一句指夜间，因为是睡觉的时候。第二句指早晨和晚上，因为东方的习惯是女人在早晚推磨。第三句指白天，因为工人正在田间工作。这里明明说出，地球是圆的，因为当主耶稣再次来到地上时，在地球这一边是中午，在地球那一边却是半夜，在地球其余的两边，必定是下午和早晨。历史告诉我们，人类在四百年前才知道地球因为旋转而有白天和晚上，中国的白天恰巧是美国的黑夜，这个道理在没有经过证实以前，有谁能明白主的话呢？《圣经》如果是出于人的意念写的，怎么可能会这样精密而没有一点科学上的漏洞呢？《圣经》虽然是写在科学发达的前期，但是在全部《圣经》里却从来没有发现过一件不合科学的记载。这没有任何其他的原因可以解释，完全是因为《圣经》都是神所默示的。

从这里可以看出，我们这个地球正像一粒种子，漂浮在神恩典的大海中，我们行走在这大海上。正像细菌躲藏在乳饼里，蠓虫飞翔在菜蔬上一样。又有谁曾经想到过，神竟然顾念这些蠓虫，甚至神自己竟然变成一个蠓虫，来死在十字架上，为要拯救，赦免我们这些败坏到极点的受造的人呢？这正像大卫的〈诗篇〉第8篇3-4节所说的那样真实："我观看你指头所造的天，并你所陈设的月亮星宿，便说，人算什么，你竟顾念他，世人算什么，你竟眷顾他。"

天星无数

几千年来，有许多聪明人努力地数算天上众星的数目。在十七世纪，当望远镜还没有发明以前，星的数目，却已经被认为是确定的了。伟大的Kepler说，星有1005颗，后来这个数目又大大增加。但是，以目前我们所知道的来说，单单在我们的银河系里，就有一百兆以上的星，或许更多，只是人还没有能力观察到。并且像我们这样的银河系，大约还有很多很多亿个。天文学家现在一致认为，人要计算星的数目，是不可能的事。但是，这一点早在《圣经》中，在两千五百年以前，就已经一再地说明过了。例如，〈耶利米书〉33章22节明说："天上的万象不能数算。"

（二）关于物理学

人类可以使用电力

人类可以使用电力真是约伯所梦想不到的事实。〈约伯记〉38章35节，神问约伯说："你能发出闪电，叫它行去，使它对你说，我们在这里。"在约伯那个时代，谁曾经想到人能使用电力作为信差呢？今天我们一有急事，就可以走进电报局，用闪电传送消息；闪电竟能遵命而行，闪和电现在已经变成人类的家奴和送信的仆人。你所发的电报如果是重要的话，闪电不单单把信息送到，并且立刻能够向你回报说："我已把信息送到了。"如果你嫌电报的速度太慢，你可以用电话来通消息，虽然在很远的地方，也可以和亲友通话谈心，就像面对面的谈话。古时候，闪电曾经是人类的大仇敌，因为它伤害人和其他的东西，却没有办法可以拦阻它。《圣经》远在四千年前已经预料到今天的电气世界。如果说《圣经》是科学的预言家，有谁会说这句话不合适呢？

要为风定轻重，又度量诸水

再请看〈约伯记〉28章24-25节："因他（神）鉴察，直到地极，遍观普天之下，要为风定轻重，又度量诸水。"人人都承认水是可以度量的，但是怎样衡量风呢？空气向来被人认为是非物质的，没有大小轻重可说。直到三百年前，大科学家伽利略才断定空气是有重量的，是一个可以度量的物体。但是《圣经》远在四千年前，就已经向人类预告说，风是有重量的，是可以定轻重的物质。

"谁曾用手心量诸水"

再请看〈以赛亚书〉40章12节："谁曾用手心量诸水，"这就是说，神曾经用手量过众水看看它不多不少，刚刚适当，然后放它在地球上。很奇妙的是，现代的科学也是这样说。地球上的水量，正是我们所需要的，它不多也不少。海水平均深度如果比现在再多深九英尺，那么地球上的碳气和氮气都被海水吸收。这样一来，人和动物、植物就都没有办法生存了。如果海水比现在所有的少，那么又是不够周转了。海洋和陆地的比例如果不是三山六水一分田地的话，因为蒸发面积太小，雨量不够。田地必定会干死。神所定的分量刚好够周转，不多也不少。万一嫌少，人们就盼望天阴多降甘霖；如果嫌多，就盼望晴天蒸发水量，这样大地就能生长五谷，喂养寄住在地上的人和牲畜。神又接着问说：

"谁曾⋯⋯用虎口量苍天"

换句话说，这灰白色天空，神也曾经用手量过了。大气的高度，如果降低，我们呼吸就感到困难；如果提高，我们的身体必定感到压闷和累赘，一点没有乐趣可说了。地球距离太阳刚好是九千五百万英里，如果地球距离太阳太近，那么万物都会被烧死；如果太远，又必定会冻死，而目前的距离是正合需要。现在的地球和太阳之间的距离好像是有一位大工程师量过了才定规的。

晨星一同歌唱

再请看《约伯记》38章4-7节"我（神自称）立大地根基的时候，⋯⋯晨星一同歌唱。"批评《圣经》的人常常说这样描写是诗人的放肆，许多年来都是没有办法解释。最近方才证明，晨星歌唱是一件科学上的事实。按光、色、声，在根本上同是一种波动，但是因为波速和波长的不同，反应在我们人的感觉器官也就不同了。它们或者照到眼帘上，而成为颜色，或者闪闪发亮而成为光，或者震动耳鼓而成为声。每秒波动458X10^{15}次，波长是1/3764"时，人的眼睛看来，就是红色。如果波动增加到535X10^{15}次，波长减少到1/44000"时，就是蓝色。另外有一种没有颜色的光线，速度太慢，波长太长，以致人的眼睛不能看见，我们称它叫红外线。又有一种没有颜色的光线，又快又短，人的眼睛也不能见到，我们称它叫紫外线。以上两种颜色，只可以用照片和光学仪器间接见到，而宇宙中间有眼睛不能见到的颜色，也有耳朵不能听到的声音。根据最近试验的结果，使物理学家更加深信光色的波动，必定会产生声音。当日光和星光飞快地跑过天空的时候，它们的音调也跟着它们行动。可惜人耳朵缺乏训练，不能欣赏天空中的音乐！约伯提到晨星一同歌唱，在科学上是非常有根据的，因为凡是有光的地方，必然会跟着产生声音。

（三）关于化学

"你曾进入雪库或见过雹仓吗？"

在〈约伯记〉38章22节，神问约伯说："你曾进入雪库，或见过雹仓吗？""库藏"这两个字，常叫人想到经济方面的宝藏。小说中常引用埋没的库藏，作为情节的中心，《金银岛》中克德船主的库藏，足以使读者流下口水来。

约伯怎么猜得出来雪雹竟然会有库藏呢？近代的科学家又怎么会知道这件事呢？幸而有一个加拿大的化学家苏特博士，经过十七年的研究，才发现雪雹对于人类的贡献。他查出雪雹能从空中洗涤四种含氮的物质，而把它们贮藏在地土中：一、阿摩尼亚；二、硝酸盐；三、亚硝酸盐；四、阿摩尼蛋白。每亩田地一季度的积蓄，可以值美金十四元八分，等于智利肥田粉四十四磅。这种氮化物质可以由植物直接吸收作为补品。如果一个农民有十亩田，雪雹在一季度内所供给的肥田材料，便值一百四十元美金以上（几十年前的数据）。试问一省、一国会有多少的田地，而从中所得到的收入难道可以计算出来吗？神的话实在是有所指的，并且已经隐约地包含了科学的知识，所以《圣经》显然是神所默示的。

129

（四）关于气象学

江河从什么地方流出，仍流回什么地方

〈传道书〉1章7节："江河都往海里流，海却不满，江河从什么地方流出，仍流回什么地方。"（直译）江河的水直奔大海，昼夜不停，海却不满，这是大家都知道的。如果说：海为什么不满，是因为江河从哪里流来，仍旧流回哪里去的缘故，这个理由恐怕没有人能够承认。谁敢说长江水流到海中，又流回原处呢？又怎样流回原处呢？江河的发源地，都在高大的群山峻岭之上，江河的水怎么可能倒流上去，归还原处呢？那么这两句话，到底有什么意义呢？请不要担心，《圣经》自己会说明的。

〈诗篇〉135篇7节说："他使云雾从地极上腾。造电随雨而闪，从府库中带出风来。"按海洋里面每时每刻都有一定分量的水分蒸

发出来，水分上升到空中，像抽水机抽水一样。它在空中遇到冷空气就凝成水珠，结成云雾。如果结成的云雾仍旧停留在海面之上，那么即使成雨，也必定仍旧落在海中。请你记得：神在这里，另有安排，"他从府库中带出风来。"原来神预备了风，而且借着风力，把云雾吹到各地，并且不只吹散云雾，他还"造电随雨而闪。"原来这边一朵云里有一种电，那边一朵云里另有一种电，然后两朵云互相碰撞放电而造成雷与闪电，同时云中的水气因为失去电力便互相凝结成大的水珠，至终降下雨来。有时，云里有一种电，山峰上另有一种电，互相接触便下雷雨。雷雨降在高山上，就成为山洪；山洪顺着山势奔流而下流进江河，所以最后仍旧重新回到大海。正像《圣经》所记"江河从何处流，仍归还何处。"

世上的风流（Wind Currents）

还有世上的风流（Wind Currents）都有一定的行径，大的风流形成大的海流和大的气流。这些都是现代才发现的事实。但《圣经》〈传道书〉1章6节早在三千年前的所罗门王时代已经说："风往南刮，又向北转，不住的旋转，而且返回转行原道。"

（五）关于海洋学

海洋的奥秘

学科学的人，常以为科学万能，竟然想要征服海洋，其实海洋的奥秘和以往一样。今天我们所知道的，实在微不足道。人人都知道海水是咸的，但是对于航海有经验的人，却知道有几个地方海水是甜的，他们称这样的地方叫甜水流和甜水层。至于甜水流和甜水层是怎样组成的，到今天还没有人知道。

海洋深处生物的状况

十几年前，有人为了要研究和讨论海洋深处生物的状况，就特别制备了各种器械，降到海的深处。有一次，钩子钩着一条大鱼，人们急忙用钢链绞起，因为大鱼很重，绞动很感到吃力，直到离水面几百尺时，忽然觉得钢链松动。大家以为大鱼脱钩逃去，一直等到钢钩绞出水面，才发现还有一块鱼头挂在钩上。因为这种鱼一向生活在海的深处，没有人能测量它的形状。这种鱼类天生具有一种抵抗大压力的能力，直到要离开海底时，因为海水压力立刻减小，使鱼身抵抗压力的力量膨胀，结果鱼身裂成许多小片。所以，海洋深处生物生活的情形，对我们实在是一个奥秘。不单生物是这样，连海洋深处的水人们也不容易测定它的成分。某科学家为了测定水的成分，特地制造了一条一千丈的钢管，想办法把它沉在海里，并且用办法把管塞打开，吸些海水到管子里以后，管口就自动关闭，以免别处的水也一同流进去。这样的设计不能说不周到，但是其结果却是一无所获，因为当钢管提出水面的时候，已经不再是钢管，而早已压成铜片了。海底对于我们，实在是个奥秘，这个奥秘谁又能把它真正识透呢？

（六）关于医学和卫生

食物方面

《圣经》〈利未记〉第11章记载一些动物，像鱼、鸟、昆虫等类，其中神为人规定了什么是可以吃，什么是不可以吃的，而走兽是以分蹄倒嚼为洁净可吃的。这个标准今天仍然适用。在《圣经》〈申命记〉14章21节，神禁止犹太人吃任何自死的兽肉。在现代文明的国家，仍旧执行这个法令。

水源污染

《圣经》〈利未记〉11章29-36节说，神禁止以色列民饮用从不流通的水池所取出的水，以及水中染有死兽和死肉的水。这事在三千年前早已有定规，而在最近一百年左右，才被细菌学家认为是预防疾病的重要方法。至于怎样隔离和处理大麻风等类的疾病，《圣经》和现代科学，也是一致的。

活物的生命是在血中

《圣经》〈利未记〉17章11节说，活物的生命是在血中。关于这一点，也是到了近年才被充分的认识。生命的维持全靠氧气、水分和食物不断的供应到各个细胞里去，而这个供应是借着血的日夜不停的循环来完成的。血能对抗身体内的疾病，并且能补养损坏的组织，这种功能是近代医学最重要的发现。但是，当人类还没有发现这个真理以前，神的话却在三千年前就已经非常科学、非常准确地说这件事了。

（七）关于考古学

人类的被造，按照《圣经》的记载，只有六千年的历史，以致许多人对它产生怀疑和不信，而去随从进化论的学说。因此，我除了在《到底有没有神》这本书中所举出十三项证明之外，现在再从近来考古学家所得到的事实来证明《圣经》记录的可靠和神权。

古墓古尸

埃及各地时常发现几千年前的古墓和古尸，这些尸体一点也不腐烂，和活着的人差不太多。根据解剖和化验的结果，发现他们的骨骼、形状和构造等，都和现代人没有分别。他们并不是半人半猴的骨骼。从这里可以知道人类不是从低等动物进化来的。不但这样，而且考古学家还发现古人的尸骨，大多比现代人的骨骼魁梧。

132

古碑古城

考古学家从古碑古刻的文字上，可知道上古的人比较现在的人更聪明。他们少忧虑，更少患病，寿命比较长。他们的文化可以作为现代人的借镜，因为今天所谓的人类的进步，也只不过局限在物质方面而已。在巴比伦的克希和尼浦尔的古址，曾掘得几层古城，当然，越下层的越是古老。如果人类是进化的话，那么越上层的古城，它的社会生活应该越加文明；但是结果发现，越下层的城市，它的美术工艺反而越加精美。这就充分证明，人类不是进化却反而是因为罪恶一天比一天加重以致退化了。

前些年，在吾珥古城，找到一层非常干净的泥土，大约有八英尺，在它的下层发现一座苏美利亚古城。这是挪亚洪水时代被洪水淹没的古城遗迹。在下层古城的遗迹中，明显地看出他们的文化十分发达，政治文学图书工商等行业，都超过了现代人。

蛇引诱夏娃和人类的堕落

　　许多人以为，摩西胡说捏造。近来发现一块巴比伦的人类堕落的雕刻像，是五千年前远在摩西写《圣经》以前的遗物，因为在它上面有人类最初所用的楔形文字。图的中央是一棵树，右边有一个男人，左边有一个女人，女人伸手摘取树上的果子，女人旁边有一条蛇，笔直地站着，好像和女人低低细语，有楔形文字证明这是人类堕落的历史，证明在摩西写《圣经》以前，实在有蛇引诱了夏娃和人类堕落的事情。又1932年斯比西博士在离尼尼微城十二英里的地方，发现人类始祖亚当和夏蛙的石刻，大约在公元前3500年前，是一英寸直径的石刻，刻着亚当和夏娃赤身同行，夏娃手扶亚当的背，面带忧愁，夏娃后面有一条蛇跟着。这个石刻现今存在美国费城大学的博物馆内。

巴别塔的证实

　　〈创世记〉11章曾记载人类大约在公元前2500年左右合力建造一座巴别塔，目的想要传扬自己的名。对这件事多年以来认为是《圣经》的捏造。近年，这个巴别塔的遗址，已被考古家发现了。原来的塔是四边正方形的，面积占地四万九千方尺，高六百尺，是用红、黄、蓝、绿四种颜色的砖瓦建造成的。从这种伟大的建筑物可以明显地看出古人的文化，也足以证明〈创世记〉的可靠。近来，斯密土博士发现古书简上写着："这塔的建筑违反了神，因此神有一夜将他们所建造的打倒，他们就分散在各处，言语也彼此不同。他们所做的被阻碍，就大大地痛哭，"这正和远在三千五百年前的〈创世记〉的记载相同。

罗得住宅

　　〈创世记〉19章记载所多玛城被乱民围攻罗得住宅的时候，被拦阻在门外这件事。罗得从外面已经把门关了，里面的人却能把门开启，把罗得救进去。这种门的构造，现在已被考古家所证实。美国的考古旅行队近来在巴勒斯坦的基列西弗地方，曾发现一所庭院，里面的一节枢纽，正有类似《圣经》所记载那样的门。考古家调查它的年代，知道这正是在中铜时期，这也正是亚伯拉罕和罗得时代的建筑。但是，在列王时代之后，这样的门庭没有再流传下来，一般已改用围墙保护住宅。假如照批评家所说，〈创世记〉是后来所写的，那么谁还能知道久已失传的门庭的光景呢？《圣经》中既然记载了它，而且所发掘的古物又能加以证实，那么，人们对这本宝贝《圣经》，实在不该再怀疑了。

或者又有人发问，当亚伯拉罕初次遭遇饥荒，曾经搬迁到埃及寻找食物，为什么以后在同样的情形下，他不到埃及，而到基拉耳去了呢？据最近的考察，证明当亚伯拉罕往南迁移的时候，基拉耳城是当时的仓库。

参孙用驴腮骨作为兵器

又有人或者以为《圣经》记载参孙用驴腮骨作为兵器和参孙以一个人的力量，倾覆仇人的神室，都是没有根据的空谈，却不知道考古家借着在非利士各城的发现，已经把这件事证实了。当时非利士的房屋，都用木柱支撑，上面铺石板代替瓦顶，而支柱的下端又立在石板之上；所以一个勇士很可以把房柱推倒，使房子倒塌，压住坐在走廊下的首领，杀死许许多多坐在平顶上的敌人。近来，皮萃先生在迦萨发现有驴腮骨做成的一件兵器，上面的牙齿磨得锋利充分证明〈士师记〉15章15-16两节的准确性。

洪水的事迹

当人类远离神，犯罪作恶的时候，就受了神的责备，遭受到洪水的淹没，（创世记6:5）这洪水的事迹是记载在许多古国的历史中的，足以证明这洪水实在是遍及了全地。在〈创世记〉7章11节记着说，"大渊的泉源都裂开了。"这就是今天一切的山谷江河划分的开始。至于现在四季气候的转变，也是从洪水以后才开始的。考古家在山陵的高处，往往掘出人和野兽的尸骨混杂成堆，这是因为人和野兽一同逃避洪水而躲在山上。后来，因为水势继续往上涨而一同被淹死，以致人和兽的骨骼一同混杂和集中在山陵间。

（八）《圣经》丝毫不含古代文化的错误

希腊古国认为天是圆盖，地是平面，中间有一个大神名叫 Atlas，他手中拿着天柱叫天不致塌下。印度古国认为地是方形的，地的四角有四个鳖鱼背着地面浮在宇宙海上。中国古时都说天圆地方，地面倾斜，所以有南下北上的说法。我们现在十分知道这些都是不合科学的论调，如果《圣经》的记载也是这样，那么不信的人将要怎样地嘲笑《圣经》呢？感谢主，神在二千五百年前，当科学还没有证明地球是圆球的时候，已经告诉我们说，"神坐在地球大圈之上，""神将大地悬在虚空，"说明地球是圆的，而且不是浮在水上，乃是悬在空中。

摩西当时学了埃及的一切学问，但是在写《圣经》五经的时候，丝毫不包含当代文化的缺点。原因很简单，因为是神讲说，摩西记录的。这和一般凭空虚构的性质不同，所以句句都是真理，不受任何时代的限制。试看下面所说的各个例子：

埃及人当时深信大地的来源是由一个有翅膀的卵变化生成。这卵飞翔在高空中，时常受到日光曝晒而逐渐孕育出大地，这是他们一代的不可变更的条规。摩西在〈创世记〉却说："起初神创造天地。"人类的来源是由于天演进化，古时候埃及人的科学，也已经有这种说法了，摩西住在埃及皇宫有四十年时间，他并不是不知道这些概念，但是他却写着说："神就照着自己的形象造人。"可见他不随从当时不正确的科学。埃及人信仰多神教，摩西却信仰独一的真神。像这种"众人皆浊我独清"的态度，真是脱尽了当日文化的影响。埃及人认为太阳发光是因为大地光线的反射。摩西在〈创世记〉1章17节竭力更正这种说法。他说"这些光……普照在地上，"正和现代的科学吻合。

在过去的历史上，《圣经》总是敌对古代荒谬的科学；同样，近代科学如果有错误，《圣经》也不会迁就或随从它的。

八、《圣经》的永不改变
证明《圣经》是神的话

《圣经》上记着说：天地可以废去，神的话却永远不能废去。事实证明这话是对的。因为二十世纪的科学推翻不了《圣经》，反而一切的科学，如果它不符合《圣经》，就必定站立不稳。

科学书籍版版更正

第一，科学书籍版版更正。第二版已证明第一版的不对，第三版又证明第二版有错漏，表面上说是天天在改进，其实是天天在更正错误。你看，《圣经》从古到今天只有一本，也只出一版，从来没有修改，也从来没有增加或减少过。因为神说了就不改变了，神说完全了，就完全了。正像他所造的万物是不能改变的，一旦造出就是完美不必改进一样。你不能改变《圣经》上的一字一点，正像你不能在宇宙万物，人、兽、鸟、鱼身上改变一丝一毫一样。

136

科学书籍分门别类

每一科有每一科的书籍，各种程度又有各种程度的书籍，每个时代有每个时代的书籍，每本书又有初版、再版、三版的不同。大学有大学课本，中学有中学课本、师范又有师范课本，花样翻新，读不完、学不完，弄得人头昏眼花。你学习哪一门就必须用哪一门的书籍，你是什么程度就必须用什么教本，是什么时代就必须用什么教材。没有一本科学书能适应各个时代，各个阶层，和各种程度的需要，只有《圣经》是例外的。《圣经》虽然只有一本，又只有一版，但是它却能够适合历世历代各种程度、各色人种、男女老少、聪明人或愚笨人的需要，而且百读不厌，研究不完，难道它不是一本天书吗！

科学给我们的东西都是可以有也可以没有的

神给的东西却是一样也不可缺，像日光、空气、粮食等，只要缺少了其中的一样，我们就不能生存了。这些人类生存所必需要的东西没有一样是人手造成的。如果神没有预备，即使你用全世界的金钱去买，也是一点买不到的。科学产品天天改良，改良就证明它有缺点，而神造的东西一经造成，就是那么完全，不需要改善，所以神默示的《圣经》也是一出版就完善无缺。因为神自己和他的话语就是这样。

科学定律不如《圣经》可靠

第二，科学定律不如《圣经》可靠。科学的定律如果不和《圣经》吻合就站立不住，不久就会更改，一直改到和《圣经》符合才不再改。例如，前一章所说的，在五百年前的科学认为地是平面的，直到哥伦布发现新大陆后才证明地球是圆形。当时，一时传为美谈，可是这个事实《圣经》在二千多年以前已经说过了。从前科学家以为风是一种能力，不是物质。三百年前伽利略才发现风有重量，可用秤称。当时认为这是个大大发明，其实这个并不希奇，因为《圣经》早在〈约伯记〉上清楚记载"要为风定轻重，"所以风是可以定重量的。我们知道科学上有个热胀冷缩的定律，一知半解的人常常会根据这个定律来推测和下结论说：当温度下降时，水会继续收缩，渐渐沉重起来，最后结成冰块一定比水更重，冰便一层一层地沉在水底，到了严冬，大小河道应该完全结成一块大冰。可是，根据这个定律推断下去是靠不住的，因为定规定律的神不愿意这样发展下去。到这时候他反使冰膨胀起来，叫它能浮在水面上，叫鱼虾可以不死。

人类应该有三万年的历史

几十年前，立尔博士根据科学方法证明人类应该有三万年的历史。这个定规和《圣经》大有距离，因为《圣经》说人类出现在地上只有六千年，自从始祖亚当到主耶稣只有七十六代。但是立尔博士根据泥土因为受河水的冲击而沉积在尼罗河三角洲上的速度，并且从这个三角洲深土层中掘出人手所做的瓦片，就定为人类应该有三万年的历史。他从发掘瓦片的距离和泥土的深度算出来说，人类最少应该有三万年的历史，才能有那么多的泥土集中在瓦片上。他把这件事公布在他所写的《人类的悠久性》这本书中，当时大家都以为科学打了胜仗。这片不可思议的老瓦片引起了许多人的注意，在欧洲展览一番之后，公认为是科学上的新奇发现。当这块宝贝被带到罗马去时，有人认出它的年岁只是一块很近代的罗马瓦片，使照管这个宝贝的人大感灰心丧气。

这些和《圣经》不相合的科学是站立不稳的，因为根本这个三角洲造成的年日和各地质学所估算的年日大大不同，有的说要二、三万年以上，有的说要五千六百多年。你想靠这个动摇的数字来计算那瓦片的年月，推算人类的年代，怎么会靠得住呢？新近达生爵士才知道，地球最近几千年才合人类居住的条件，而且他们在原始的石头里从来没有发现过人的骨头，这话正和《圣经》符合。

一个牙齿

有一个牙科医生，深信《圣经》是神所默示的。有一次，他得到一个畸形小孩的牙齿，就把它埋在地里，经过几个月之后，再把它掘出寄给一位相信进化论的人，信中说："这个牙齿是我从地里掘出的，它到底是兽的牙齿，还是人的牙齿？恳求你仔细检验。"他的目的是为了使相信进化论的人因此有所觉悟。不久接到相信进化论者的回信说："我非常感激你给我这个牙齿，因为它不是动物的牙齿，也不是人的牙齿，而是进化过程中的一半是人一半是兽的牙齿，这可以作为进化论的确实根据。"医生就详细告诉他牙齿的来源，指出他错信的进化论实在没有确实的根据。

原子学说时常改变

又如原子学说时常改变，公元1804年，科学家说分子是物质的最小单位，不久又说原子才是物质的最小单位。到1898年发现电子之后，才知原子里面的花样很多，中间有原子核，四周有电子绕行，排列像太阳系一样。所以说，电子才是物质的最小单位。

直到1919年原子能发现以后，科学家才知一切物质都是能量的结合，一磅物质可以化为114亿度（千瓦小时）的电力。到这时候才符合《圣经》上所记载的话："诸世界是借神话造成的，这样，所看见，并不是从显然之物造出来的。"（希伯来书11:3）又说："借着他（耶稣）创造诸世界……常用他权能的命令托住万有。"（希伯来书1:2-3）你看《圣经》说得多么明白，世界万物不是由物

质，乃是由神的话——能力——造成，"因为……神的话。没有一句不带能力的。"（路加福音1:37）

从前用科学方法证明了物质是不能消灭的

从前用科学方法证明了物质是不能消灭的，就是说物质可以互相改变，但是它的分量是不能增加，也不能减少，更不能完全消灭的，这就是物质不灭定律。但到原子能发现以后，却又证明物质可以完全消灭，变成能力和光热。从有重量的物质可以变成没有重量的能力；从占有空间位置的物体可以变成不占空间的光和热了。这些事实，《圣经》远在几千年前已经告诉我们，可惜他们不信，反而定为定律，但是这和《圣经》不合，所以维持不久，站立不住，现在已经完全证明不对了。最可惜的是从前的科学家在他们的坟墓中，还是抱定物质不灭的定律呢！

科学不能知道将来的遭遇

第三、科学不能知道将来的遭遇。最近因为科学的发达，人以为再过几百年后，要进步到一个地步，就是人类能够解决一切不能解决的难题，明白一切不知道的事情；幻想可以创造生命的迷梦，能够知道未来的企图。其实，各大科学家不只不能知道几千年后将要发生的事，就是几年几月几日之后自身所要遭遇的，和家庭所要发生的事也都不能知道。一个大科学家可以发明飞机和潜水艇，但是他不能预先知道明天要发生什么事；一个大发明家可以发明原子炸弹，但是他不能知道他自己什么时候会生病；一个大医生能发现各种细菌，却不能知道他自己要死在哪一种细菌的手下。

科学界到今天还没有出过一本预测未来的书籍。他们不可能写出，也不敢写出，他们常常想要试验，但是因为连连失败就不敢再尝试了。《圣经》却说明先前的是什么事，又指示了将来必遇到的事。（请参看本书的"四、《圣经》上预言的应验证明《圣经》是神的话"）

九、犹太民族证明《圣经》是神的话

一个民族来做见证

神不但用各个大城市的遭遇来证明《圣经》是神的话，并且常用一个民族来做见证。德国弗里德大帝曾经问一个牧师说："你可以用最简单的方法，证明《圣经》是神所默示的吗？"牧师回答说："犹太人就是一个最简单的证明。"神借先知巴兰在〈民数记〉23章9节预言犹太人说，他们是独居的民，不列在万民中。他们的面貌、饮食和一切的习惯，虽然已经亡国二千五百年，却不被别的国家同化。犹太人被称为是神的选民，也真是一个最奇特的民族，他们是世界上最富的人，也是最聪明的人，却又是世界上最苦恼、最没有保障的人。他们不过一千几百万人口，却掌握了全世界金融的牛耳，在科学发明上，更是出人头地。他们亡国二千五百年，仍能不被其他民族同化，仍能保持他们的特性，这是世界上任何民族所不及的。据美国人种学家统计，无论什么民族，一旦亡国了五百年，必定会被其他民族所同化，只有犹太人不是这样，他们到今天还能在世界上立脚，完全是因为神还要大用他们，这已经在《圣经》上明白地指示我们了。神用犹太人有四个特点：

（一）引导别国的人敬拜独一的真神。公元前2000年到公元34年，全世界的人们都把假神当做真神，他们把什么都当做神，花、草、树、木、鸟、兽都可以被称为神，甚至把儿女杀死或活活地烧死献给摩洛神。

（二）抄写《圣经》，保守《圣经》。如果不是他们保存《圣经》，《圣经》便绝迹了。他们抄写时，每抄到"神"字，要把笔尖洗净一次，抄到"耶和华"，必须先沐浴，抄的时候先大声把一个一个字母读出。抄写的人都是文士，如果有一个字母写错，就把全张烧掉，连一点一画也不敢脱落。凡是神在《圣经》上咒诅犹太人的话，他们都一字一字地写上；凡是说到犹太人家中淫乱可耻的事，也一件一件地抄下，不敢更动。犹太人最恨恶外邦人，但是神说外邦人也要得救，他们就不敢删去。他们对《圣经》的保管，也非常小心，把它放在至圣所里面神的约柜旁边，把它看为和神的约柜同样重要。

（三）神借犹太人把救主介绍给人类。耶稣基督按肉身说是从犹太人出来的，兑现了神要救赎堕落人类的应许。

（四）神要保留这个民族，为的是要叫他做《圣经》的见证人。我们要把犹太人实际上所遭遇的，和几千年前《圣经》所记载的，对照着看，如果《圣经》所记的是出于人的意思，和人的看法，它就一定不会和事实符合；如果是一字一句都详细应验了，那便可以证明《圣经》不是人写的，而是由神启示来的。

关于犹太人的预言

关于犹太人的预言似乎最难应验，并且有两点看来似乎绝对冲突的。一点是在〈耶利米书〉24章9节说："我必使他们……在天下万国中抛来抛去。"另一点是在〈民数记〉23章9节，先知巴兰预言说："这是独居的民，不列在万民中。"一面说他们分散，一面又说他们独居不和万民混杂，这个问题多年没有人能明白。到了犹太亡国之后，我们看见这两个预言确实是全部应验了。犹太人虽然被分散在各国中，但他们又是独居的民，不和万民混杂。全世界共有犹太人一千八百多万。他们是没有国家，没有政府的人民。虽然被人所忌恨，却不被废掉；虽然被人轻看，却大有势力。他们不是人所能同化的，他们的种种宗教习惯也不是人所能毁灭的！

在天下万国中抛来抛去

我们现在细读〈耶利米书〉24章8-10节："耶和华如此说：'我必将……他们交出来，在天下万国中抛来抛去，遭遇灾祸；在我赶逐他们到的各处，成为凌辱、笑谈、讥刺、咒诅。我必使刀剑、饥荒、瘟疫临到他们，直到他们从我所赐给他们和他们列祖之地灭绝。'"

你看《圣经》预言犹太人的遭遇准确不准确？历史告诉我们，公元70年罗马人进攻耶路撒冷城，杀死了二百万左右的犹太人，其余的犹太人大半是饿死的。余下的被卖为奴隶，妻子儿女被俘虏，他们的痛苦比死亡和飘流更利害。五十年后，因为他们反抗罗马，又被杀死了五十万人，其余逃到各地，散居别国中。第一次世界大战时，俄国人逼迫犹太人民，驱逐他们出境，凡是没有力量不愿意出境的人，成万的被赶到广场，用机关枪、手榴弹把他们杀死。至于德国人驱逐犹太人，更是我们所知道的。犹太人没有政府，没有军队，没有领事，没有保护，生命财产一点都没有保障，被人随便打骂逼迫。德国政府赶逐他们离开德国，凡是反抗的人立刻被杀死；出国的犹太人，财产都要留下来，还有舍不得离开的，其中有四百万犹太人，遭了希特勒残酷的毒手，他们的尸体被蒸炼成油后做成肥皂，所余下的渣滓，做成肥田粉。这真是人类历史上惨无人道的迫害，犹太人都已尝过味道，他们即使逃到别的国家，别国也是不欢迎他们。

一次报上记载，犹太人的难民船开到挪威，挪威虽然是中立国家，但不许他们登陆，船便只好开到中国上海，日本人勉强收留，但只限他们住在虹口一带，不久把他们都关到集中营去了。世界著名大物理学家爱因斯坦，他是住在德国的犹太人。他被迫逃到法国讲学，到了法国不久，又被误会是间谍，只得又逃到美国，在美国发明了原子弹。犹太人从这个城市被驱逐，跑到那个城市，从这个国家被驱逐，跑到那个国家，天下各国，犹太人都到过。

成为凌辱、笑谈、讥刺、咒诅

这些遭遇，神早在二千五百年前，已经借先知耶利米清楚地预言："他们要在天下万国中抛来抛去，遭遇灾祸，在我赶逐他们到的各处，成为凌辱、笑谈、讥刺、咒诅。"有哪一个国家是欢迎犹太人，不逼迫他们的呢？你不是笑他是亡国奴吗？你不是笑他的鹰钩鼻子秤钩心吗？你不是笑他要钱不要脸，说他是奸商吗？政府当他是探子，当他是奸细；商人当他是强有力的敌人；牧师说他是把耶稣钉在十字架上的恶人。当德国发现有黑死病时，硬说是犹太人在井水下药的缘故，又说犹太人常把人家小儿子捉去，钉在十字架上，这便应验了耶利米所说："成为凌辱……咒诅"等等的预言了。

再看《利未记》26章32节："住在其上的（指耶路撒冷地上）仇敌，就因此诧异。"耶路撒冷自从被土耳其占领后，圣殿地基上便盖了两个大回教堂，使犹太人的仇敌（回教徒）自己都觉得惊奇，因为当时用四十六年工夫造成的圣殿，现在竟然在那里盖上了回教堂，岂不令人感到惊奇吗？耶利米又说："这全地必然荒凉。"自从公元70年至公元1917年之间，共一千八百多年的时间，没有秋雨春雨降在耶路撒冷，以致那里成为世界著名的废墟。直到1917年，英国占领耶路撒冷后，春雨秋雨才又再次降下。犹太人的这些遭遇，都因为他们拒绝救主，把救主耶稣钉在十字架上的缘故。（当他们钉耶稣在十字架时，他们曾经喊叫说："他的血归到我们和我们子孙身上。"）

"虽是这样……我却不厌弃他们……将他们尽行灭绝，也不背弃我与他们所立的约。"

神既然不喜欢犹太人，为什么又不灭绝他们呢？这也是有原因的，请看〈利未记〉26章44节："虽是这样……我却不厌弃他们……将他们尽行灭绝，也不背弃我与他们所立的约。" 〈耶利米书〉32章37节说："我在怒气忿怒和大恼恨中，将以色列人（即犹太人）赶到各国，日后我必从那里将他们召聚出来，领他们回到此地，使他们安然居住。"神因为已经和他们的祖宗亚伯拉罕立了约，他便不能不允许犹太复国。到末日，以色列人都要悔改，归回耶路撒冷城，恢复敬拜，这些事情已经渐渐显明了。

143

犹太复国运动

美国郇山会犹太复国运动和1929年国际同盟所允许成立的犹太局，又在1940年10月罗邱会议也有犹太复国的决议。战后，犹太地归于英国人管治，那时天又降下春雨秋雨，土地再转肥沃，并且由于犹太局的成立，更便利了他们建设国家的一切活动。他们有组织，有经营能力，就大量移民，在各地争买土地，整个的海岸荒地，几乎完全属于犹太人。他们建设十年工夫，就在巴勒斯坦北部筑成了几个完全现代化的新城市。他们更设立工厂发展实业，效法美国的制造品，价廉物美。因着他们这样的努力，到今天已经有几百万的犹太人回到他们的本土了。最奇怪和特殊的就是这兴旺和衰败的光景，并且在末了的日子他们又要复兴，以及犹太人虽然受了许多的困苦遭遇而不致消灭，以上这些事实都早在《圣经》上已经记载明白了。

现在看得更清楚了

犹太国已经复国，它是第六十个加入联合国的国家，它的国旗已经飘扬在联合国的会场中了，只是首都耶路撒冷仍在和阿拉伯人的争夺中。（按目前已被收复）如果犹太人现在像世上的某些民族一样已经不存在了，而《圣经》却说犹太人要复国，这岂不是成了大笑话吗？如果犹太人像他们同时代的波斯人一样独居一处，而《圣经》却说他们要在天下万国中抛来抛去，那么人们怎么会信《圣经》是神写的呢？如果他们像罗马人一样已和别国人民同化，而《圣经》却说他们要遭遇灾祸逼迫，那么不信的人岂不是要大大地嘲笑一番吗？神的选民犹太民族的存在，和这个民族的一切特性以及他们奇怪的遭遇和复国的实情，都在那里活活地证明《圣经》是神的话啊！

十、《圣经》的不可毁灭性
证明《圣经》是神的话

《圣经》这本书是诸时代的奇物

世界上无论哪一本书，都不像《圣经》那样时常受到人们的攻击而不受影响，只有《圣经》这本书一代一代能受人攻击，却一点不受到伤害。每个时代的人，总想把《圣经》看轻，把《圣经》曲解，竭力争辩说《圣经》是错的，强硬地证明《圣经》是假的，目的要使《圣经》消灭。不信派，甘愚派，无神派，思想自由派，怒气冲天地互相联合一致，同声大喊"拒绝《圣经》"。但是《圣经》虽然经过了各时代的攻击，却还是照旧不变，它既不受半点污染，也不受半点损失，反而日日增加销路。《圣经》每次增加出版的数目使敌人惊惶不安。一代又一代过去，代代有人在努力焚烧《圣经》，消灭《圣经》。人们几次组织过大团体要把《圣经》全部毁灭掉，世界的君王，天主教的官吏，都曾经竭力消灭《圣经》，使《圣经》在地上绝迹。

罗马皇帝代欧盍仙（Diocletian）

公元303年，罗马皇帝代欧盍仙（Diocletian）用尽凶猛的手段攻击《圣经》。他的手段确实是世界第一凶猛的，差不多地上所有的《圣经》，一本一本都被他毁掉，信徒被杀的数目也有几万之多。他建立了一个得胜碑，碑上刻有几个字，就是："基督教的名字已经被消灭。"（Extincto Naminechristionorum）但是不过二十多年，《圣经》又重新出来，好比挪亚出了方舟、地球重新有了人类一样，因为罗马皇帝康士坦丁（Constantine）在公元325年自己反而特别尊崇《圣经》，并且规定《圣经》是真理不变的律法，把它放在第一次万国宗教公会中，希望它能一直留传下去。

英国大臣英格索（Engersol）

英国有一位大臣名英格索（Engersol）反对《圣经》最激烈，他尽力搜查《圣经》、焚烧《圣经》。可是当他死了以后，他的住宅被《圣经》公会买去，大量印《圣经》。我们现在所用的《圣经》，就是从那里发行出来的。

罗马君王朱理安

公元300年时，有一位罗马君王名朱理安反对《圣经》最利害。他寻找方法打倒基督教，他曾经做过教友，略为懂得基督教的情形，他也知道如果用大量杀害信徒的方式是很难行得通的，因为在他以前，杀害信徒的方式已用了二百五十年，信徒却反而增加。后来，他要在《圣经》的预言上找毛病，叫《圣经》上的预言不应验，以证明《圣经》不是神的默示，这样大家便自然不会相信基督教了。他读到〈路加福音〉21章24节主耶稣说到关于耶路撒冷要被外邦人践踏，直到外邦人的日期满足，因为犹太人不遵守神的律法，并且钉死救主耶稣，神的咒诅便临到他们，因此百姓被俘虏，圣城被占领，圣殿被毁坏，那地曾经被耕田的犁刀耕过一番，作为永久禁用的土地。这圣殿照《圣经》的预言应该被外邦人践踏，直到日期满了；它在犹太复国之后，才可以再被建造。朱理安想反对《圣经》的定规，他要在罗马人正在掌权的时候，在犹太复国以前，就恢复圣殿的建造，目的为了显出《圣经》有错误。

朱理安是一位皇帝，财富权位足能办到这件事，他能配合反对耶稣的犹太人的宗教狂。所以决心在摩利亚山上，能够远远望得见四面八方的高处，就是在圣殿的旧址，立刻建造一座庄严美丽的圣殿。朱理安皇帝在他朋友中找出一位大臣名叫阿力匹阿斯，他把建造圣殿的大任务交给他，并且有巴勒斯坦总督的热心赞助，加上全国各省犹太人的齐心帮助，真是声势浩大，看来到了时候必定会建造成功的。但是结果告诉我们，他们都是白费心机。当时，基督徒抱着虔诚的盼望，希望在这个重大的竞争中，能有显著的神迹来证实《圣经》的可靠。

当巴勒斯坦的总督协助罗马大臣阿力匹阿斯拼命用全力来催促工作进行的时候，忽然有可怕的火球，从近圣殿屋基的地方连续不停地喷射出来，使一班工人焦头烂额，没有办法向前工作。这些得胜的火球，竟然会这样顽强地的抗拒那班工人，可以说是坚决要把他们赶到相当的距离之外，以致建造圣殿的事只得被迫停下来。

朱理安的财富和力量很可以建造一个完整的大城，但是他不能重新建造一个圣殿。他开工的时候，曾大大地夸口，向世上的人宣布他的目的和理由，说他要用驳《圣经》的方法，来毁灭基督教，结果却仍旧是失败。尽管不信的人替他解释，但是有两点事实却总是存在：一、兴了工，二、却未成功。

英国蓝末赛爵士（Sir William Ramsag）

在1881年的时候，有英国蓝末赛爵士（Sir William Ramsag）。他是一个正直的青年，品格端正，受过高深的教育。他有一种诚挚的热望，愿意明白真理；然而，他是在怀疑的环境中长大的，所以很早就深信《圣经》是虚假的。他用了多年的工夫不慌不忙地预备自己，要领导一组探险队进入小亚细亚和巴勒斯坦，打算在这《圣经》所记载的区域掘出证据，用来显示《圣经》乃是一班有野心的宗教徒的著作，而不是从天上的神来的。他认为保罗游行传道的记载，最容易找出漏洞，是全部《新约圣经》最弱的一环。由于从前没有人到过当地加以研究，所以他宣布计划，要以〈使徒行传〉作为指南，顺着保罗的行程而走，借这个来证明使徒决不是按着书中所描写的路径前进的，用这些来证明《圣经》是虚假的。《圣经》的敌人深信能借着这件事情来完全驳斥《圣经》，对此他们表示高兴，因为这是自从罗马皇帝朱理安以来最勇敢的尝试。蓝末赛氏探险队与众不同，他的领袖深得人们的同情和信任。他不是一个喧嚷激烈的亵渎的人，不是坐在巴黎、伦敦、柏林、上海等遥远的地方狠狠打击这部在古巴勒斯坦起源的书；他乃是在知识和体质方面都有相当的预备，能够从事调查的工作，所以各方面的人士都信任蓝末赛。他带着在他以前的人所从来没有的装备，跑到《圣经》的老家去，在那里用了十五年的工夫，真实地掘出凭据。

1896年他出版了一部巨大的著作，名叫《旅行家圣保罗和罗马的百姓》。这部书一出版，使世上的怀疑家十分灰心失望。他的态度是绝对没有人能料到的，因为他公布的结果是和十几年前公布的意旨刚好相反，使反对《圣经》的人大失所望，反而增加了无限的烦恼。以后的二十多年内，蓝末赛又接连不断地发表了许多著作，每一部都显明：在《圣经》所记载的区域的研究工作已经证明了全部的《新约圣经》都是正确没有错误的。他的证据是那么地动人和有力，以致有许多不相信的人都背弃了他们先前的信仰而接受了基督。直到今日，这些书已经经受了时间的考验，非但没有一卷书受人反驳，而且也没有人再想做这样的尝试。

蓝末赛在《旅行家圣保罗和罗马的百姓》一书的第238页，提到《新约》的〈使徒行传〉，他说："使徒保罗从一城转到另一个城，以及在所有许多的细节中，从来没有发生一点的错误。"再看他出版比较晚的一部书，就是1914年刊行的《近日发明对于新约可靠的关系》，在序言第五页中，他说到："我的目的就是一句一句、一节一节地把几句被人激烈批评的《圣经》，借着考证的方法，来指明《新约》在它的真实性方面以及在简洁、明畅、含蓄方面，都是独一无比的，而且不单是《新约》中一、两卷书有这个特性，其他各卷也都是这样。"所以，这位本来想要破坏《圣经》信仰的蓝末赛爵士，反成了现代为《圣经》出力最多的一个人，他已经证明了《新约》的绝对可靠性和真实性。最好请各位自己去选读他的著作，必定会觉得格外有趣。

《圣经》最凶恶的敌人

最近一百五十年间，《圣经》最凶恶的敌人就是那些自称为思想自由的人，像波宁勃罗（Bolingbroke）、休谟（Hume）、浮坦尔（Voltaire），这三个人似乎很相信《圣经》会被消灭干净。那位法国人俘坦尔声明说，在他死后的一百年里面，世界上必定不会再有一本《圣经》存在，即使有的话也必定是已经成为古董了。另外，还有德国唯理派也是《圣经》的大敌，他们用了全世界最猛烈、最残酷的手段企图消灭《圣经》。攻击《圣经》的包尔（Bauer）、司脱罗士、（Strauss）和屠金坚学派（Tubingerschool）率领学生高喊"打倒《圣经》，打倒《圣经》。"但是《圣经》说："那坐在天上的必发笑，主必嗤笑他们。"因为在一切除灭《圣经》的方法用完之后，《圣经》最大的奇迹就是消灭不了，到今天我们仍旧有一本完美的《圣经》在我们手中。

《圣经》好像一个一千九百岁的老人

有人曾经用比喻说：《圣经》好像一个一千九百岁的老人，他多次被人投在海中，却不至沉下去；多次被人丢在野兽堆里，却不被吞吃掉；曾喝过各种致命的毒药，却一点也不受害；被人用铁链锁在牢狱内，却又自由走出。他被人吊挂起来，人们以为他死了，等到一放下来，他又立刻跳跃行走；无数次地被人抛在窑中焚烧，人们以为已成灰烬，他又从炉中起来走动。他曾被人捉住砍成碎块，可是他的碎肉又合起来，创伤立刻得到痊愈，一切的伤害在他身上好像一点没有起到作用，这是《圣经》的大奇迹，因为《圣经》直到今天还健在，而且历久不变。神的话（《圣经》）正在行着自由的路程。它的价值常存，它的能力不变，它那丰盛活泼的生命（神的话是活泼的，是有功效的）和亮光，带给每一个追求真理、至善、荣美的人以无限的安慰和满足。

十一、《圣经》在大逼迫中反被广传
证明《圣经》是神的话

藏在凳子底下被带到美国去

当欧洲大大逼迫《圣经》的时候，《圣经》的每本每页都要被搜查出来，送去烧毁。人们要保存一本《圣经》真不容易，那时候有一本《圣经》是因为藏在凳子底下被带到美国去的。那时在法国，有一个爱慕《圣经》的家庭，他们什么都可以没有，就是不能没有《圣经》。可是《圣经》如果保存得不够严密，就会被人搜去，并且还要被定罪；如果把它埋在地下，又怕受潮；如果藏在墙里，又嫌拿出来不方便。后来他们想了一个顶好的法子，就是把《圣经》放在凳子座板底下，再用一块抽板把它盖住。这样，如果把凳子翻过来，拉开抽板，就可以阅读《圣经》；如果把抽板盖好，把凳子再翻过来，便可以做座位。这样，既可以不被人查出来，又可以天天阅读。因为外面看来它像平常的凳子一样，所以他们把凳子随便放在房子里面，让人随便坐在上面。

有一天，天主教的神甫来到他们家中搜查《圣经》，（天主教不允许信徒读《圣经》）但各处都找遍了，却没有找到。因为找的时间长了，神甫就一点也不在意地坐在那张神密的凳子上，而神甫仍旧不断地思想说："《圣经》到底藏在什么地方呢？"他却始终没有找到。后来，这家人听说美国可以自由读《圣经》、敬拜神，便带着《圣经》和妻子搬到美国去了。《圣经》和福音就这样传到了美国。

一本《圣经》是在面包炉中和面包一同烤过的

在美国，有一本《圣经》是在面包炉中和面包一同烤过的。这本《圣经》现在在斯克博先生手中，他是从他祖母那里承继下来的。当他祖母在欧洲时，罗马教皇颁布一条命令，凡人民所有的《圣经》必须交给神甫一齐烧毁。如果不照办，那么全家就性命难保；神甫挨家搜查，一天查到斯克博祖母的家里，正巧是烘面包的日子。祖母一听神甫来了，连忙把她宝贵的《圣经》用面糊包裹起来，和其他的真面包一起放在炉中烘烤。神甫找得满头大汗都找不到。当神甫走了以后，她把《圣经》从炉中取出，却一点没有损毁，后来她迁居到美洲，这样便把在欧洲的《圣经》带到美国去了。

神会利用拐子把《圣经》传到非洲

又有谁会想到神会利用拐子把《圣经》传到非洲。在圣公会中有个著名的黑人会督，名叫亚载。他是一个非洲黑奴，被拐子拐到古巴去出卖。半路上被英国军舰扣留；把他救到西拉里恩，送到一个教会学校内读书。毕业以后他做了家庭教师，后来又做母校的教员，最后接受耶稣基督作他的救主，成为一个基督徒。不久被派到英国深造，又被派到他的非洲老家传道，后来成为个著名的黑人会督。《圣经》因为他在非洲而被广传，更想不到他的亲生母亲，也因为从他的口中听见福音而成为一个基督徒；所以，魔鬼害人，结果总是害了自己。

教师扮成小贩

当《圣经》被逼迫的时候，有一班基督徒在冰天雪地的深山里生活，有的则住在坟墓中。他们传播圣书的方法很使人佩服。他们常差他们的教师扮成小贩，散到各村去做小买卖，一有机会就卖《圣经》，没有钱的可以白送。这位教师先把各样货物给人看。最后必定说："我还有一种更宝贵的东西给你看"，于是他便从夹板中恭恭敬敬地拿出一本《新约圣经》，并且把主耶稣美妙的话讲读给他们听。当大家听得有味道的时候，他便送他们一本，只告诉他们不要给神甫知道。因此，在《圣经》遭受逼迫的时候，有许许多多的《圣经》被传到爱慕真理的人手中。神是全能的神，他说，他的话要传到地极，你想它能因为君王和神甫的禁止便停止流传吗？事实却正好相反，它越受逼迫，反而传得越广远，因为是神要它这样的，受造的人难道能反抗造他的神吗？

十二、主耶稣亲自引用《圣经》
证明《圣经》是神的话

主耶稣曾对犹太人说过："你们如果信摩西，也必信我，因为摩西书上有指着我写的话。你们若不信他的书（指《旧约圣经》）怎能信我的话呢？"（约翰福音5:46-47）救主耶稣在他一生的言行中，不断引用《旧约圣经》。这件事情表明《旧约圣经》中一切启示和预表主耶稣的话都在主耶稣身上兑现。单在〈马太福音〉一本书中，已经引用旧约有49次，他在其他三本福音书中，曾经多次提到有关旧约中的重要事迹，例如：

1、人类始祖被创造（马可福音10:6）是引用《旧约圣经》〈创世记〉2章7节。

2、洪水淹没全地（路加福音17:26-27）是引用〈创世记〉7章21-22节。

3、亚伯被杀害（路加福音11:51）是引〈创世记〉4章8节。

4、所多玛大城被毁灭（路加福音17:29）是引〈创世记〉19章24-25节。

5、摩西举起铜蛇救了百姓（约翰福音3:14-15）是引〈民数记〉21章8-9节。

6、乃缦大麻风得着洁净（路加福音4:27）是引〈列王纪下〉5章14节。

主耶稣说："莫想我来要废掉律法和先知（指《旧约圣经》），我来不是要废掉，乃是要成全。我实在告诉你们，就是到天地都废去了，律法的一点一划也不能废去，都要成全。"（马太福音5:17-18）

毕葛普博士说，《圣经》字面的默示和神直接的默示是《圣经》真理的最主要点。没有呼吸就没有字音，没有字音就没有文字，没有文字就没有书籍，没有书籍就没有宗教。

十三、《圣经》的由来 证明《圣经》是神的话

你知道《圣经》的由来吗?

这本《圣经》是神默示他忠心的仆人众先知写成的。最先五卷书是摩西在三千五百年前写的,最后一卷书是使徒约翰在一千九百年前写的。《圣经》写好之后照例归祭司保存。在五百年前,当世上还没有发明印刷的时候,《圣经》都是人手抄写的,因为《圣经》没有一件原稿能存留到今天。当这些文书变成古旧时,犹太文士们就把它们恭敬地埋藏起来,另外用一种可以耐久的抄本来代替原稿。

怎样抄写

历史告诉我们,他们怎样抄写。他们非常小心地抄写,不但数算几个字一行,并且点算字母,如果抄错一个字,就把全篇一律毁灭。他们把《圣经》抄写在清洁的羊皮上面,抄写的人必须大声把每一个字读出,然后才写。当他们写到"神"字的时候,就必须先把他们的笔小心擦干净,然后才动笔。在他们没有写"耶和华"(神的名字)三个字以前,先要洗他们的全身,不然他们就以为污秽了神圣洁的名字。有一次,有一个拉比(即夫子)庄严地警告抄写的人说:"你们当注意你们的工作,因为你们所做的,乃是属天的工作,如果是你在抄写上减少或增加了一个字,你就是一个败坏世界的人。"

现在的《圣经》和古时原本的《圣经》是一样的吗?

我们可以晓得我们现在的《圣经》和古时候被圣灵感动所写出来的《圣经》是一样的吗? 摩西和先知以及使徒亲手所写的原本还在吗? 虽然《圣经》的原稿,现在已经没有了,但是还有三本很旧的抄本依然存在,这三本是康士坦丁做皇帝的时候,(时间在公元330年)定五十本中的三本。我们怎么晓得这三本《圣经》是一千六百年以前写的呢?因为《圣经》里面所用的字体和写法,是和那个时期的字体和写法是一样的。在那个时候,希腊人都用大写字母,

153

并且在每个字中间没有隔开的地方。例如：〈约翰福音〉3章16节，如果是在英文里就是这样写：

"FORGODSOLOVEDTHEWORLDTHATHEGAVEHISONLY BEGOTTENSON…"至于三本抄本的来源是这样的：

（1）梵谛冈（Vatican）古卷

有一件最奇妙的事情，就是这三本《圣经》是藏在基督教三大宗派之中——天主教，希腊教和更正教。这本最旧的抄本因为被藏在罗马梵谛冈图书馆，所以就名梵谛冈抄本。我们晓得天主教保存这抄本已经有五、六百年的时间了，但他们是从哪里得来的，我们还不能晓得。这抄本大约在公元350年抄成，它的尺寸是很大的，宽约有一英尺，共有759页。这抄本虽然因为时间长久，以致有几页已经失掉，但是还是一本最完整的《圣经》。这抄本的〈创世记〉第1章到46章，和〈提摩太书〉、〈提多书〉、〈腓利门书〉和〈启示录〉的第一、二章都已失掉。

（2）西乃（Sinatic）古卷

这是第二本旧抄本，它是属于希腊教的；被藏在俄国圣彼得堡国家图书馆里。这抄本是写在一百多张的羊皮上面，写得也非常好看，它是被德国一个著名的文学家地前都福博士（Tischendorf）发现的，原来他是在西乃山下的一个修道院的一大堆破纸里（修士生火用的）找出来的。当那修士晓得这本书的宝贵，就只应许地前博士拿几页去。过了十五年，地前博士带了俄国皇帝的一队护兵，又到这修道院里拿回所余下的宝贵《圣经》。地前博士是在公元1844年在这修道院里，得着这个抄本的，但是那修士最初是从什么地方得到的，却还是不能晓得。这抄本的《新约》是十分完整的，原来是由帝俄保存。后来在1934年以十万英镑的价值卖给伦敦博物馆。

（3）亚历山大（Alexandrian）古卷

这是第三本旧抄本，藏在英国不列颠博物院内。这抄本分成四卷装订，旧约失去十页，〈马太福音〉失去二十五页，〈约翰福音〉失去两页，〈哥林多书信〉失去三页。这抄本是康士坦丁总主教洛克在公元1628年送给英皇查理第一的。至于洛克总主教从哪里得来这抄本，也还没有人知道。据说，这抄本是一位殉道者（Thekla）在第五世纪时亲手抄的。除了这三本最旧的《圣经》以外，还有许多《圣经》的旧抄本依然存在，它的数目大概有一千五百本。

（4）以法莲抄本

另外，还有一本比前三本更旧的，名叫以法莲抄本。这是法国巴黎图书馆的产业，这本书上所有的字都给古时愚昧的老著作家擦去，因为他们想用这羊皮去写别的书。大概在一千五百年以前，考古家用一种化学药品又使《圣经》的字迹显出来，所以现在人们可以诵读了。

（5）教父的见证

当我们研究这几卷旧抄本之后，我们会发现凡这本抄本所失掉的，那本抄本却没有失掉，（除了〈创世记〉的几页以外，另外又有古卷可以补足，）所以我们手里现在所有的《圣经》，和公元300年的时候圣徒所有的《圣经》是一样的。但是，这还不能证明到底这本《圣经》是不是和古时使徒所有的相同。这可以从古时教父的著作，证明古时他们所有的《圣经》和我们的《圣经》是一样的。（教父就是在使徒死后，那些代替使徒做教会领袖的人。这些教父的著作，现在还存在。）

前十几年有一个名叫大弱浦的人，查出一件出名的事情，就是在教父的著作和书籍中所引的《新约》经文，都和我们的《新约》是一样的。

教父奥利根生在公元185年，在他几本书籍中，曾引用全部《新约》的三分之二。教父大士林生在公元150年，他的书籍曾引用《新约》的经节有2500处。他逐章引用〈马太福音〉、〈路加福音〉、〈约翰福音〉。以莲尼亚斯，生在公元130年，在他的著作里，曾引用《新约》的1200次。亚历山大的革利免生在公元165年，在他的著作里曾引用《新约》320次。

罗马的革利免、玻雷卡和波皮亚斯各教父，都是生在各使徒还没有去世之前的，他们都认识各使徒，并且也曾和他们谈过话，使徒保罗在〈腓立比书〉4章3节讲到革利免是和他一同做工的人。革利免是在使徒约翰去世后第五年才去世的。革利免曾写过一封信给哥林多教会，在这信里面，他引用使徒彼得，雅各，约翰和路加的话。他还引用〈罗马书〉、〈哥林多书〉、〈帖撒罗尼迦书〉、〈提多书〉、〈雅各书〉、〈彼得书〉、〈希伯来书〉和〈使徒行传〉。玻雷卡是使徒约翰的门徒，他曾写过一封信给腓立比教会，这封信是很短的，用十分钟就能读完，在这封信里我们能找出〈马太福音〉、〈路加福音〉、〈约翰福音〉、〈使徒行传〉、〈彼得书〉、〈罗马书〉、〈哥林多书〉、〈加拉太书〉、〈帖撒罗尼迦书〉、〈以弗所书〉、〈腓立比书〉、〈歌罗西书〉、〈提摩太书〉和〈提多书〉各书信的话。波皮亚斯认识安得烈和约翰，并且和腓利的几个女儿是很熟的。他告诉我们，马可曾写过一本福音书，马太也用希伯来文写过一本福音书，他也晓得〈启示录〉，并且说这本书是神所默示的。

所以，看这几个教父的著作和书籍，我们就可晓得在使徒没有去世以前，《新约圣经》就已经存在了，并且他们所引用的《新约》经节的内容和字句和我们现在所用的《新约》是相同的。

（6）比气徒和旧拉丁

我们也有一个事实的记载，就是在使徒去世后的第一世纪里，《新约》就已经被翻译成两种文字了，第一种是比气徒，那是特意翻译给叙利亚人用的；第二种是旧拉丁文，那是翻译给北非洲人用的。如果把这两种《新约圣经》合起来看，我们就晓得除了〈彼得后书〉以外，其余都是和我们现在所有的相同。这样就能够证明《新约圣经》不但在第一世纪就已经有了，并且在那时已经被翻译成别国的语言了。

（7）古卷抄本

除了上面所说的几本著名并且较完全的古卷以外，还有几千卷希伯来文和希腊文的《圣经》抄本；如果发现某一本古卷抄本上有一个错字，立刻可以在其他古卷中找出它正确的地方，使《圣经》不至于错误。《圣经》古卷常有新的发现，它和旧抄本几乎没有不同的地方。1954年《读者文摘》记载：有一班埃及商人到犹太耶路撒冷去，路过山下休息时。发现一个洞中有一个密封的瓦罐，里面藏着古卷《圣经》〈以赛亚书〉，外用麻布包裹。经犹太人买来，送到美国化验，把麻布烧成灰后用原子能测验灰质，证明那个麻布是两千五百年前的遗物，间接证明那本古卷确实是真品。

（8）主耶稣时代的《圣经》

以上所说《新约圣经》是使徒写的证据，凡存心研究真理的人，自然都会满意；但是旧约到底怎样呢？你看基督耶稣在世上的时候，常引用旧约的话，就可以知道在那个时候，《旧约》已经有了。我们也晓得《旧约》在基督降生二百八十五年以前就已经存在了，因为那时候埃及人已经把《旧约》从希伯来文翻译成希腊文了，这就是"七十士译本"，因为是由七十个学者共同翻译成的。我们也清楚晓得，基督和他的使徒所有的《旧约圣经》和我们现在所有的《旧约圣经》是完全相同的，因为他们所引用的经文，和我们今日所用的《旧约》是完全相同的。他们总共引用《旧约》有639次，其中引摩西五经有190次，引〈诗篇〉有101次，引〈以赛亚书〉有104次，引其他先知（所谓小先知书）的书有30次。这样看来，我们这本老旧的《圣经》，确实是神用他的大能大力，用奇迹保存、看管、保护，虽然中间经过了这么长久的时期却仍旧被保存到今天。

157

以上所说的十三种（指前面的十三个大标题）证明，我想对于虚心寻求真理的人，已经足够证明《圣经》真是神的话了。请你不要疑惑，你如果不确信《圣经》是神的话，你是没有平安的。魔鬼最恨人接受真理，它曾借着一班拜它的人用千百种计谋和办法来杀害信徒，毁灭《圣经》，污秽信徒人格，企图玷污并且消灭《圣经》的价值，在要信而还没有信的人心里作工，使他疑惑《圣经》，拒绝《圣经》，使许多人根本不愿意阅读《圣经》和相信基督。它有时借着一班假牧师，饭碗问题的长老，职业化的教士，来摧毁人们的信仰。但愿读者谦卑考虑，不受任何欺骗，才能真正认识基督。请你不要因为《圣经》指责你的罪过，使你的良心受责备以致不愿读下去。你要知道，大医生必须先证明你的病源才能对症下药。我们的救主耶稣，他不但是你肉体的大医师，他更是你灵魂的大医师。他要救你，使你有赦罪的平安，能进入天国。让我们虚心接受他作我们的救主吧！

十四、本世纪考古的发现
证明《圣经》是神的话

（一）死海古卷《圣经》神奇的发现

这本古卷远在第一世纪以前大约一百年的时候就被藏在死海西北山洞中。因为这个地方离开耶路撒冷大约只有十五、六英里的路，所以就称这本古卷叫死海古卷。它是在1947年才被发现的。古本是抄在羊皮上面，距离今天大约有二千年以上的时间。在这以前，世界上最古老的《旧约圣经》抄本也不过是九百至一千年以前的抄本，名叫马素列古卷（Masoretic）。但是《圣经》最前面的〈摩西五经〉是在三千五百年以前写的，那么我们怎么能知道，经过了两千五百年以后多次地转抄又转抄，竟没有把错误加到《圣经》里去呢？尤其在十九世纪时代兴起了神学批评家来，再加上进化论的学说一同兴起攻击《圣经》。他们指责今天的《圣经》和三千五百年以前的原著《圣经》相差很大距离，所以它是最靠不住，最败坏，最不可信的。甚至不信派的传教士们和教会中的主教们，也有附和和响应他们的论调。到了这时候，护卫《圣经》的人只好叹一口气说："我们实在没有发现一本比这本一千年的希伯来文古本《圣经》更古的抄本，可以用来证明现在《圣经》的正确性。"感谢主，就在1947年春，一个牧童在死海山上追踪一只迷路的山羊的时候，竟然发现了一个山洞，在山洞里他寻到一些高瓶，里面装有古卷《圣经》，后来被撒母耳主教买去。因为他知道只有在公元前100年的时候，曾有修士们在这里住过，以后遭遇兵乱，便没有人住了。

按照历史记载，那时候曾有一些修士，离开耶路撒冷一带的罪恶城市，躲住在死海荒山洞穴里，专门苦修学道，并且抄写《圣经》。后来，那里逐渐成为社区，再后又遭遇战乱，他们便把抄本《圣经》藏在洞里逃跑了。古修士们在第一世纪以前所抄的《圣经》，后又在十一个洞穴中被发现，撒母耳主教收购的死海山洞里的古本，一直拖到1948年2月才送到美国东方研究学院和耶鲁大学，被近东语言研究院院长Burrows博士谨慎查核。他们从希伯来古文字体的对照上，鉴定认出它确实是公元前一、二百年时的抄本。从这里可以证明，二千年前的抄本《圣经》和我们现在所用的《圣经》在内容上是完全相同的。这样便堵住了攻击者的攻击，并且确证今天所用的《圣经》和原始《圣经》的内容完全相同，内中并没有一点错误的搀杂，在这一切古卷中，以〈以赛亚书〉的全卷最为完整（只有两个地方稍有缺漏。）全卷和我们现在所用的〈以赛亚书〉字字句句相同。这本书被抄在宽一尺，长二十四尺的羊皮卷上，藏在瓦质的瓶中，并用麻布包裹，外面还浇上沥青。现在被保存在耶路撒冷的希伯来大学图书馆里。

（二）叙利亚泥版

根据《洛杉矶时报》和《费城寻报》的报导，知道罗马大学的两位教授——保罗马太及格尼巴蟠第拿多在叙利亚北方的提勒、马迪克城的古时伊布拉皇宫里（公元前2300至2500年）发掘了一万七千片古代图书泥版，这些泥版上面分别记载公元前2000至2900年的历史事实；里面有〈创世记〉11章14-17节所记载信心的先祖亚伯拉罕的六代祖宗希伯的事，《旧约》洪水泛滥的事，挪亚造方舟，和所多玛、蛾摩拉两个城市被毁灭的问题。另外，还提到耶路撒冷，加萨，米吉多，夏琐等城市，和当时的假神巴力，以斯他和基抹。（士师记11:24）这一件伟大的考古发现，已经不知不觉地打倒了新神学派——就是不信《圣经》为神话语的高等批评学者——的谬论，他们一直盲目地认为〈创世记〉不过是一篇神话罢了。然而这些泥版的事实却证明了《圣经》实在都是神所默示的话语，它是经得起考验并且有事实为证明，叫相信的人可以得着益处和亮光。美国密西根大学《圣经》考古专家大卫挪尔甫利门博士表示，近东历史新的一页已经开始了。这是对《旧约圣经》研究的最伟大贡献。

159

（三）尼尼微古城图书馆

尼尼微城是最古老的八个城市中的一个，是亚述王国的首都。它在战争中被毁坏之后，经过了几千年的时间，一直被埋藏在沙土里。直到近世记中，才被法国考古家包特氏、英国考古家里约氏和其他考古家，经过了七、八十年时间才把它挖掘出来。这不单证明了《圣经》上所说的尼尼微城是确实有的，而且还堵住了批评者的话说《圣经》是神话的谬论。而且在这个城市中，还掘出了亚述王的图书馆，其中藏书大约有十万块楔形文字的泥砖。这些书籍里面有历史、字典、诗歌、祭礼、合约、信札、又有许多药方。另外，还有描写洪水的故事，它和《圣经》〈创世记〉没有出入，并且还提到《圣经》所记的旧约人物，像亚哈、西拿基立、西耳根等人，而这些都是历史中所没有记过的著名人物。从这点也可以明确地证明《圣经》所记的人和事，并不是捏造或神话，而是每一字、每一句都是非常真实的。

十五、福音

（一）读《圣经》的好处

《圣经》既然是这样千真万确，是由神启示写成的，盼望读者无论怎样忙碌，也应当抽时间虚心地用渴慕真理的心来读，正像〈提摩太后书〉3章15节所说的："这《圣经》能使你因信耶稣基督有得救的智慧。"可惜许多人不知道读《圣经》的好处。现在介绍几节《圣经》来说明：

"你的言语一解开，就发出亮光，使愚人通达。"（诗篇119:130）

"你的话是我脚前的灯，是我路上的光。"（诗篇119:105）

"我（主耶稣）对你们所说的话，就是灵，就是生命。"（约翰福音6:63）

"神的道是活泼的，是有功效的，……连心中的思念和主意都能辩明。"（希伯来书4:12）

"存温柔的心领受那所栽种的道，就是能救你们灵魂的道。"（雅各书1:21）

"因为出于神的话，没有一句不带能力的。"（路加福音1:37）

"《圣经》都是神所默示的，于教训，督责，使人归正，教导人学义都是有益的，叫属神的人得以完全，预备行各样的善事。"（提摩太后书3:16）

"耶和华万军之神啊，我得着你的言语，就当食物吃了；你的言语，是我心中的欢喜快乐；因我是称为你名下的人。"（耶利米书15:16）

从前有一位老基督徒

在他八十岁生日时，要选些礼物给他的佣人。晚上老人把佣人都叫了来，手里拿着一本皮面金边好看的《圣经》，向厨子说："我这里有一本《圣经》，又有二十块钱，随你的便要哪一样。"厨子回答说："东家，我不大认识字，我要钱吧。"于是老人给了他二十块钱。又问老妈子说："张妈，你认识字，给你《圣经》吧！"张妈说："老爷，我终日忙碌，没有工夫念它，还是请你老人家给我钱吧！"末了，问到一个扫地送信的小孩子说："给你二十块钱拿回来去，叫你妈妈给你做一件新袍子吧！"小孩子说："老爷，我要《圣经》。""老爷惊讶地问："你也不识字，你要《圣经》有什么用处？"小孩子说："我的母亲天天给我念《圣经》，她的《圣经》又旧又破，我总想有了钱买一本好的送给她，现在这本好看的《圣经》，要是送给我妈妈，比送她二十块钱更喜欢得多啦！"老人说："我的孩子，愿神祝福你！"说着就把《圣经》递给他。小孩子打开《圣经》一看，内中还有一张一百美元的钞票。别人看到，目瞪口呆，舌头伸出好久缩不回去，都后悔得不得了。

亲爱的朋友，《圣经》能送给你的喜乐并不是世上的金钱可以买到的，因为《圣经》更能给你意想不到的永生和永福，盼望你每天读《新约圣经》一章，一个月以后必定能见到奇妙的效果。

山地找到一具死尸

162

第一次世界大战以后有人在山地找到一具死尸，死者的一只手放在敞开的《圣经》上，尸体经过夏天的虫吃和日晒，只剩下一付骨架了，但是它的手指却放在〈诗篇〉第23篇4节的《圣经》节上："我虽然经过死荫的幽谷，也不怕遭害，因为你与我同在；你的杖，你的竿，都安慰我。"到了某一个时候，我们所有的书，看着都觉得没有趣味。好的历史，好的词句，也不能有用处。只有一本书，或者它的书皮已经破了，纸也已经黄了，但是它里面所发出的亮光，却可以领人进入神的国。有一位国家领袖在遇到危险的时候，什么都不要，只要一本《圣经》，因为在那个时候，只有《圣经》能安慰他。

（二）再介绍几节《圣经》

惟有耶和华他是神，除他以外再无别神。（申命记4:35）神就照着自己的形象造人。（创世记1:27）人被魔鬼迷惑，（参看创世记3:1）就不信神，违背神的命令。（参看创世记3:6）将不能朽坏之神的荣耀，变为偶像，（罗马书1:23）去敬拜事奉受造之物，不敬拜那造物

的主。（罗马书1:25）他们暗中所行的，就是提起来，也是可耻的。（以弗所书5:12）

人心比万物都诡诈，坏到极处。（耶利米书17:9）光（指耶稣）来到世间，世人因自己的行为是恶的，不爱光倒爱黑暗，定他们的罪就是在此。（约翰福音3:19）

世人都犯了罪，亏缺了神的荣耀。（罗马书3:23）罪的工价乃是死，（罗马书6:23）于是死就临到众人，因为众人都犯了罪。（罗马书5:12）今生一切的苦楚也是从罪根来的。（参看创世记3:17）

按着定命，人人都有一死，死后且有审判。（希伯来书9:27）因为人所作的事，连一切隐藏的事，无论是善是恶，神都必审问。（传道书12:14）

若有人名字没记在生命册上，他就被扔在火湖里。（启示录20:15）这火湖就是第二次的死。（启示录20:14）在那里虫是不死的，火是不灭的。（马可福音9:48）落在永生神的手里，真是可怕的。（希伯来书10:31）我当怎样行才可以得救？当信主耶稣，你和你一家都必得救。（使徒行传16:30-31）

神爱世人，甚至将他的独生子（耶稣）赐给他们，叫一切信他的，不至灭亡，反得永生。（约翰福音3:16）我们借爱子的血，得蒙救赎，过犯得以赦免。（以弗所书1:7）我实实在在的告诉你们，那听我话（即福音）又信差我来者的，就有永生，不至于定罪，是已经出死入生了。（约翰福音5:24）信子的人有永生，不信子的人得不着永生，神的震怒常在他身上。（约翰福音3:36）神本性一切的丰盛，都有形有体的居住在基督里面。（歌罗西书2:9）

太初有道（指耶稣），道与神同在，道就是神。（约翰福音1:1）他（指耶稣）是神荣耀所发的光辉，是神本体的真象。（希伯来书1:3）人看见了我，就是看见了父。（约翰福音14:9）他也照样亲自成了血肉之体。（希伯来书2:14）

从神的全能借着童贞女降生为人。（参看马太福音1:21）神设立耶稣作挽回祭，是凭着耶稣的血，借着人的信。（罗马书3:25）人子（指耶稣）来，为要寻找拯救失丧的人。（路加福音19:10）除他以外别无拯救。（使徒行传4:12）

他被挂在木头上，亲身担当了我们的罪。（彼得前书2:24）他为我们的罪作了挽回祭，不是单为我们的罪，也是为普天下人的罪。（约翰一书2:2）你们得赎，不是凭着能坏的金银等物，乃是凭着基督的宝血。（彼得前书1:18-19）如今却蒙神的恩典，因基督耶稣的救赎，就白白的称义。（罗马书3:24）我们若忽略这么大的救恩，怎能逃罪呢？（希伯来书2:3）

基督，为我们的罪死了，而且埋葬了，第三天复活了。（哥林多前书15:3-4）若基督没有复活，我们所传的便是枉然，你们所信的也是枉然。（哥林多前书15:14）我曾死过，现在又活了，直活到永永远远，并且拿着死亡和阴间的钥匙。（启示录1:18）他受害之后，用许多的凭据，将自己活活的显给使徒看，四十天之久向他们显现，讲说神国的事。（使徒行传1:3）门徒不能再疑惑。（参看约翰福音20:20）

因从死里复活，以大能显明是神的儿子。（不从十字架跳下来证明他是神子；否则谁担当我们的罪呢？）（罗马书1:4）你若口里认耶稣为主，心里信神叫他从死里复活就必得救。（罗马书10:9）他从死里复活，给万人作可信的凭据。（使徒行传17:31）这离开你们被接升天的耶稣，你们见他怎样往天上去。他还要怎样来。（使徒行传1:11）信我的人，虽然死了，也必复活，凡活着信我的人，必永远不死。（约翰福音11:25-26）我在那里，叫你们也在那里。（约翰福音14:3）不能再死；和天使一样；既是复活的人，就为神的儿子。（路加福音20:36）和主耶稣荣耀的身体相似。（参看腓立比书3:21）

与他（主耶稣）一同得荣耀。（罗马书8:17）在你面前有满足的喜乐，在你右手中有永远的福乐。（诗篇16:11）

（三）得永生的方法

得永生就是得着神的永远长存的生命。得永生这一件事，是人人所喜欢的。但是，人虽然喜欢，却没有花什么工夫去寻求得永生的方法。这是因为许多人以为永生和永福是遥远和没有把握的，是不真实的，是理想的，而目前有的才是真有的，至于将来有没有，那是靠不住的。俗语说："一个麻雀抓在手里，胜过两个麻雀在树上。"所以，人们只顾目前，不顾将来。但是，当你看到今天这篇话的时候，你就可以知道《圣经》实在是每一个字都是真实不能废弃的了！

得永生的方法

我愿意借着下面一个故事告诉你一个得永生的方法。贝特是一个炮兵。一天早晨，在战壕里守着他的炮位，忽然飞来一颗炮弹，轰的一声，浓烟四起，破片齐飞，贝特应声而倒。旁边一个兵看他受伤太重不能被救治，而附近又没有救护人员，便用空沙包把贝特包裹起来，用旧大衣盖上，送到战壕的深处，等他断气。

坦尼是一位同当炮兵的，忽然听见麻包里面发出一个声音说："你可以告诉我得永生的法子吗？"坦尼急忙跳下来，走到贝特身旁回答说："得永生的法子？对不起，我不知道，但是我可以替你问问别人。"他回到炮位那里问第二个人，那人也不知道，因此这个问题在战壕里一个一个传下去说："贝特快要死了，他要知道得永生的法子，你能告诉池吗？"问到第十六个岗位，没有一个人知道得永生的法子，他们都是生长在基督教的国家里，却没有一个人够帮助这位垂死的人，你看可怜不可怜！你如果试用推想理论的法子，是不能帮助他的！

第十六个岗位跑去对隔壁的岗位说："我们队中有一位朋友受了重伤，就要去世，他急要知道得永生的法子，你能告诉他吗？"那位朋友脸上现出微笑说："是的"。他赶快从袋里掏出一本《圣经》，把它打开，翻到一个地方说："请看这里用铅笔圈过的，请你用指头指在那节《圣经》上，回去告诉他说：'这就是得永生的法子。'"第十六个岗位急忙回去把这一节《圣经》一个一个地传下去，直传到坦尼那里，坦尼拿着《圣经》跑到贝特身边，弯下身来小声对他说："贝特，这里是得永生的法子：神爱世人，甚至将他的独生子赐给他们，叫一切信他的，不至灭亡，反得永生。"读了几遍，贝特脸上满有平安，他一直喘着气说："叫一切信他"几个字，他静静地睡着不动。过了一会，忽然用力把身体一伸，高举他的手，脸上发光，呼出最后一口气说："叫一切信他的！"就去世了。因为神说："叫一切信他的都得永生！"

〈约翰福音〉3章16节是一个得永生的法子：神爱我们，差遣他的独生子耶稣，降世为人，钉在十字架上，担当了我们的罪，替我们受死，流出他的宝血，洗净我们一切的不义，他第三天从死里复活，把他复活的生命赐给我们，只要我们肯相信并且接受他作我们的救主，我们的罪就得赦免。我们就不至灭亡，（不至和这位慈爱、公义的神永远隔绝，）反得永生。（得到神儿子耶稣基督的生命。）

（四）信耶稣的方法

信耶稣不是加入一个团体，不是受洗加入一种宗教；信耶稣乃是接受耶稣作你个人的救主，相信他在十字架上的死是担当你的罪，是替你受死的。第三天他从死里复活，叫信他的人称义。赐下圣灵进入你的心，作你将来得赎的凭据。接受耶稣作救主不一定要到礼拜堂去接受；在家里，或者在路上随时随地都可以接受。

接受的方法就是祷告

像电灯接通电源一样。请你跪在无所不在的真神面前，用心灵和诚实，做个祷告说：“创造宇宙万物独一的真神啊！你是鉴察人心肺腑的神，我的行为在你面前都是赤露敞开的。我的罪过你都知道，就是我心里要犯的罪，你也都知道，谁能向你隐瞒呢？我的神啊！求你开恩可怜我这个罪人。求你因你儿子耶稣基督代替罪人流血受死的缘故，不再定我的罪，赦免我的过犯。神啊！我相信你的儿子耶稣基督已经为我的罪替我受了审判，他被钉死在十字架上，流出他的宝血洗净我的一切的罪。主耶稣啊！我愿意接受你作我的救主，现在我打开我的心门，接受你住到我的心里，奉主耶稣的名祷告，阿们！

亲爱的朋友！你最好把你的一生所犯的罪过，一样一样都承认清楚，一样一样都悔改，求主宝血洗净，你就必定得救。即使你目前不愿意相信，也请你记住这个法子，当你遭遇不是人力所能担当的难处时，你可以这样祷告，必定能见到奇妙的果效！

你如果不清楚你犯过什么罪，就请你参看下面所写的32种罪行，这些可以帮助并且提醒你认罪。

1、你有没有骂人，打人，踢人，唾人，冤枉过人？

2、你有没有不孝敬你的父母，反而咒骂，恨恶，厌烦，驱逐他们，不养活他们？

3、你有没有说过谎，骗过人，你的话语句句都诚实吗？

4、你有没有借钱，借衣，借物，而不归还原主吗？

5、你是不是自高自大，目中无人，谁也看不上眼；自夸，狂傲，毁谤别人，高抬自己呢？

6、你得了人的恩惠，有没有觉得亏欠，还是反而忘恩负义，卖主卖友呢？

7、你有没有背后说人坏话，捏造是非，陷害过人？

8、你是不是嫌贫爱富，眼光势利，向大官财主富商特别谄媚奉承表示殷勤呢？

9、你有没有贪过不义之财，把公家东西拿到自己家里去，把公款变为私财呢？

167

10、你有过营私舞弊，受贿贪赃，利用职权，挪用公款，生利营商，饱满私囊吗？

11、你所住所用所穿所吃，以及田产财物，金银外币，来路都是正当吗？

12、你有没有用过武力或金钱去欺压、抢夺平民穷人或孤儿寡妇吗？

13、你有恼怒愤恨，脾气暴躁，不发就受不了吗？

14、你曾做过假文凭，假证件，虚报人口，冒领眷粮吗？

15、你曾参加过扶乩，圆光，求仙，占卜，测字，算命，相面，观兆，以及巫人医病，破关，赶鬼，驱妖，走阴差等邪术吗？

16、你是不是吃斋念佛，烧香化纸，敬奉偶像，跪拜泥土石木金属纸质假神，以致得罪真神吗？

17、你是不是好酒如命，猜拳狂饮，每饮必醉，无酒便不能吃饭吗？

18、你是不是昼夜烂赌，沉醉在麻将、扑克、牌九、摇宝、轮盘各种赌桌上，或是靠着窝赌，抽头维持生活呢？

19、你是不是吸烟成瘾，纸烟，水烟，旱烟，斗烟，雪茄，鸦片，吸毒时刻不能离手呢？

20、你有没有用过各种诡诈，欺骗，引诱，捏造恶事，做成圈套陷阱，陷害过人呢？

21、你有没有行凶，动武，谋杀，刺杀，暗杀，仇杀过人命，以及做过弃婴打胎等事呢？

22、你有没有咒骂怨恨过真神，时常怨天尤人，侮慢创造天地万物的主宰呢？

23、你嫉妒别人的名誉，地位，才干，美貌，技能，升官，发财，姣妻贵子，锦衣美食，汽车洋房，娱乐享受吗？

24、你有没有为着私人利益，结成党派，造成势力，争竞强夺，图增个人权益吗？

168　25、你有没有怨恨，忌恨，仇恨你的父母，丈夫，妻子，姑嫂，公婆，长官，亲友，同事，和邻舍呢？

26、你曾做过强盗小偷，骗子，地痞，流氓，土棍，土讼，土匪吗？

27、你曾勾引，调戏过妇女，见妇女动过淫念吗？

28、你曾嫖妓，宿娼，男女姘合，诈娶逼婚，行过暗昧不可告人的事吗？

29、你喜欢看淫乱小说，浪漫话剧，裸体照片，淫污图画吗？

30、你有没有遗弃发妻发夫，再嫁再娶，过着一妻数夫，一夫数妻的生活呢？

31、你有没有和有夫之妇，有妇之夫，犯过奸淫呢？

32、你有过同性恋爱，男和男，女和女，行淫秽的事吗？

Is Jesus the Son of God

耶稣是神的儿子吗?

序言

全世界的人口大约有四十亿，（注：指作者写书的那一年）其中相信有神的人大约有三十二亿；但是相信耶稣的人，只有十三亿左右。大约每三个人中，只有一个挂名的基督徒。细查真实相信耶稣是神儿子的人，则又不过是其中的半数而已。这是多么可惜的一件事啊！因为《圣经》上记着说："神愿意万人得救，不愿有一人沉沦。"又说："信子的人有永生，不信子的人得不着永生。"因此，许多人的结局将是多么悲惨啊。

我最初也是不能相信，问题重重，一直等到经过追求查问以后，才有认识。可惜，那时已经在中年以上了。因为这个缘故，我愿意把我的心得，写成十五点见证，以帮助和我有同样疑问的朋友们，希望他们也能早日归向主。如果读者参读我所编写的《到底有没有神》和《圣经是神默示的吗》两本书，也许更能帮助你建立信心，以得到永生的福乐。愿神祝福你！

一、耶稣是谁和我们有切身的关系

耶稣是谁？

这个问题直到今天看来好像还是人类的一个谜。不单今天的人不知道他到底是谁，就是当时的人也是莫名其妙。因为从一方面来看，他完全是人，有生，有长，要衣，要食，要住，有忧愁，有眼泪，有劳苦，有叹息，这些都和我们一样；但是，从另外一方面来看，他又有神的能力，神的性情和神的权柄，实在和众人不同，这就叫人难以捉摸他到底是谁了。

有一次，他和门徒坐船渡过加利利海，忽然遇到大的暴风，门徒虽然是渔夫，也都吓得魂不附体，耶稣却在船尾睡觉。门徒急忙叫醒他说：“夫子！我们丧命，你不顾吗？”耶稣醒来斥责风和海，风就止住。湖也大大地平静了！门徒因此彼此议论说：“这到底是谁？连风和海也听从他！”这个可以证明说，连跟从耶稣的门徒当时也不知道他到底是谁。

又有一次，耶稣在圣殿的所罗门廊被犹太人包围起来，他们虽然从多方面去观察考问，但是仍旧不能明白他的身份和地位，最后，他们质问他说：“你叫我们犹疑不定要到几时呢？你若是基督（神的儿子）就明明的告诉我们。”这证明犹太本国本族的人也认不出耶稣到底是谁。所以，有人猜疑说他是施洗约翰复活了，又有人说，他是大先知以利亚的再生，反对他的人却说他是木匠的儿子。有人说他是一位圣人，有人说他是一位大宗教家，又有人说他是社会的改造家，有人说他是为革命牺牲自己生命的人，还有人说他是外国的洋菩萨。但是，另外一班基督徒却大力的做见证说，他是基督，是永生神的儿子，他是人类独一的救主。他们即使舍去性命，也要这样为他做见证。朋友们！请你们想想看，耶稣到底是谁呢？你也许说，人说先知也好，圣人也好，神的儿子也好，这件事情和我没有关系。朋友们！请你们千万不要忽略这个问题；因为这个问题和你我有切身的关系，比起父母妻子儿女的关系更加重要。可以说，全世界没有一个重大的问题比这个问题和你我的关系更大。因为这个问题不单影响你今世一生的年日，并且还要影响你的灵魂直到永永远远。

从原则上来看

所有的生物都有一个相同的本性，就是他们不愿意单独生活，都很愿意和同类有彼此的交通和来往，并且以这个作为他们的快乐。如果你断绝他们之间的交通，那么对他们就是一种刑罚。所以，各个国家的政府对于犯人常处以监禁的刑罚，使他们因为和别人断绝往来而感到痛苦，用这个作为对他们的警戒。人类原是万物之灵，更以彼此交往为乐。如果要彼此交通，只有两种方法可以达到：（一）是利用文字上的来往，表达情意。（二）是见面谈话。除这两点以外就没有其它的办法了。

神是创造者（造物主）又是慈爱的神。因此，他愿意人与他交通，但是，神的生命又和人的生命不同，正像人和蚂蚁的生命不同一样。人如果要和蚂蚁交通：（一）必须用蚂蚁能了解的言语和它交往。（二）人也必须缩小自己变成蚂蚁，并且用蚂蚁的语言和它见面谈话，才能使它了解。所以，神如果要和人见面交往，也只有两个办法：（一）神说人的话，用人的文字和人谈话，说出他的心意。这就是《圣经》，是神用人的文字、言语启示先知向人说出他的心意。（二）神放下他的尊贵，荣耀，降卑成为人的样式来到人间，和人见面谈话，这就是神的儿子耶稣。

你说你不需要耶稣是因为你不认识他。要想认识耶稣，就像和他交朋友一样，必须和他谈话，和他相处，再看他的著作和言行，才会认识清楚。一般来说，人认识耶稣常是从浅到深，最初是敌视他、反对他、咒诅他。但是，如果稍微经过一点点的研究，便可以看出，他的为人实在没有一点可以被咒诅的地方；而且再进一步更看到他的仁爱良善，和他口中所出的恩言，充满智能的训词，自然改口承认说，他是一个圣人；直到明白他在十字架上的流血是为了担当我们的过犯，他从死里复活是为了叫我们得以称为义人；再加上经历上的种种体验，到最后便不能不俯伏敬拜说："他是基督，是永生神的儿子！"

认识耶稣是神的儿子

古希腊有一位著名的皇帝，名字叫亚力山大，他时常装作百姓，到各处作私人的访问。有一次他率领大军驻扎在树林的附近。亚力山大穿著便服察看部队，忽然走迷了路，看见一位军官口中含着烟斗躺在树下休息，他便上前问他说：

"到司令部去应该走哪一条路？"军官觉得他的问话不够客气，不大满意，因为他是一位大佐，问话的人像是一位士兵，便反问亚力山大说："你猜猜我是谁？你猜对了，我便告诉你走哪一条路。"

亚力山大猜说："你是一个上士？"

他说："比上士大。"

"你是一个少尉？"

"比少尉大。"

"你是一个中尉？"

"比中尉大。"

"你是一个少佐吗？"

"比少佐大。"

"你是一个中佐吗？"

"比中佐大一点。"

"你是大佐了。"

军官得意地回答说："你猜对了！"

于是，亚力山大转过来问那个军官说："你猜猜我是谁？"

军官说："我猜你是个兵。"

亚力山大回答说："我比兵大。"

"你是上士吗？"

"我比上士大。"

"你是少佐吗？"

"我比少佐大。"

"你是大佐吗？"

"我比大佐大。"

军官说："那么，你是少将了！"说时，便立起身来，放下烟斗。

亚力山大说："我比少将还大。"

"难道你是中将吗？"

"我比中将还大。"

"那么，你一定是大皇帝了！"说着就俯伏下拜，承认有眼不识泰山，求皇帝赦免他的态度不够尊敬。亚力山大笑着赦免他。凡是到耶稣这里来的人，如果能认识到耶稣是神的儿子，就有福了。

二、科学家和反对的人证明耶稣是神的儿子

科学家也相信耶稣是神的儿子吗？

为什么科学书报从来没有提到过他呢？为了这个缘故，曾有历史学家专门研究过这个问题。他们曾在各位大科学家的著作、言论、日记和书信中，找出了有关这个问题的答案和统计。他们在过去的三个世纪中，选出了三百位最伟大，具有大发明的科学家，对他们加以考查之后，得到了下面的记录：

（一）没有办法查考他们信不信神的有38位（不予统计）。

（二）不信神的有20位，占8%。

（三）信有神的有242位，占92%。

这类科学家，包括大天文学家哥白尼、伽利略、开浦拉、牛顿、物理学家尤拉、法拉第、马斯威尔、伏特、欧姆、安培；电灯、电话、留声机的发明家爱迪生；无线电发明家马可尼；X光发明家栾琴；发明遗传定律的孟德尔；发明听音诊断的巴斯德和发明防疫注射的巴斯德等，他们都是相信神的。

（四）在这242位相信神的科学家中，除了有少数的几位信仰犹太教以外，其它的有90%以上都是基督徒，他们都相信耶稣是神的儿子。

十九世纪是反对基督教最厉害的时代，那时候，在137位大科学家中，相信有神的占96%，其中差不多都是基督徒。在最近的两个世纪中，对于科学家信神的问题，英、法、美国等国家都有调查统计，结果知道信神的人都在90%以上，而且这些信神的科学家也都相信耶稣基督，都忠实地相信耶稣是神的儿子。

二十世纪原子科学家也相信耶稣是神的儿子吗？

1954年5月报载，美国发展原子弹的科学家普赖特氏，在田纳西橡树岩的圣公会中成了基督教的牧师。但是，他一面仍旧保留了在当地的核物理研究所当主任的职务。他不单相信耶稣是神的儿子，还传扬耶稣是神的儿子。

两位研究原子的老前辈也相信耶稣是神的儿子。

康普吞（A.H. Campton）博士

他是一位基督徒。在1927年，当他三十五岁的时候，因为研究原子能而得到了诺贝尔奖金。第二次世界大战的时候，他在芝加哥大学建立了研究原子能的大试验所。1946年发表一篇论文，转登在《上海科学文摘》上。他说："从此以后，我们应当按照和平的王——耶稣基督——在二千年前对我们的训言，学习爱护同胞。……"

大科学家弗米

他也是相信基督的人，1942年12月2日他就在这个康普吞的原子试验所内，第一次成功了以"迟行中子"击破原子核而发生连锁反应的试验。所以，1945年就产生了第一颗原子弹。

反对的人也相信耶稣是神的儿子吗？

从前有个无神派的领袖名叫约翰巴比尼，他早期著书侮辱基督，用他狂妄讽刺的文笔，大大地得了不信的人的称赞。但是，有一天他亲自认识了基督，反而写出一本《基督传》，宣称耶稣是神的儿子，并且公开承认他已经接受耶稣作他个人的救主了。现在，这本书已经被印成几国的文字在市场上销售。（广学会有中文译本）而使从前崇拜他的人们大感惊奇。他说，他的转信基督，不是因为厌倦，也不是因为惧怕自己上了年纪，他现在还在中年；更不是为了争取世界上的名誉，因为按照目前世界的趋势，他如果保守以往的旧思想，必定能得到世人更多的称赞；他的转变完全是因为真正认识了基督是永生神的儿子。

两位著名的学者

十八世纪的时候，英国有一个人，名字叫卫斯特，还有一个有爵位的人，名字叫力忒尔吞。他们深深感觉到《圣经》是一种假冒的著作，就立定心意要把《圣经》中的两件神迹，就是主耶稣的复活，和杀害基督徒的扫罗因为见了复活的耶稣而悔改的事实，证明是欺骗人的讲论。他们的目的是想"揭穿"《圣经》的"黑幕"，以显露基督教的"假冒"。卫斯特担任打倒耶稣复活的学说，力忒尔吞担任打倒扫罗悔改的记载。他们两个人商量决定先在自己所担任的题目上用一年的工夫做一种彻底的研究，一年之后，再来一起商量讨论各人所得到成绩。谁知道，当他们在一年以后相会的时候，他们非但不能因为铲除了基督教而感到高兴，反倒互相对看，不知道怎么是好，彼此都感到惊讶起来。因为他们都承认自己以往反驳基督教是一件愚昧无知的事情，是自不量力的举动，这次的研究反而叫他们相信了福音，承认耶稣是神的儿子。他们在1747年写了两本书，不但没有否认耶稣的复活和扫罗的悔改，反而举出一些确定的凭据，证实那两件事情是确实的。

法国皇帝拿破仑

有一次和众大将在闲谈时候，发出一个问题："耶稣到底是什么人？"参谋长回答说，"耶稣是世界上从古到今天最大的伟人，但他不是神。"拿破仑回答说："你说得不对，以功绩来说，亚力山大、该撒、查立曼和我四个人都是立国的始祖，但是我们所立的国，是靠着威武而成功的；基督所立的国，却是靠着仁义而成功的。世界上地位最高的是王，王都是人，我也是人；只有基督，我们却不可以把他看为和普通人一样，他乃是超过人类之上的一位。"哲学家卢梭说："苏格拉底的生死，是博士的生死；基督的生死，却是神的生死啊！"

学者范格先生

对怀疑耶稣言行的人简略地说："如果没有奈端这个人，而要别人来虚构奈端的言语和行为，那么这个人非有奈端的才学不可；今天如果没有耶稣这个人，而要人去虚构一位耶稣，那么也非要有耶稣的资格和德行不可。从这里可以证明，人不能虚构大人物的事实。福音书中所记载的事情是怎样，就必定实在有这样的事实存在。"

一颗珠宝，如果它是真的，就不怕专家的查验，因为它必定越被查验，越能证明它确实是珍宝；如果它是假的，那么越被查验，越让人知道它是假的。俗话说，真金不怕火炼。"耶稣是谁？"，他是不是神的儿子，请你不妨查考一下。以前我也是一个怀疑的人，后来屡次经过传道人的开导，和自身经历上的体验，就不能不说耶稣真的是基督，是永生神的儿子。

三、耶稣自称是神的儿子证明他是神的儿子

最好先看他自己怎样说法

朋友们！你如果要知道耶稣是谁，他是不是神的儿子，最好先看他自己怎样说法。有一次，耶稣在犹太人的会堂里，医好一个生来是瞎眼的人。犹太人中的首长因为妒忌耶稣，就把瞎子赶出会堂。后来，耶稣遇见瞎子，对他说："你信神的儿子吗？"瞎子回答说："主啊！谁是神的儿子……呢？"耶稣说："你已经看见他，现在和你说话的就是他。"瞎子跪下来拜耶稣。朋友！请你静心的想一想，如果你问我说："谁是神的儿子呢？"我说："现在和你说话的就是神的儿子。"你听了这句话，将要觉得多么的肉麻呢？恐怕你会头也不回，像飞一样地跑掉说：那个人真是疯了，他竟然自称是神的儿子！然而，耶稣竟然许多次自称是神的儿子。〈马太福音〉记载耶稣称神是他的父亲共有43次。〈约翰福音〉记载，他称神是他的父亲共有114次。单在他最后一次和门徒的谈话中，就有50次之多。耶稣称神是他的父亲，正像你称你的父亲是你的爸爸一样的便当。

你知道主耶稣是因为什么罪名被人钉死在十字架上吗？就是因为他自称是神的儿子。当大祭司审问耶稣时，大祭司对耶稣说："我指着永生神，叫你起誓告诉我们，你是神的儿子基督不是？"耶稣回答说："你说的是！"大祭司便怒气冲天，撕裂衣服说："他说了僭妄的话，我们何必再用见证人呢！"大祭司认定耶稣是普通人，而他却自称是神的儿子，这就犯了"妄称耶和华的名"这条诫命。也就是把他自己和神当做平等，这是应该被定罪和处死的。但是，耶稣在这样的生死关头，却仍旧是心里安定，一点也不隐瞒地承认他是神的儿子，可见他真是神的儿子了。

"自称神的儿子有什么希奇？"

有的人说："自称神的儿子有什么希奇？我也可以说我是神的儿子啊！"是的，我承认你在私人的谈话中，可以这样说法，在喝醉了酒兴奋狂傲的时候，可以这样自称。但是，我要请问你，你

能够当着你长官的面前说，你是神的儿子吗？你能够到国家主席面前说，你是神的儿子吗？你敢到十字路口当着众人说，你是神的儿子吗？你能够像主耶稣那样在任何人的面前、在任何的地方，许多次并且一生都这样说"我是神的儿子"吗？你如果这样说，人便把你钉死在十字架上；你如果不这样说，人便释放你，就像耶稣当时的情况一样，那么你还能自认"我是神的儿子"吗？你一定会说："我不能这样说！"

任何宗教的教主，从来没有一位自称过自己是神的，也没有一个教主能够自称是神的儿子的。他之所以被称为神明，都是世上的人对他的尊称，是世上的君王封他的，是世上的人尊敬他、恭维他，把他当做神来敬拜。回教教主穆罕默德，自称不过是先知；老子、孔子，自称是人。佛教教主释迦牟尼，也从来没有称过自己是神；神位的头衔都是后来的人送给他们的。但是，主耶稣一直自称是神的儿子，即使犹太祭司长要把他钉死在十字架上，他仍旧不顾性命地自称是神的儿子，这是什么缘故呢？只有三种可能：（一）真是神的儿子；（二）是一个骗子；（三）是一个疯子；总之，无论如何也不能越过以上三种假定的范围。

183

耶稣是疯子吗？

看他自称他是世上的光，是生命的粮，人不借着他，不能到天父那里去。他说，他是从天降临和神平等，在还没有世界以前，就有了他。从这些话语的表面看来，好像是疯子在说大话。可是，历世历代的人却从来没有一个人笑他是个疯子，反而许多人都相信他是救主。他如果是疯子，世上的人决不能因为疯子说了大话，而竟然把他定死罪的道理。你曾看见过疯子因为自称是神，自称是大皇帝而被政府定罪枪毙吗？耶稣不只不是疯子，而且还有不同于一般人特殊的智能。他的头脑比大政治家还要清楚。有一次犹太人要害耶稣，用一个奸细来问耶稣说，夫子，请你告诉我们，纳税给该撒（罗马大皇帝）可以不可以？朋友，你知道这里的诡诈利害吗？当时，犹太亡国在罗马帝国之下，罗马王的尊名叫做该撒。主如果说不可以纳税给该撒就是背叛罗马，必定会被罗马王定罪；如果他说可以纳税给该撒，犹太人就会说他帮助罗马王苦待本国人，是个犹太人的奸细。你我如果处在这样的环境里，一定没有办法回答。在这里，你要看出主耶稣不是疯子，他远比我们聪明。因为他回答那些奸细说，请你拿一块钱给我看看。犹太奸细便从自己袋里拿出一块钱。主耶稣问他们说，这钱上的年号和像是谁的呢？奸细说，是该撒的。主耶稣说，该撒的物当归给该撒，神的物当归给神。（当时有两种钱币，一种是在民间用的，一种是在圣殿用的。）这话说得太有智慧了，叫奸细得不到把柄，从此以后再没有人敢来试探主耶稣了。你想这种智慧的答案会是出自疯子的口吗？照人的常例来说，遇见疯子说大话的时候，人们多以一笑来对待，决不会引起犹太全国的大风潮。

那么耶稣是骗子吗？

骗子怎么能叫瞎子看见，瘫子行走，哑巴说话，死人复活，大麻风得洁净呢？骗子只能骗一刻，不能骗几千年；可以骗少数人，不能叫古今中外千万人受骗；可以骗人一点钱，不能叫几千年以后的人为他殉道。当法国拿破仑皇帝被关在圣赫里拿荒岛时，有一天和一个跟从他的人门托伦伯爵登上高山远望时，忽然问门托伦说："耶稣是谁，你能告诉我吗？"门托伦还没有回答，拿破仑又说："当我执政的时候，曾有许多人为我牺牲性命；但是，我要人为我牺牲，必须我亲自站在人面前，用我的眼睛看着他，对他演讲，他必须看我的面容，听我的声音，才能鼓励他为我拼命；而耶稣是用爱来建立天国，十八个世纪以来，甘心乐意为他赴汤蹈火也不逃避的人，不知道有多少，他们都以为他受苦、受死为光荣。世上的强国有兴盛也有衰落，耶稣的国度却是永远不朽坏的。

耶稣如果是骗子，那么骗子怎么能叫骗子悔改呢？

葡萄牙的大骗子

报上登载，葡萄牙国曾经有一个私造假钞票的大骗子，因为造假钞票而发了大财。他把假钞票造得太好，几乎没有办法认出它是假的来，而数量又大得甚至影响了国家的财政。当他被政府抓去受审问的时候，他坚决不把真情讲出来。政府就没有办法查到实在的证据。他在监牢中看见一本《圣经》，读了以后不能相信，以为《圣经》也是假造骗人的文件，所以动了念头，要做一件惊人的大事来证明《圣经》也是冒名假造。于是，他就把《圣经》从头到尾详细研读，一直读到耶稣代替罪人受死钉在十字架时，他就大受感动，竟然接受了耶稣作他个人的救主了。当他再次受审问的时候，他就不像以前那样的倔强，他很坦白地承认自己是个制造假钞票的大骗子，并且当众认罪悔改，而且讲道劝勉听众都要相信耶稣、法官问他先前为什么不说实话？他说从前怕死，现在不怕死了。因为接受了耶稣作他的救主，灵魂就可以得救，所以身体的早死晚死，就没有多大的关系了。

耶稣如果真的是骗子，那么怎么会有骗子甘心愿意受死而不在法庭上推翻口供的道理？因为他只要肯说他没有说过自己是神的儿子，或者承认说他是骗人说笑话的，这样立刻就可以得到释放了。在生死关头的时候，骗子要推翻口供。但是，主耶稣不单在人群中间承认自己是神的儿子，就是在他六次受审问的时候，也是一直承认他是神的儿子。你看希奇不希奇呢？

骗子骗人，必定抱有对自己有利的企图，但是耶稣骗了你，对他有什么益处呢？耶稣在世上，除了医人疾病，叫人和神和好，叫人得到永生以外，没有别的目的。除了为着拯救罪人和领人归神，而甘愿被人厌恶，遭受鞭打惨死之外，在生活上他对自己也没有一点的要求。每一个人说谎骗人都是为了想得到利益，而决没有甘心愿意牺牲性命的道理。一个坏人，决不能讲出像他所教训的道理；而一个好人，也绝对不会欺骗他用性命所换来的人们。所以，耶稣如果不真是神的儿子，便是历史上最没有道义的骗子了；然而，没有一个对耶稣怀疑的人愿意承认耶稣基督犯了这个罪名。这样看来，耶稣既不是疯子，又不是骗子，那么他就一点没有疑问，真是神的儿子了。

有人说耶稣是圣人

耶稣如果不是神，也必定不是一位圣人，因为圣人怎么会把人陷在罪中呢？耶稣自称是神，要人敬拜他。如果他不是真神，便是把人陷在拜偶像的罪里，叫人犯十条诫命中的第一条诫命了。所以，耶稣如果不是神，就必定是一个亵渎神的坏人。犹太人用石头打死他是对的。你看主耶稣犯了这个罪名吗？他是一个这样的坏人吗？你如果不认耶稣是神，便是承认耶稣是个坏人了。这位神的儿子，他不为名，又不为利，不是骗子，又不是疯子，到底为什么情愿受人辱骂，被人厌弃。

他何必舍去性命，甘愿被人钉在十字架上呢？

朋友们！他死就是为担当你我的罪，因为罪的工价就是死。如果他不流血，罪就不得赦免。所以，耶稣愿意为我们受死流血，使我们的罪得赦免，得救赎。他是神的儿子，本可以从十字架上跳下来，证明他是神的儿子；如果他真的从十字架上跳下来，你我的罪将归在谁的身上呢？所以，他不从十字架上跳下来，证明他是神的儿子；而他却在第三天从死里复活，更证明他是神的儿子。

这里可以举一个事实来说明：苏联的北部，地大天寒，几十里内，不见人烟。冬季冰雪不化，出门多用雪车。一天，有主仆两人用四匹马拖一辆雪车到附近的村子去工作，路上忽然碰上一群狼，向他们远远追来，形势凶猛，没法躲避。他们迫不得已，只好放弃一匹马，这群狼就向着马追去，使形势稍为缓和了一下。可是不久它们把那一匹马，争食一空，又向雪车追来。于是再放开一匹马，这群狼把马吃完又向着雪车追来。这样下去，马就渐渐减少，而雪车也行得更慢了。当离开村庄还有十里路的时候，他们只剩下一匹马了，所以这群狼又向雪车追来。如果放掉最后一匹马，车就不能行走，主仆两人势必同归于尽。在这样危急的关头，仆人迫不得已只好把缰绳交给主人，自己跳下车去救主人。当主人回头看时，见仆人已经被这群狼撕碎了。所以主人加鞭赶马，勉强赶到村庄，性命得到保全。主人为了记念他忠心仆人的义气，就在他仆人跳下车的地方立一个牌坊，上面写着"为朋友舍命，爱是没有比这个再大的！"朋友！请看仆人如果不死，主人怎么能得到生命呢？

亲爱的朋友，耶稣完全因为爱你爱我，为你我舍命，担当你我的罪，为的是免去你我将来的刑罚和地狱的痛苦。他死为要使我们得生，他怎么会是骗子呢？骗子怎么会舍命骗人呢？朋友们！你如果真的觉得耶稣是神的儿子，你如果真心承认他钉在十字架是为了担当你我的罪过，那么就请你真心地祷告说："主耶稣啊！我是一个罪人，我谢谢你，你替我死，替我受罪的刑罚，你实在是我的救主。我以后要一心的信靠你，敬拜你，事奉你！"这是神最喜欢听的祷告。

四、耶稣是童女所生证明他是神的儿子

耶稣应该是童女所生

应该是女人的后裔，应该是借圣灵的荫庇（神的作为）而生，他不应该是男人的后裔。远在耶稣降生几千年前，已有先知多次预告关于他的降生。

（一）先知摩西在〈创世记〉3章15节里记着说："女人的后裔要伤你的头，你要伤他的脚跟。"在那里预言说，那位女人所生的后裔主耶稣，要打伤蛇——魔鬼的头。

（二）先知以赛亚也曾说过"必有童女怀孕生子,给他起名叫以马内利。""以马内利"的意思，就是神与人同在。换句话说，就是这位神的儿子一面是童女所生，一面又是神借肉身显现，住在世人中间。

（三）人们都知道，每个人都是由父母所生，都是男人的后裔，童女怎样可以生子呢？是的，人类生命的代代延续，是由父系的血统传下来，因此，以父为姓，因为传宗接代的苗种，原是存在男性的血统中。

但是，《圣经》却说救主耶稣的降生是单由童女所生；是不经由一个男子而受孕。在这个预言发出六百年之后，果然在犹太国的伯利恒城，有一个很不平凡的奇迹发生，就是童女马利亚生出救主耶稣来了。这件事情不单是你我不能相信，就是马利亚自己也以为奇怪。因为当天使告诉她这信息的时候，她说她还没有出嫁，怎么能有这事呢？难怪我们看来算是一个奇迹，因为这事实在太希奇了；所以，当时有人疑惑耶稣是由于淫乱而生。你如果仔细想想这一点，实在觉得是一件不可能的事情。

第一、淫乱的妇人,照当时犹太的律法,要用石头打死。

当时犹太会众和自己的亲戚，都没有把马利亚打死。她未婚夫约瑟是个虔诚的犹太人，没有用石头把她打死，也没有把她休弃，反而把她娶来，证明她不是淫妇。

第二、马利亚怀孕的时候，宣告三点：

（一）她所怀的胎是从圣灵来的。

（二）所生的圣者要称为神的儿子。

（三）应当起名叫耶稣，因为他要把自己的百姓从罪恶里拯救出
来。

假如临盆的时候生出一个女孩，不是一个男孩，岂不要被众人
大大嘲笑一番吗？或者虽是男胎，当他长大以后，却是一个下流平
凡的人物，她的丈夫约瑟，岂不要定她犯了说谎的罪吗？耶稣即使
又是男胎，又是好人，如果不是万人的救主，那个宣告仍旧是谎言。
赞美主！事实证明一切都是真的。马利亚所怀的胎，不但是男胎，
而且长大以后的生活工作，正符合《圣经》预先所记，是无可指摘
的，而且最后被钉在十字架上做了万人的救主。这一切都和没有出
母胎以前所宣告的完全符合。现在人类的面皮，有的虽比牛皮还厚，
却尚未听见一个女子怀了私生子，反敢自称说她怀的胎"是神的儿
子"的；这也可以旁证耶稣基督真是神的儿子了。

第三、再照人情常理来看：

耶稣的生母马利亚眼看罗马兵丁以长钉大斧钉她爱子的双手
双脚在十字架上，那种苦痛景况，好像钉在马利亚自己身上。每一
个锤声，正好像在她心上敲了一声丧钟。她必定会想起这双手足，
自幼是她亲手摸过，亲口吻过，能不感到痛心吗？可怜的马利亚，
这时虽已泪如雨下，心胆俱碎，但她仍旧无话可说，明知道耶稣被
钉，是因为他自称是神的儿子。这件事情的真相，马利亚原是十分
明白。如果明知道耶稣不是由于圣灵而生，她在这时尽管可以大声
喊出真正生父的名字，以救爱子脱离苦难。如果怕羞，不愿当众大
喊，也可私下告诉犹太祭司或罗马巡抚，他们一定可以把他释放；
然而事实不是这样。马利亚的心虽然破碎，但她仍旧不发一言。因
为她确实知道耶稣的身份；他的神性是不能否认的啊！

第四、再看路加医生的见证：

路加医生记载耶稣降生，是由圣灵怀孕借着童女而生，他没有

肉身的父亲。这是他亲自经过长时期的考察而得到的结论，不是胡言乱语。一来他是医生，二来他和马利亚是同时代的人，而且这事从开始到末了他都详细考察过。无论如何，他所记的事实，总比我们二千年以后的人们的推想更加可靠。以上四个理由，似乎可以稍微解释耶稣是由童女而生的理由了。

童女生子能合科学吗？

到这里有人常会问说：童女生子能合科学吗？是的。所谓科学，不过把宇宙中已经发现的自然事实，分门别类作一个合理的解答而已。但是，我们所看见的有限，所可推测的更是有限。所以，对于常识所可以了解的很容易接受，如果是超过理解力以外的，必定都认为是可疑的。正像爬虫类的动物，它的头脑里面只知道有平面，不知道有空间一样。你既然相信神可以创造人类的始祖亚当，为什么不能相信神能叫童女怀孕生子呢？你如果不信神能叫童女生子，你也就不信神是一位全能的创造者了。比如，你的手表坏了，你自己不会修理，请我修理，我也不会，你如果请那造表的人修理，他怎么能不会呢？神既能造人，难道不能叫童女生育吗？

世界上有卵生的你能相信，有胎生的你也能相信，为什么你就不能相信有灵生的呢？你不容易相信卵生和胎生，正和你不容易相信灵生是一样的困难。但是因为你见过卵生，所以容易相信。如果世界上的奇事，必须见过才能相信，那么你这个人整天事事都要活在怀疑中了。你知道花生的长成子粒，不是由根长出，而是由花朵落在地面，向下生须长出花生来的吗？现在还有许多人，因为没有见过而不能相信呢！屋子里的一个收音机在你看来很平常，但是在没有受教育的非洲野人看来，却是一个不可相信的奇迹；所播出的声音，落在乡下人耳中，他们以为是魔术作用，十有八九是因为洋鬼子被人关在盒子里，大说洋话、大弄洋把戏了。收音机我们认为是自然的产品，而野人却认为是可惊的奇事。所以称为奇迹，也不过是一个比较深的自然律所发生的作用，目前还不能被人的智能所能理会罢了。

神在地上所作第一个奇迹就是造了第一个人，名叫亚当。第二个奇迹就是神借童贞女马利亚生了神的独生子救主耶稣。

不必经过配偶便能生子，自然界的事例也是很多。

就植物来说，扶桑、椿树等类，不需要配合，不需要种子，只要拿它的一根枝子插在土中，它自己就可生枝长叶。动物中的蚜虫，它在春夏之间，都是单性生殖，雌性蚜虫所生的卵不经过受精，就可生出雌的没有翅膀的蚜虫来。凡是蜜蜂的卵没有经过受精的，都能发育成为雄蜂。这些事实多半是人们所没有注意到的。动物学家对于不需要配偶也可以生殖这件事，也曾做过多种实验。他们曾拿没有经过配合受精的蛙卵用烧热的白金丝加以刺激，结果竟然生出小蝌蚪来。难道神的大能不能叫童女生出救主来吗？经上所记，天使回答马利亚说："圣灵要临到你身上，至高者的能力要荫庇你，因此，所要生的圣者，必称为神的儿子。"

神的儿子为什么必须从童女降生？

为什么他不生在皇宫中呢？朋友！你是否知道耶稣如果不是童女所生，就不能做罪人的救主吗？自从人类始祖亚当犯罪以后，罪就从人进入了世界，凡从亚当生的人的生命，都含有罪的毒素，也都含有罪根，所以世上的人不必学习犯罪，自然已会犯罪了。你看见过某人从前不会犯罪，后来进了犯罪大学才会犯罪的吗？反而当军官的要受军事训练，办教育的要进师范学院，作工程师的要入工程专科。

但是，罪恶却是人天生就有，是不用学的！神看第一个人既然已经犯罪堕落，所以神差遣他儿子耶稣，由童女而生，是没有罪的，圣洁的，用以救赎堕落的人类。如果你不相信，那么你能在古今中外全人类中找出第二个绝对没有罪、绝对圣洁的人来吗？你能相信人类中可能有这样圣洁的种子吗？所以，神的儿子是从圣灵而来，借童女而出，是天上的种子，是永生神的儿子！耶稣为什么不生在皇宫里呢？朋友们！神的儿子来到这卑微的世界，是因为天堂不如皇宫美丽吗？不！乃是因为他是神的羔羊，为要除去世人罪孽的；他来的目的是降卑自己，被命定死在十字架上，做万人的赎价！

只有木头的十字架不能救人，单有降世为人的耶稣，也不能救人，只有在十字架上被钉死了的主耶稣才能救人，因为《圣经》上说："若不流血，罪就不得赦免。"如果不是这样，就不能满足神公义的要求，神也不能赦免你我的罪。耶稣生在木匠家中，和他挂在十字架上，正像生命树的果子挂在生命树上，这生命树的果子是人类始祖亚当在伊甸园中所弃绝的，神再次把他放在各各他山的十字架上，叫世人凡是用信心接受他的都得永生。朋友们！请你诚心接受主耶稣作你个人的救主吧！请你诚心祷告说："主耶稣啊！我感谢你，因为你为我在十字架上受死，担当了我的罪！"这就是接受了耶稣作救主了。因为当这位死过又复活的主，进到你的内心，他必会叫你的心灵起变化。

五、耶稣的死和众人的死不同
证明他是神的儿子

耶稣的死有六个特点和众人的死不同：

第一、他在死前已经预先告诉门徒

他说：他"必须上耶路撒冷去，受长老、祭司长、文士许多的苦，并且被杀，第三天复活。"又说："一粒麦子若不落在地里死了，仍旧是一粒；若是死了，就结出许多子粒来。"又说："你们心里不要忧愁，……在我父的家里，有许多住处，……我去原是为你们预备地方去。我若去为你们预备了地方，就必再来接你们到我那里去。"他不只预先要死，并且把自己比做一粒麦子。麦子必须先死了才能复活，才能结出许多子粒来。如果不死，这粒麦子中的生命就不能分给其余的麦粒。

第二、他死的情景和千年前《圣经》预言的完全符合

因为《旧约》〈诗篇〉22篇15-18节预示他死的情景说："我的精力枯干，如同瓦片，我的舌头贴在我的牙床上；你将我安置在死地的尘土中。犬类围着我，恶党环绕我，他们扎了我的手，我的脚。我的骨头，我都能数过，他们瞪着眼看我。他们分我的外衣，为我的里衣拈阄。"这里手脚被扎是清楚地预告耶稣被钉十字架的情形。当时他沉重的身体被桂在十字架上，只靠三根铁钉支持，所以全身向前垂倾，以致每根肋骨凸出都可数。他在十字架上血水流出，精力必然枯干，水分既然缺少，舌头必然枯燥贴在上膛，所以每一点都和预言相符合。

犬类是描写当时的罗马人，恶党是描写当时的犹太人，因为在耶稣被钉十字架时，犹太人围在他的四周，罗马兵丁环绕监视他，都以恶眼来看他，又用恶言来讥笑他。正像《圣经》远在千年以前所预示的结果：钉耶稣的四个士兵分了他的外衣之后，因内衣是上下一片织成，兵丁没有办法把它分开，就用拈阄方法解决。这就应验了预言所启示的话说："他们分了我的外衣，为我的里衣拈阄。"并且有两个强盗同钉十字架，也应验先知的预言："他被列在罪犯

之中。"

第三、耶稣死的日期和形式在《圣经》中已有预表

你看〈出埃及记〉12章，犹太人在正月14日黄昏，每家要杀羔羊一只，（预表耶稣）代替各家长子而死，用血涂在门框上，才可免去灭命天使的击杀。耶稣是神的羔羊，除去世人罪孽的，所以，耶稣也在正月14日黄昏受死。犹太人杀羊的方法，照例先把羔羊绑在十字架上再用刀杀死，这正是耶稣钉十字架的预表。从这里可以证明，耶稣的死不是平常普通的死，而是《圣经》所说神的儿子替人赎罪的死。以色列人在正月14日杀羔羊，按规定四天之前必须把羔羊选出，全家的人察看羔羊四天，必须找不出任何缺点才可作为赎罪的羔羊，这是耶稣受死的预表。按主耶稣被钉十字架以前，先到耶路撒冷，被全犹太的人找毛病。结果经过六次审问，许多人虽然故意挑毛病、找差错，却找不出他有一点罪来，然后他才被钉死在十字架上。

第四、耶稣临死断气的时候，他说："成了。"

别人一死都是完全完了，为什么他反说成了呢？耶稣在世上只有十二个门徒，钉死之前犹大出卖了他，彼得否认了他，其余十个门徒东奔西跑，各自离去，应该一切都是"完了，完了。"为什么当他断气的时候反说"成了"呢？请你向四围看看今天罪人的蒙恩，基督的被人尊崇，就可证明真是"成了。"耶稣如果是一位君王，死了就必定完了，如果是个实业家，死了就必定完了，如果是个革命失败的人，死了也必定完了。而他死了却不完，足以证明他是神的儿子。

第五、耶稣死与众不同，是担罪的死。

世人的死，是因自己的罪而死；惟有耶稣的死，是替你我的罪受死，是义人的死。所以，当他受死的时候，遍地都黑暗了。日头变黑，圣殿里的幔子从上到下裂为两半。地也震动，盘石也崩裂，坟墓也开了，已睡圣徒的身体多有起来的。你看有谁的死是这样的呢？难怪百夫长和一同看守耶稣坟墓的人极其害怕说："这真是神的儿子了！"

第六、耶稣的死必须死在十字架上

耶稣的死必须死在十字架上，并且必须流血而死才符合《圣经》的预言。如果只是病死或者照犹太人的办法用石头打死，包括一切不流血的死，都不能满足神律法的要求。因为律法上记着说，若不流血，罪就不得赦免。如果主耶稣虽然流血受死，而不是钉死在十字架上，也是不能符合《圣经》上所记载关于杀羊赎罪的预表；因为赎罪的羔羊是绑在十字架上被杀死的。这种死刑是罗马帝国在那时才发明的。前两年还没有这样刑罚，后两年又因这个刑罚太残忍而被废弃了。正在主耶稣应该这样死法的时候，发明了这种死法，这是神的作为，为要拯救世人，为要应验《圣经》一切的预言。

六、耶稣从死里复活证明他是神的儿子

第三天忽然从死里复活了！

一千九百多年以前，在宇宙中发生一件惊人的奇事：就是被钉十字架的耶稣基督死了，埋葬了，但是第三天忽然从死里复活了！他在复活之后，有四十天的时间向门徒显现，然后被接升天，坐在父神的右边。这些话语，初听起来，好像是没有根据的话，是没有知识的神话。不但你我不能相信，就是跟随他的门徒，也是不能接受。门徒多马甚至说："我非看见他手上的钉痕，用指头探入那钉痕，又用手探入他的肋旁，我总不信。"直到见了主耶稣亲自向他显现，当面对他说："伸过你的指头来，摸我的手；伸出你的手来，探入我的肋旁；……"多马才喊叫说："我的主，我的神！"他到这时才相信，因为在人看来，复活实在不容易相信。

复活的说法能合科学吗？

从前有一位传道人，在一个星期日的下午，被一个乡下人请到家里，为他儿女施洗，略备茶点招待。当时，座中有一位少年朋友说："人死像灯灭，死了就死了；怎能复活呢？复活的说法能合科学吗？先生是有学问的人，也能相信死人可以复活吗？"传道人说："我既努力研究科学，更相信耶稣复活的真道，深知道耶稣从死里复活，是十分可信，十分可靠的事实。所谓科学，也不过把宇宙中已经发现的事实，分科解释而已。一件事实发生，当人还不能理解的时候，都被认为是奇迹，直到多次接触明白它的理由之后，也就看为平常了。电灯发明的消息，初次传到你耳中的时候，你必定惊奇不能相信，今天却认为是家常平淡的事理。基督复活，在信徒看来，也和你们看电灯一样平常。"正谈话的时候，乡下老人匆匆出去，拿来一根樱桃树枝对少年说："如果你一生一世从来没有见过樱桃，你能相信；这根像枯死的树枝，插在土中，便能发芽生叶开花结果子吗"他又从袋中拿出一个鸟蛋，对少年一说："如果从来没有见过雀蛋，你能相信它可以变成有毛，有翅、有骨、有肉、能走、能飞的小鸟吗？"老人再从袋中取出一粒小麦，对少年说："你如果从来没有见过小麦，你能相信它可以生叶开花，变成百倍

196

吗？形状像石块的雀卵，你能相信它可以孵出小鸟，为什么你不能相信神的儿子主耶稣基督，可以从死里复活呢？你能相信如枯如死的樱枝插在土中可以生叶开花，为什么不能相信主耶稣可以复活呢？大家都被他说得口服心服。

复活的道理，其实不难了解

正像一把锡的水壶，一天又一天经过烧茶炖水，黑灰渗漏，不能再使用。你便叫个锡匠重新把它回炉，再打一次，结果成为一把新的水壶。

从前有个化学博士，常用银杯盛酒。一次他的仆人把硝酸瓶错认是酒瓶，于是便把硝酸倒在杯中，银杯碰着硝酸起化学变化，黄烟直冒，刹时把银杯化成清水。仆人惊讶地报告博士，博士就把桌上的水和残余的碎渣，搜集在容器中，又加上碳粉，把它放在炉中熔化，使它再经过化学还原作用，不久得回一个银球；又把这个银球交给仆人送到银匠手中，照样打成一个银杯，反而比以前的杯更加光洁，更加美丽。化学博士能叫银杯还原，难道父神不能叫主从死里复活吗？

197

一群水虿

有一位弟兄，对于死后可以复活和人有灵魂的事，设了一个很好的比喻。他说：有一次一群水虿（蜻蜓的幼虫，俗称虾婆婆，肚子扁长，头脚像蜻蜓，但没有一对翅膀，游在水中。）聚集，开了一个灵魂研究会议：它们死后是否可到另外一个世界里去。结果决议：谁先死去谁就给它们一个回信，告诉是否有另一个世界？是否真有灵魂？能有回信就可证明真有灵魂，否则一定没有。最后，推出一位最老的水虿担负这个任务，因为它离死期最近。不久，这位老水虿果然死了，变为蜻蜓，脱离水中的生活，飞在花草之间，呼吸新鲜空气，向上看见日月星辰，向下看见虫鱼鸟兽，真是万分快乐。想起生前有约，愿意把死后的情况报告同伴，于是便想投在水中，可惜这时游水的本领已经失去，虽然有心却没有力，只能怅惘而去。可怜那些水虿们自从老水虿去世后，终日盼他的回音，结果却一点都得不到，便又嘱咐另一个老水虿说："你离死期已经近了，你如果死去，务必给我们一个回音。可是这位水虿死去之后变为蜻蜓，也是没有办法送信，这样一个一个地死去，总没有一个回信。于是，它们便下了一个结论：死后没有灵魂，没有复活，不然它们死了为什么不给一个消息呢？像这样证明死了就死了，靠得住吗？能说真的完了吗？没有完啊！它已经变为蜻蜓了。我们不懂死人复活，就像水蚤不知道死后可以变成蜻蜓一样。

基督教的特点

基督教的特点就在于救主的从死里复活。他在复活之后有四十天的时间向门徒显现。先显给彼得看，再显给十二使徒看，后来一时显给五百多弟兄看，又显给耶稣的兄弟雅各看，再显给众使徒看。他们是亲眼看过，亲手摸过又传给我们的，所以实在是千真万确的。有一次，他的灵体，在门窗关闭的时候，来到门徒中间，他的门徒以为他是魂，但他对门徒说，魂是无骨无肉，但他是有骨有肉的，他不单叫多马来摸他，并且又当场吃鱼给他们看。

和尚和基督徒谈话

从前有一位和尚和一位基督徒谈话。和尚对基督徒说："我们所拜的神虽然是不能说话，不能听声，但你却拜一位死的神；你们的神，被人钉在十字架上，一直到死，却不能救自已，你们不是比我们还愚笨吗？"基督徒回答说："不错，我们的神主耶稣果然被人钉死了，但是，最可喜的是他第三天从死里复活了，他钉十字架的死，原是为担当你我的罪孽，他如果从十字架跳下，你的罪由谁担当呢？所以，他从死里复活证明他是神的儿子。现在他还活着，永不再死，我们不是拜死的神，乃是拜永活的神。"

回教徒与基督徒对话

又有一次，一位回教徒对一位基督徒说："我们能到麦加去朝拜圣墓，而你们耶稣的坟墓虽然在耶路撒冷，却是空的。"基督徒说："这正是基督教和其它宗教不同的地方。穆罕默德死了，他的尸体仍在坟墓里。各宗教家、各哲学家、各位君王，也都在他们的坟墓里面，和一般世人没有分别。惟有耶稣不在坟墓里，他已经复活了，天上地下所有的权柄都在他手里。如果我们的救主没复活，我们也就不能复活，我们所信的就比别人更愚昧，更可怜了。"

原子能来解说复活

原子能来解说复活更容易了解。人的身体如果用生理眼光来看，不过二十亿个细胞的结合而已；如果用化学眼光来看，只是二十几种元素的化合品而已；如果用物理眼光来看，只是无数的原子组织而已；如果用原子能眼光来看，不过一些能力的集合而已。因为一切物质都由原子组成，而每个原子如果经中子击破，都能变为无重量、不占空间的"能力"。所以，人的身体实在就是一些能力的集合而已，科学家能把原子击破，叫物质变为能力，难道创造宇宙的神不能叫耶稣复活，由肉身变为复活的身体吗？（复活的身体不像肉身受各种限制的。）

怎样证明他现在还活着呢？

第一点：历史证明

大史学家约瑟弗在他所写的犹太历史中，有话说："当彼拉多做犹太方伯的时候，有一个名叫耶稣的智慧人，他所行的都是奇能异迹，所以，不知道是否应该称他为人？他喜欢教人行善，他所教的人大多是犹太人和外邦人士，他也称为基督。当时，彼拉多随便听了犹太人领袖的诬告和指控，把他定了死罪，钉他在十字架上。只有他的门徒始终相信并且跟从他。他曾在死后三日复活显现，正像先知所预言的那样。他所行的奇事不止千万，他的门徒名字叫做基督徒，到今天仍是兴盛，没有衰败。"按约瑟弗生在公元37年，他是一位客观的历史学家，（他不是基督徒）在他短短几句话中说明了几点：

第一、可以证明耶稣行了很多神迹奇事，

第二、如果称耶稣为人还不如称他为神，更觉确实，

第三、证明耶稣是在死后第三天从死里复活。

第二点：由耶稣复活发生的建设和习惯为证明

大凡证明一件历史的事实，不是根据推想，不是根据实验，乃是根据下面列出的三点为证据：

（一）人的见证。

199

（二）因为那件事而引起的建设和习惯。

（三）属物质的遗物。

耶稣的复活是一件历史的事实，我们不可用推想来证明，也不可用实验来证明，只可从上面所说的三项来证明。耶稣的复活在人证方面，先有十个使徒亲眼看见，后来有十一个使徒同时亲眼看见，亲手摸过，最后有五百个信徒共同亲眼看见。耶稣向门徒显现十次以上，门徒不只见过、摸过，而且不顾性命传讲复活的基督，不只传讲，而且记在传记中。耶稣的复活从建设方面来证明，可以从主日（礼拜日），受浸，和十字架三项来证明。

（一）门徒记念主日

耶稣没有复活以前，当时门徒都守第七日的安息日，就是礼拜六，这样祖传下来已经有一千四、五百年的时间。但是，自从耶稣复活以后，他们都在礼拜日聚集敬拜，纪念耶稣复活。门徒直到今日仍是遵照主的命令纪念主日。所以，门徒纪念主日的事实是耶稣复活的见证。

（二）受浸

受浸这件事情是耶稣复活之后命令门徒要去遵行的。他叫门徒到普天下去传福音给万民听，使万民作他的门徒，都奉父子圣灵的名给他们施浸。门徒如果不信耶稣死而复活，就不会接受这种浸法。受浸的举动是先把信徒浸没在水里，表示和耶稣同死，然后扶他从水里上来，表示和基督一同从死里复活。直到今日，基督徒仍然遵守这个命令，都是因为耶稣死而复活的缘故。所以，这些建设和习惯一直证明耶稣是从死里复活了。

（三）十字架的尊荣见证耶稣是从死里复活了

十字架原本是钉死罪人的刑具，是丧气失望的标志，有什么尊荣呢？今天为什么红十字会以它为标志呢？礼拜堂房顶，护士衣帽为什么都加十字架的符号呢？这都是因为耶稣钉了十字架却又从死里复活的缘故。以上这些遗传习惯，都是说明耶稣真是从死里复活了。

耶稣复活在遗物方面也有证明，就是耶路撒冷的空墓。历代君王、哲士，各教主和乞丐、罪犯，没有一个不是留在坟墓中，只有耶稣却从死里复活了，留下空墓，这也就是基督教的特点。凡是经过犹太首都耶路撒冷的一切游客没有不前往瞻仰一番的。所以，坟墓的全空也是耶稣复活的有力证明。

第三点：雅各的改变，保罗的悔改，彼得的复兴等等证明耶稣是复活了

（一）雅各原是耶稣的同母兄弟，他见耶稣不停的工作，传道救人，便以为他颠疯了。后来看见耶稣复活，不但信了耶稣，而且作了耶路撒冷教会的柱石，最后为着传扬耶稣以致殉道，被石头打死。

（二）保罗原是逼迫基督徒的，他是带着兵丁，拿着文件，到处捉拿杀害信耶稣的人。有一天，快到大马色城的时候，耶稣忽然在大光中向他显现，向他说话，他便扑倒在地，眼睛瞎了三天，立刻悔改信主，从此终身传扬基督的福音。晚年还为主殉道。他所传的福音中心就是耶稣为我们的罪死了，而且埋葬了，第三天从死里复活了。反对耶稣的人转而悔改信靠耶稣，变为热心传扬耶稣的人，甚至肯为耶稣殉道，都是因为基督耶稣实在是复活了。

（三）彼得原是耶稣的门徒，跟从耶稣有三年的时间。但是，当耶稣被人捉去之后，他就溜之大吉，便在人面前三次不认耶稣，心灰意冷跑到海边打鱼，重操旧业，以度过他在世上余下的年日。后来，他在提比哩亚海边看见了复活的基督，就此大大改变，回到耶路撒冷，不顾性命，大传基督复活，在官府面前宣告"听从人，不听从神是不该的。"又行出许多神迹奇事，一次讲道引导三千多人信主，结果甘愿被人倒钉在十字架上，也不放弃他的传道工作。一个打鱼的小民，从前胆小如鼠，一变而成为宁死不屈的传道人，这是什么缘故？都是因为他看见耶稣果然是复活了。

（四）多马的改变。主的复活，最初多马不相信。他说，我非看见他手上的钉痕，用指头探入他的肋旁，我总不能相信。后来，他却为传主的复活，被人打断手脚，割去舌头。为什么？因为复活的救主向他显现了。

（五）其它门徒的改变。当主被捉钉死，门徒灰心丧胆，一起逃散，后来亲眼看见耶稣复活升天。于是，一起出来传扬复活的主，甚至一一为主殉道。

（六）犹太人的悔改。耶稣原是犹太人钉死的。为什么后来他们也会悔改信主呢？因为他们亲眼看见复活之主的作为，所以天天都有人信主。

第四点：基督如果没有复活，门徒决不会捏造这样难以置信的道理

基督如果没有复活，门徒决不会捏造这样难以置信的道理，且虚假的事情，并拼命去传讲的道理。因为，如果它是假的就必定会有漏洞，在科学时代必定站立不住；而现在科学有相信耶稣复活的非常多，足以证明是真有复活这件事的。耶稣如果没有复活，门徒决不会去宣传一个被人钉死、没有下文的基督。当日，门徒曾因耶稣被钉死而四散，后又忽然团聚起来，转而拼命劝人信靠救主和悔改，并且有大行神迹奇事的能力；这样前后绝然不同的大转变都是因为后来亲眼看见耶稣的复活，并且领受了所应许的圣灵的缘故。

有人以为耶稣身体是被人偷去的。这实在是没有根据的荒唐话。如果说耶稣身体被门徒偷去，那么坟墓门口有大石头堵住，并且有罗马巡抚的封条很严密地封口，又有犹太人的士兵和罗马官兵一同看守，门徒怎能有办法下手？犹太人说是看守的人睡觉时被门徒偷去的，这个说法更是荒唐。因为他们既然已经睡觉，怎么可能知道门徒来偷，既然已经知道门徒来偷，为什么不把他们捉住呢？如果真是门徒偷去，一定连耶稣身体和裹身体的布条一同偷去，决不会把裹身体的布脱下，留在坟墓，而单单只偷他身体的道理。如果除去包裹身体的布条而只偷身体，时间也不许可。如果说耶稣身体是被敌人偷去，那么反对耶稣的人尽可以在彼得宣传了耶稣复活的时候，把他身体拿来，以证明彼得所讲的道是假的。如果说是敌人偷去也不可能，因为耶稣生前已经预言，他死后将要复活，那么敌人更是没有必要去偷他的身体，以促使他的预言得以应验的道理了。

第五点：信徒祷告得答应证明耶稣已从死里复活

信徒在祷告上可以证明主的复活，正像一个小孩子他怎么知道他母亲是在楼上呢？他只要在楼下喊一声妈妈，妈妈在楼上答应他的喊声。他虽然没有看见妈妈的面，已经可以确实知道母亲在楼上了。照样，我们虽然没有看见耶稣，但是因为他听了我们的呼求，并且有答应，就足以证明主是活着的啊！

本人祈祷得答应的例子，多得数不过来，现在稍微讲一点关于我的亲戚。

（1）胡涤生尿床得痊愈的经过

胡涤生尿床得痊愈的经过证明神是听祷告的：胡涤生年十四岁，每夜必定尿小便在床上，十四年如一日。中西医药都无效，父母打骂，也没有用，费尽心力财力，都没有一点结果。四年前来北京找职业，穷困潦倒，没法用言语来说明他的情况。有人把他介绍到汽车修理厂学习当艺徒，那个厂规定两个人同盖一条被子。尿床的小胡，一面因为有吃饭安身的地方而心里欢喜，一面顾虑尿床毛病，必定会遭到别人的讥笑。如果给厂长知道，必定会被开除。两难之间，愁闷非常，眼看就要去工作，万分危急的时候，我告诉他祷告耶稣的办法，嘱咐他晚上跪在床前，把困苦心情告诉耶稣，求耶稣救他不再尿床。我也同时为他祈祷，第二日果然没有尿床。第三日稍有小便尿在床上，立刻就自动惊醒，之后就完全康复。自从到厂工作也和正常人一样，到今天已经痊愈有多年了，赞美主的恩典不尽，尿床这个毛病是医学上最难解决的毛病。我有一个朋友，他是一个医学博士，他的女儿患尿床病已有十三年的时间，但他不愿意倚靠耶稣，而专靠医药，到今天仍没有办法得医治。胡君只经过一次诚恳祈祷，就蒙神垂听医治，可见耶稣是复活的主，并且是怜悯穷人的救主。

（2）孙中山先生伦敦蒙难

孙中山先生伦敦蒙难而以脱险，也是祷告得答应的结果。孙先生倡导革命时，曾在英国被中国驻英使馆私下禁闭，准备押回中国。孙先生数次企图向外报信，都终被监视的人扣留呈缴，以致拘禁有二周的时间，毫无办法。孙先生在这山穷水尽时，祷告耶稣。当天耶稣就感动了每天送饭的英国孩子。这位孩子原是监视人中的一个，常常把孙先生投出的报信纸团送交大使馆的职员；这次竟然反愿把孙先生的密信带到孙先生英国老师家中。于是惊动了英国政府，即刻把孙先生释放出来。如果耶稣不是复活的主，孙先生如何向他祷告呢？耶稣又如何能听先生的祷告呢？

第六点：以圣灵降临为证明

《使徒行传》第2章记载有关五旬节的圣灵降临，今天照样发生在教会中，这也是耶稣复活的证明。因为在主离世前先预先告诉门徒说，他要被卖钉死在十字架上，死后还要有复活，复活之后要有圣灵降下。

五旬节时有圣灵降临，使徒大有能力为主耶稣作见证，神迹随着证实所传的道，一天就有三千人悔改信主，教会被建立，这些都是主耶稣复活升天蒙神悦纳的证据。当时，门徒虽然知道主已复活，但不知道他是否升为至高，是否蒙神悦纳，他替死赎罪，是否满足了父神公义的要求，直到圣灵降临下来才证实主已经复活升天蒙神悦纳。好比你有一个朋友，在你送他去耶路撒冷的时候，他应许你说到耶路撒冷以后，他一定会送些无花果给你尝尝。以后许多日子，虽然没有信来，又没有电报说他已到耶路撒冷，但是有一天，你收到从耶路撒冷寄来的一框无花果，从这里就可以知道你的朋友已经毫无疑问到达了耶路撒冷。主的死是为我们的罪过，复活是为叫我们称义。正好像你欠了别人的债务，没有办法偿还，有一位富翁先出一大笔款偿清你的旧债，此外再出一大笔款交在你的手里，叫你经营商业，叫你以后不必再去借债。主的血不止洗净我们一切的罪过，他又把复活的生命赐给我们，放在我们里面作为我们的能力，叫我们能够不再犯罪。你看主耶稣为我们打算的多么周到啊！

七、耶稣没有罪证明他是神的儿子

朋友们！你能指出世上的人谁是没有罪的吗？谁敢说他没有犯过罪呢？即使外表没有犯罪，但是能说心里没有犯罪吗？连"圣人"孔子都自己承认有错；他说，"闻义不能从，不善不能改，是吾忧也。"（意思是，我们感到忧愁的是我所知道的义，我行不出来，我有不好的地方，却没有能力改掉）足以证明"圣人"也难免有过错。但是，耶稣却是世上唯一没有罪的，请看下面五个理由：

第一：耶稣公开宣告说："你们中间谁能指证我有罪"

当耶稣被钉受死的前一夜，他在犹太公会，在罗马法庭，在众祭司文士面前，经过六次审讯，也找不到他一点罪状。

第二：罗马巡抚彼拉多

彼拉多三次提说："我查不出这人有什么罪来。"他定意要把耶稣释放。但是犹太人激动百姓，一起喊着说；"钉他十字架，钉他十字架。"巡抚彼拉多恐怕说也没有益处，反要生乱子，不得已当众用水洗手说："流这义人的血，罪不在我，你们承当吧。"于是把耶稣交给他们，把他钉十字架。耶稣究竟为什么罪状钉十字架呢？犹太人虽是层出不穷的举出许多理由，可是没有一件能够成立；最后认为制胜的理由，仍旧是依据摩西律法上的话，他们说："我们有律法，按那律法，他是该死的，因他以自己为神的儿子。"为了这缘故，也只为这缘故，耶稣就被钉在十字架上了。罗马法律素来以完美闻名，而罗马巡抚尚且称耶稣是义人，可见耶稣的为人，真是无可指摘。

第三、与耶稣同时被钉的强盗

就是与耶稣同时被钉的强盗不也是见证说："这个人没有作过一件不好的事。"这位强盗因为听见耶稣喊："赦免他们，因为他们所作的，他们不知道。"也就因此认识他是神的儿子，并且恳求他说。"耶稣啊，你的国降临的时候，求你纪念我！"

第四：卖耶稣的犹大

卖耶稣的犹大很想找出耶稣的错来，借以安慰自己有亏的心，却是始终找不到错处。在他吊死的时候，他曾喊叫说："我们卖了无辜人的血了！"这个证明卖耶稣的犹大也说耶稣是没有罪的。还有执行耶稣死刑的百夫长，当他看见耶稣断气的光景，实在和众人的死不同，他也呼喊说；"这真是个义人！"百夫长也证明耶稣是没有罪的。

第五：耶稣没有罪的品格，是基督教重要的基础

如果在基督的品格上找到一点缺点，那么整个的基督教立刻就要完全崩溃了。反之，释迦牟尼、穆罕默德和柏拉图等人，他们的主张和学说，并不在乎他们本人行为的善恶，他们尽可以多妻和犯罪，并且有不良的嗜好，却不影响他们的教义。但是救主耶稣的品格，却是从生至死都没有可以指摘的地方；反对基督教的人虽然特别在这方面寻找可以攻击的漏洞，却是始终找不到把柄。合计当时共有九种重要人物找不出耶稣有罪：

（一）民间的长老。

（二）圣殿中的祭司长。

（三）热心犹太教的法利赛人。

（四）不信复活的撒都该人。

（五）崇拜希律党的人。

（六）最熟悉犹太人律法的律法师。

（七）希律王自己。

（八）犹太巡抚彼拉多。

（九）当时最高管理宗教的大祭司。

正像逾越节的羔羊需要先经过全家察看四天，没有一点缺点才可以献祭。人们越是加以研究，越是觉得基督的品格真是动人，十分可爱，特别优秀，特别健全，后来反而热烈称颂、赞美、敬拜他，认他是罪人的救主。

206

如果他自己有罪，怎么能救别人呢？

两个人落在井里，这个人怎么能救那个人呢？两个人都是欠债很多的人，没有力量偿还债务，那么其中一位怎么能救另外那一位呢？

有个天主教徒

从前有个天主教徒，当她快要离开世界以前，有人把神儿子耶稣的血能够救赎的真道，讲给她听。她就私下查考《圣经》，认为千真万确，就真心相信，决意信靠神的儿子耶稣基督的宝血已经洗去她的一切罪过，从此不到天主堂去认罪。（天主教的人说神甫有赦罪的权柄。）过了许久，神甫见她不来礼拜，就去看望她。那时，这个妇人正卧病在床上，神甫乘机对她说："你应当照着天主教的方法在我面前认出罪过，否则，虽然到神面前也是没有用的。"妇人表示不信他的话，神甫气愤愤地走了，只说："看你死的时候，用不用得着我。"过了不久，妇人果真病重，神甫又来对她说："你应当向我认你一切的罪！"妇人回答说："请你把你两只手伸出来给我摸摸。"神甫伸了右手给她，她摸了以后又说："请你再伸那只手来给我摸摸。"他又照样伸出左手，当她再次摸过以后，便对神甫摇头说："这个不行，因为你的两只手都没钉痕，这是表明没有流过宝血，不能救我；即使你流血而死也是不能救我，因为你究竟是一个罪人，罪人不能救赎罪人的罪过。现在，我已经信靠神的儿子耶稣基督，他是没有罪的，他是为我钉十字架的。因为他的两手都有钉痕，而钉痕是流血的凭据，流血是赎罪的代价，所以他的宝血大有能力，能赎尽我的罪愆。我因着信，在我心中满有得救的凭据，也有得救的平安和喜乐。"神甫听了之后，没有一句话可以回答。

朋友！你所信的赦罪的道，是不是从那位手有钉痕的救主而来的呢？是不是从那位没有罪的救主而来的呢？如果不是，那便是假的，并且不是"可靠的恩典"，你的罪也必不能得着赦免。因为除了耶稣流血以外，没有别的救法。耶稣的没有罪，乃是他真是神儿子的特征，也是他作你救主的必要条件。你如果不信他是神的儿子，那么你能在人类之中另外找到一位绝对完全圣洁像耶稣一样的救主吗？如果耶稣单单是一个人，而不同时又是神，你能相信人类可能生出一个绝对圣洁无罪的人来吗？

八、耶稣应验预言和有关耶稣预言的应验 都证明他是神的儿子

第一、耶稣降生几千年前，《旧约圣经》中早已预告

远在耶稣降生几千年前，在《旧约圣经》中早已预告，将要有一件奇妙的事情发生，就是在犹太民族中，将要降生一位救主，他的品格、他的工作、他的遭遇和他的生、死、复活等等都预言得非常详细准确；而这一切预言，其中重要的，约有320多次，果然在耶稣基督一个人身上完全应验，没有差错。这类预言，是从耶稣根源说起。

先说**耶稣应该是女人的后裔，由童女而生**，不像普通世人是男人的后裔。"我又要叫你和女人彼此为仇，你的后裔和女人的后裔，也要彼此为仇；女人的后裔要伤你的头，你要伤他的脚跟。"（创世记3:15）**怎样降生在犹大支派之中**，"圭必不离犹大，杖必不离他两脚之间，直等细罗来到，万民都必归顺。"（创世记49:10）**称为神的儿子**，"我要传圣旨；耶和华曾对我说，你是我的儿子，我今日生你。"（诗篇2:7）"因为有一婴孩为我们而生，有一子赐给我们。政权必担在他的肩头上。他名称为奇妙，策士，全能的神，永在的父，和平的君。"（以赛亚书9:6）**并且是降生在大卫王的后代家中**，"耶和华说，日子将到，我要给大卫兴起一个公义的苗裔，他必掌王权。"（耶利米书23:5）降生的地方也是预先指定，应该生在伯利恒小城中。"伯利恒，以法他阿，你在犹大诸城中为小。将来必有一位从你那里出来，在以色列中为我作掌权的；他的根源从亘古，从太初就有。"（弥迦书5:2）**降生时东方博士来献礼物**，"他施和海岛的王要进贡；示巴和西巴的王要献礼物。"（诗篇72:10）

在世怎样卑微被人轻看、厌弃，"他被藐视，被人厌弃，多受痛苦，常经忧患。他被藐视，好像被人掩面不看的一样。我们也不尊重他。"（以赛亚书53:3）**怎样怜悯困苦伤心的人**，"诸天哪，应当欢呼；大地啊，应当快乐；众山哪，应当发声歌唱；因为耶和华已经安慰他的百姓，也要怜恤他困苦之民。"（以赛亚书49:13）**怎**

样无故被恨，"无故恨我的，比我头发还多；无理与我为仇，要把我剪除的甚为强盛；我没有抢夺的，要叫我偿还。"（诗篇69:4）**怎样受恶人围困**，"有许多公牛围绕我；巴珊大力的公牛四面困住我。他们向我张口，好象抓撕吼叫的狮子。"（诗篇22:12-13）**怎样行了许多神迹奇事**，"那时瘸子必跳跃像鹿，哑吧的舌头必能歌唱，在旷野必有水发出，在沙漠必有河涌流。"（以赛亚书35:6）

遭受仇敌攻逼，欺凌，辱骂，"你知道我受的辱骂，欺凌，羞辱；我的敌人都在你面前。辱骂伤破了我的心；我又满了忧愁；我指望有人体恤，却没有一个；我指望有人安慰，却找不着一个。"（诗篇69:19-20）**被犹大以三十块钱出卖**，"你们若以为美，就给我工价，……于是他们给了三十块钱，作为我的工价。"（撒迦利亚书11:12）**耶稣手足在被钉十字架时如何被扎**，"他们扎了我的手我的脚。"（诗篇22:16）**在十字架上受群众的讥诮嗤笑**，"凡看见我的都嗤笑我；他们撇嘴摇头说，他把自己交托耶和华，耶和华可以救他吧；耶和华既喜悦他，可以搭救他吧。"（诗篇22:7-8）怎样受苦忍辱，并不开口，"他被欺压，在受苦的时候却不开口；他像羊羔被牵到宰杀之地，又像羊在剪毛的人手下无声，他也是这样不开口。"（以赛亚书53:7）

怎样被挂在木头上受死，"耶和华对摩西说，你制造一条火蛇，挂在杆子上，凡被咬的，一望这蛇，就必得活。摩西便制造一条铜蛇，挂在杆子上；凡被蛇咬的，一望这铜蛇，就活了。"（民数记21:8-9）**被列在罪犯之中；**"他却担当多人的罪，又为罪犯代求。"（以赛亚书53:12）**怎样被人分了外衣，又为他的里衣拈阄**，"他们分我的外衣，为我的里衣拈阄。"（诗篇22:18）**怎样喝人所给的醋**，"……我渴了，他们拿醋给我喝。"（诗篇69:21）**怎样在亚笔月十四日被杀**。"……本月十四日，在黄昏的时候……把羊羔宰了。"（出埃及记12:6）**怎样一根骨头不被折断**，"……羊羔的骨头，一根也不可折断"（出埃及记12:46）怎样为人类的罪恶作了赎罪的祭物，"耶和华以他为赎罪祭……。"（以赛亚书53:10）**怎样被葬在财主的坟墓里**，"……死的时候与财主同葬。"（以赛亚书53:9）

怎样从死里复活不见朽坏，"不将我的灵魂撇在阴间；也不叫你的圣者见朽坏。"（诗篇16:10）**怎样被接上升，成为至高**，"你已经升上高天，……"（诗篇68:18）**怎样被神高举，坐在神的右边**，"耶和华对我主说，你坐在我的右边。……"（诗篇110:1）耶稣生平都预先宣告在众人的面前，写在《旧约圣经》中。（生前四百五十年前）这些话语，初听真是令人莫名其妙，并且还要在一个人身上应验这些预言，照理好像是不可能的。但是自从基督耶稣降生以后，都一件一件地应验，没有一丝一毫的差错。

谁能先画一个人，以后果然生出这样的人来呢？

请问各位朋友：谁能先画一个人，以后果然生出这样的人来呢？三千年以前，谁知道孔子将要出生？五百年前有谁预告莎士比亚将要出世？再看各教的教主，哪一位在他出生以前，预先已有预言发出呢？没有一个，实在没有。而且这些关于耶稣的预言是由二十多位先知写成的。他们虽然没有见过耶稣，却凭着神的启示，把那将要降世为人的救主耶稣，从各方面描写的淋漓尽致。他们不是生在同一时代，也不住在同一地方，他们没有办法串通一气，没有办法假造，即使假造也是不会准确应验的。而且我们不能认为这些预言是在基督降生以后才写成，因为《旧约》的最后一部分是在耶稣降生四百五十年之前已经写完的。而且《旧约圣经》已在公元前250年，已经由希伯来文翻译成希腊文了，名字叫七十士译本。可见，预言耶稣的事迹，最少是在耶稣降生以前二百五十年就已预言了。所以在《旧约》的先知和《新约》传道人之间也绝对没有办法串通。一切奇妙的预言和奇妙的应验，不过证明耶稣真是神的儿子罢了。

仅按全部《圣经》中预言耶稣的生平经历，大约有300项以上最显著的预言，这里仅只约略地提出二十多项。如果只有一个人能够讲中八项预言，那么在一个人身上，它可能发生的机会只是10^{17}分之一次。（在10后加17个0，等于十万万亿分之一。）如果是讲中48项预言在一个人身上，那么它的可能性就增至10^{157}分之一次。如果是300多项预言都能讲中在一个人身上，那么所猜到的可能性更是没有办法数算了。所以，假造耶稣生平的预言，实在是一件不可能的事情。

第二、耶稣本人预言的应验，证明他是神的儿子。

耶稣如果是神的儿子，他必须是无所不知的。人没有先知的灵就没有办法知道已经过去的事和以后要发生的事。我今天吃了什么东西，吃了水饺呢？面条呢？还是大米呢？你知道吗？我明天要吃些什么，你知道吗？你不会知道。但是耶稣时常说到将来必成的事。有一次他面对圣城耶路撒冷向门徒发出预言说："耶路撒冷啊！耶路撒冷啊！你常杀害先知，又用石头打死那奉差遣到你这里来的人，我多次愿意聚集你的儿女，好像母鸡把小鸡聚集在翅膀底下，只是你们不愿意。看哪！你们的家成为荒场，留给你们。"（马太福音23:37-38）主又说："巴不得你在这日子，知道关系你平安的事，无奈这事现在是隐藏的，叫你的眼看不出来；因为日子将到，你的仇敌必筑起土垒，周围环绕你，四面困住你，并要扫灭你，和你里头的儿女。"（路加福音19:42-44）

没有一块石头留在石头上不被拆毁了

"你们不是看见这殿宇吗？我实在告诉你们，将来在这里，没有一块石头留在石头上不被拆毁了。"（马太福音24:2）我们读了耶稣对于耶路撒冷圣城这种预言之后，再打开犹太历史一看，便知道这段预言在公元70年时，已经完全照样应验了。那年，罗马将军提多率领大军围攻耶路撒冷，两方面相持了140天的时间。犹太人断了军火和后援，耶路撒冷城很快被攻陷，罗马军兵攻入城内，大肆烧杀，犹太人死难人数将近一百万，另有九十多万人口都被掳为奴。结果圣殿也照预言所说被火焚烧；只是在预言之中有件顶希奇的说法，就是连这圣殿的石头"没有一块石头留在石头上不被拆毁"。这件事怎么可能呢？《圣经》可以预言一座城将要被围困，也可以预言它将要遭毁灭，也可以预言其中人民将要被掳去。但是怎么可以说圣殿墙上的石头连一块也不留在另一块石头之上，都要一一被拆毁呢？结果事实确实是这样应验了。原来，圣殿四围的墙壁都是用金皮包镶，直到罗马提多将军攻进耶路撒冷城，下令搜取圣殿金银的时候，发现圣殿已被火烧，融化的金子多已流入石头缝中，（圣殿内壁是包金的）所以立即命令士兵拆毁全殿，在每块石头的夹缝中把金子拿出来。这便应验了耶稣的预言"没有一块石头留在石头

211

上了。"

耶稣因为是神的儿子，不但能知道过去和将来，并且还能知道人的内心。

有一次，有一位以色列人名叫拿但业，不信耶稣是神的儿子，公开表示像拿撒勒这样没有名声的小城还能出什么好的吗？直到耶稣说出拿但业的底细，因耶稣在腓力招呼他以前，早已在无花果数底下看出拿但业是一个真以色列人了，是心里没有诡诈的。到这时候，拿但业便说："你是神的儿子"。因为神能知道万人的心。（参见约翰福音1:43-51）

从前福建有一个大盗

有一天从礼拜堂门口经过，里面正在讲道，不敢公开进去坐下，只在门口偷听。传道人受圣灵感动在台上说："你这强盗，你这大罪人，如果不悔改相信耶稣，一定要下地狱。"强盗听见之后，心里在想："他怎么知道我是强盗呢？"他便换了一个地方，站在门旁细听，不久台上便说："你无论跑到哪里去，神也要找到你。"大强盗听了全身发抖，心里想：难到真的是天上的神借他的口向我说话吗？散会之后，就和传道人一同跪下祷告，接受耶稣作他的救主。朋友们！除了耶稣以外，在天下人间，没有赐下别的名，我们可以靠着得救！

有个算命瞎子

一次有个算命瞎子 正在街上行走，遇到三个小孩互相抛投皮球，忽然一个球飞来，打中瞎子先生的鼻子，痛得无法形容，瞎子大发脾气，大叫不停，小孩对瞎子说："先生，请您不要发怒，您不是算命先生吗？我们三个人在这里打球，请您算一算是谁打中了您的鼻子？"朋友，你想那位瞎子算得出来吗？三个人还说不清楚，何况过去和将来的吉凶祸福？耶稣却和众人不同，他是基督，他是永生神的儿子，就是神的化身，所以能够预言将来必成的事。我们人类不但不能知道将来的事，就是过去的事，如果不预先告诉你我，你我也是不能知道。

九、耶稣的应许到今天——兑现
证明他是神的儿子

什么叫应许呢？

应许就是一个人要把什么好处给别人的时候，预先告诉要得好处的人说："你如果怎样怎样，我便给你什么什么好处。"这种话语说出之后，就有实行的义务。譬如，父亲对小儿子说："你如果今年暑假考到甲等，我必买一只笔给你。"后来儿子果然考上甲等，父亲就有买笔送他的义务。如果父亲在暑假之前死去，在人事方面来看，他没有办法实行这个义务，也不必实行这个义务了。但是，耶稣虽然死去一千九百多年，但他在世的时候所留下的各样应许，到今天没有一件是不兑现的。从这里可见他是复活的基督，永生神的儿子，是随时随地答应求告他的人们，并且把应许的好处赐给他们。

我就使你们得安息

例如，耶稣曾应许说："凡劳苦担重担的人可以到我这里来，我就使你们得安息。"（马太福音11:28）这是何等大的安慰！世界上没有一个人能说这样的大话。我们只可对朋友说："你太辛苦了，到我这里来休息休息吧！"但决不敢说："凡劳苦担重担的人可以到我这里来，我就使你们得安息。"朋友们啊！这个应许能够随便说出来吗？如果有人感觉人生劳苦虚空，肩上背负罪恶重担，没法脱落，心中不安的时候，来到耶稣面前，而耶稣并不能叫他得到平安，岂不是个大笑话吗？所以，这种应许只有神的儿子耶稣能够说，也只有耶稣敢这样说。我告诉各位，古今中外不知有多少痛苦的人，因为这个应许得了安慰。我自己就是一个例子：我在没有信主以前嗜好很多，香烟每天非抽两包半不可，麻将、电影更是喜欢得像发狂一样，骂人，打人乃是家常便饭，明知不应该，可是想改也改不掉，真像背负重担，没法脱下。自从来到耶稣面前，接受他作救主之后，一切嗜好，自动脱去，身心大得平安。现在如果再有人请我喝酒，打牌，好像请我喝粪水一样。

印度著名传道人孙大信

在他没有信主以前，终日感觉人生虚空，便在各种教门寻找得平安的门路。可是许多年总得不到，心里忧伤，直到绝望的地步。后来一想，难道宇宙间的真道藏在我所藐视的福音中吗？于是打开《圣经》来读，恰巧读到〈马太福音〉11章28节，主耶稣说："凡劳苦担重担的人，可以到我这里来，我就使你们得安息。"他一见到这句话，心里非常希奇，就跪在救主面前把重担交给他，求他照他的应许赐给平安。果然，从此以后内心痛苦忽然消失；并且充满快乐平安。孙大信信主之后，曾到西藏传道。有一天，爬上高山，经过高低不平的岩石处，进入一个山洞，洞中有个老年喇嘛，闭目打坐，头发系结在洞顶上，孙大信问他为什么自寻苦恼。谈话之间，知道他是一位立功苦修的喇嘛，自己感到罪孽太重，惧怕将来审判报应，立志抛弃世界，就到深山密洞专门从事苦修，要立修行的大功。恐怕打坐长久，进入睡梦，所以把头发系在洞顶上，可是直到现在还没有得着平安。孙大信就把《新约圣经》〈马太福音〉11章28节打开给他看，上面说："凡劳苦担重担的人，可以到我这里来，我就使你们得安息。"他就此明白了其中的意义，并且非常惊奇地跳起来说："这个平安正是我所需要的，请把我带到耶稣那里去。"两人跪下祷告，这位老人彻底认罪悔改，接受耶稣作他个人的救主，起来之后，大得平安，立刻要求受浸。

世界上有两种平安

世界上有两种平安，主耶稣所赐的平安，不像世人所赐的。(约翰福音14:27)那从世界环境来的平安是会改变的，环境好，就平安；环境改变，平安也就没有了。听到好消息，就平安一点；听到坏消息，又愁苦起来了。南洋人发财倚靠树胶，但这些可怜的财主所得的平安，也像树胶一样：今天树胶价钱高，他们就喜气洋洋；明天树胶价钱低，他们就垂头丧气。他们的平安，是随树胶的价目伸缩的，那是多么可怜。惟有主耶稣所赐的平安，是永不改变的。无论环境怎样，他所赐的平安仍旧是一样，这种平安，只有主有，也只有主能给。主耶稣又在〈约翰福音〉6章37节应许信徒说：

"到我这里来的，我总不丢弃他。"

对于这个应许的应验，再举孙大信氏一件经历以作证明：1914年的某一天，孙大信到了西藏的拉萨城，有人把他捉住，送到喇嘛那里，控告他进入内地传扬基督的福音。喇嘛把他定罪，送他到法场，准备处死他。当地刑罚本有两种：一种刑罚是把新剥的牛皮包起犯人，缝好晒干，牛皮收缩，切断人骨，致他死命。另一种刑罚是把人丢在枯井，封锁井口。现在对孙氏是用第二种刑罚，所以解到行刑的地方，剥去他的衣服，抛在井里，内有许多死人骨头，腐烂的肉块，腥臭难以担当，无论什么死法，总比受这种刑罚好些。在这要命的井里，他不住地呼求耶稣说："主啊！你为什么丢弃我呢？"井底腥臭，白日也象黑夜，没有水没有食物，漫漫长夜，不能立刻就死去。

第三天夜里听得井口有拭磨声音，好像有人把锁打开，揭去井盖，有声音说："把垂下的绳子抓住吧！"孙大信氏抓住绳头，被提出井，井口照常盖好。孙大信向四围观看，不见一个人，他两臂的疼痛，也都痊愈了，到这时候只有感谢父神奇妙的拯救。天亮又去传道，大家听见这个消息，到处传说："从前死去的人，现今复活了。"有人告诉喇嘛，于是又把他捉来，喇嘛一见他便大大生气，宣称必定有人，偷去钥匙，放他出来。他再三寻找，钥匙还是系在自己的腰带上呢！因此，喇嘛只得闭口，没有一句话好说，并大大地害怕，对孙氏说："我劝你快快离开这里，越远越好，怕你大能的神叫我和我的百姓遭受大害。"孙氏得着这个非常的救援，就赞美主恩不尽。这类神奇的拯救，不仅证明永活的耶稣的神性和神能；也是证明耶稣的应许到今天仍旧是一件一件地应验。主耶稣曾经多次应许门徒说：

"……无论在哪里，有两三个人奉我的名聚会，那里就有我在他们中间。"

请问：哪一位教主敢这样应许门徒呢？哪一位君王、圣贤，敢这样答应臣民呢？谁能在各地各处，天涯海角，历世历代，随时随地和门徒同在呢？只有耶稣他能。因为他是神的儿子，无所不能，无所不在。二千年来，在历世历代圣徒的经历中，都足以证明这个

215

应许是真实可靠的，

应许不限定给什么人

古时候的人可以得，今天的人也可以得，西方人可以得，东方人也可以得。男人和女人没有分别，富人和穷人也没有差异。不过有一件事，我们万万不可忽略，就是每个应许，所附带的那个命令，是要得应许的人必须遵行的，如果不这样，那个应许就总不会成全在他身上。例如："信的人有永生，"（约翰福音6:47）"永生"是神的应许，"信"是要得这个应许的人必须遵行的命令。一个人如果信神的话，并且遵行神的命令，他就必定是得着神的应许。

在教会的历史和信徒的传记里有千千万万的记载，证明这事；现代信徒的生活中，也有多得数不过来的经验，证明耶稣应许的应验。这些记载和经验，都异口同声地告诉我们说："耶稣是基督，是永生神的儿子！"

应许可以分成两种

一种是今生的，一种是来世的。第一种我们在今世就可以得着。第二种却必须等到基督再来提接信徒到他那里去的时候才能成全。这样，我们能因着这些来世的应许还没有成全便发生疑惑吗？决不能这样。我们因为那些属于今生的应许都能一件一件成全，就确信那些属于来世的应许，到了时候，也必定能一件一件成全，像这些属于今生的应许一样。譬如，某人欠你一万两银子，讲明分四期归还，第一期应许归还三千两，到期按数还清。第二期应许归还的三千两，也是如期归还，第三期应许归还的三千两也是按数如期归还。第四期应许归还的一千两，你能疑惑他会赖帐不还吗？正直的人尚且不愿意说谎，难道神应许你的会不兑现吗？

十、耶稣的神性证明他是神的儿子

神的儿子必定具备神的性情

神的儿子必定具备神的性情，正像一个工程师，必定能设计伟大的建筑物；一个艺术家，必定能创作优美的艺术品。我们从他们的工作里，可以认出他们的出身。我们同样也可以从耶稣的作为表现出神智和神力来认识他是神的儿子。

第一、先就耶稣的神能来说：

（1）耶稣有管理万有的能力

有一次，主耶稣在迦拿地方应邀参加婆亲筵席，席中酒用完了，主耶稣叫用人把六口石缸倒满了水，叫水变为好酒，使管筵席的人非常惊奇。（请参读约翰福音2:1-11）

主耶稣也管理植物。有一天早晨，主耶稣从伯大尼回到耶路撒冷，肚子饥饿。看见路旁一棵无花果树，就走到跟前，在树上找不着什么，不过只有叶子，就对树说，从今以后你永不结果子。那棵无花果树立刻就枯干了。（请参读马太福音21:18-19）

217

主耶稣也管理动物。主耶稣在迦百农城有收丁税的人来见彼得说，你们的先生不纳税吗？彼得说，纳。主耶稣是神，不该向地上君王纳税，但怕绊倒他们，就叫彼得到海边钓鱼，把先钓上来的鱼拿起来，开了它的口，得了一块钱，付了两人的丁税。（请参读马太福音17:24-27）

（2）耶稣有医治不治之症的能力

有一次，耶稣在加利利的会堂传道。有个长大麻风的人前来，向他跪下说，你若肯，必能叫我洁净了。耶稣动了慈心，就伸手摸他说，我肯，你洁净了吧。大麻风立时就离开他，他就洁净了。（请参读马可福音1:39-45）

又有一次，主耶稣在耶路撒冷圣城毕士大池子旁边行走。那里共有五个廊子，里面卧着瞎眼的，瘸腿的，血气枯干的许多病人，等候水动之后，谁先下去，病就得医治了。那里躺着一个瘫子，病了三十八年，耶稣就问他说，你要痊愈吗？瘫子回答说，水动的时候，没有人把我放在池子里，我正去的时候，就有别人比我先下去了。耶稣对他说，起来，拿你的褥子走吧。那人立刻痊愈，就拿起褥子来走了。（请参读约翰福音5:2-9）

耶稣也曾医治血漏妇人。有一个妇人患了十二年血漏，在好些医生手里受了许多的苦，花尽了所有的一切，一点也不见好，病势反倒更重了。有一天，听见耶稣的事，她就从后头走来，夹在众人中间，暗暗摸着耶稣的衣裳穗子，心里有意思说，我只摸他的衣裳就必定得痊愈，于是她血漏的源头立刻干了，她便觉得身上的灾病好了。（请参读路加福音8:43-48）

主耶稣曾医治瞎子。主耶稣在伯赛大城，有人带来一个瞎子求耶稣摸他，耶稣拉着瞎子的手，领他到村外去，就吐唾沫在他眼睛上，按手在他身上，问他说，你看见什么了，他就抬头一看说，我看见人了，他们好像树木，并且行走。随后又按手在他眼睛上，他定睛一看，就复了原，样样都看得清楚了。耶稣便打发他回家去。（请参读马可福音8:22-26）

耶稣来到低加波利境内，有人带着一个耳聋舌结的人来见耶稣，求他按手在他身上。耶稣领他离开众人到一边去，就用指头探他的耳朵，吐唾沫抹他的舌头，望天叹息，对他说，开了吧。他的耳朵就听见了，舌结也解开了，说话也清楚了。（请参读马可福音7:31-37）

（3）耶稣能叫死人复活

无论才死、已死、久死的人都能叫他从死里复活。有一天，耶稣正在海边，有一个管会堂的人名叫睚鲁，来见耶稣，俯伏在他脚前，再三求他说，我的小女儿快要死了，求你去按手在她身上，使她痊愈。耶稣就和他同去。正在路上，管会堂的家里来人说，你的女儿死了，何必还劳动先生呢？耶稣就对管会堂的说，不要怕，只要信。耶稣来到管会堂的家里，看见里面乱嚷，并有人大大地哭泣哀号。耶稣进了孩子所在的地方，就拉着孩子的手，对她说，闺女，

我吩咐你起来。那闺女立时起来走，他们就大大的惊奇。（请参读马可福音5:21-43）

耶稣不只能使才死的人复活,也能使死了许久的人复活。

有一次，耶稣到一座城去，这城名叫拿因，他的门徒和极多的人和他同行。将近城门，有一个死人被抬出来；这人是他母亲独生的儿子，他母亲又是寡妇；有城里许多人同着寡妇送殡。主看见那寡妇就怜悯她，对她说，不要哭。于是进前按着杠，抬的人就站住了。耶稣说，少年人，我吩咐你起来。那死人就坐起，并且说话；耶稣便把他交给母亲。众人都惊奇，归荣耀给神。（请参读路加福音7:11-17）

耶稣还能叫死了、臭了的人又复活起来。

有一次，耶稣所爱的人拉撒路病了，耶稣来到那村，他已死了四天了。马利亚到了耶稣那里，就俯伏在他脚前，说，主啊，你若早在这里，我兄弟必不死。耶稣看见她哭，并看见和她同来的犹太人也哭，就心里悲叹，又甚忧愁，便说，你们把他安放在哪里。他们回答说，请主来看。耶稣哭了，犹太人说，你看他爱这人是何等恳切。其中有人说，他既然开了瞎子的眼，岂不能叫这人不死吗？耶稣心里悲叹，来到墓前；那坟是个山洞，有一块石头挡着。耶稣说，你们把石头挪开。那死人的姐姐马大对他说，主啊，他现在必是臭了，因为他死了已经四天了。耶稣说，我不是对你说过，你若信就必看见神的荣耀吗？他们就把石头挪开。耶稣举目望天说，父啊，我感谢你，因为你已经听我，我也知道你常听我，但我说这话，是为周围站着的众人，叫他们信是你差了我来。说了这话，就大声呼叫说，拉撒路出来。那死人就出来了，手脚裹着布，脸上包着手巾。耶稣对他们说，解开，叫他走。（请参读约翰福音11:1-46）

（4）耶稣有制伏污鬼的能力

在会堂里有一个人，被污鬼附着，他喊叫说，拿撒勒人耶稣，我们与你有什么相干，你来灭我们吗？我知道你是谁，乃是神的圣者。耶稣责备他说，不要作声，从这人身上出来吧。污鬼叫那人抽了一阵风，大声喊叫，就出来了。众人都惊讶，以致彼此对问说，

219

这是什么事，是个新道理啊！他用权柄吩咐污鬼，连污鬼也听从他了。耶稣的名声，就传遍了加利利的四方。（请参读马可福音1:23-28）

耶稣门徒来到海边，格拉森人的地方，耶稣一下船，就有一个被污鬼附着的人，从坟茔里出来迎着他。那人常在坟茔里，没有人能捆住他，就是用铁链也不能；因为人屡次用脚镣和铁链捆锁他，铁镣竟被他挣断了，脚镣也被他弄碎了总没有人能制伏他。他昼夜常在坟茔里和山中喊叫，又用石头砍自己。他远远的看见耶稣，就跑过去拜他，大声呼叫说，至高神的儿子耶稣，我与你有什么相干？我指着神恳求你，不要叫我受苦。是因耶稣曾吩咐他说，污鬼啊，从这人身上出来吧。耶稣问他说，你名叫什么？回答说，我名叫群，因为我们多的缘故。就再三的求耶稣不要叫他们离开那地方。在那里山坡上，有一大群猪吃食，鬼就央求耶稣，求你打发我们往猪群里附着猪去。耶稣准了他们。污鬼就出来，进入猪里去；于是那群猪闯下山崖，投在海里，都淹死了。猪的数目，约有两千。放猪的人就逃跑了，去告诉城里和乡下人，众人就来要看是什么事，他们来到耶稣那里，看见那被鬼附着的人，就是从前被群鬼所附的，坐着，穿上衣服，心里明白过来；他们就害怕。（请参读马可福音5:2-20）

有一次，耶稣从山上下来，往门徒那里去，看见许多人围着他们，众人中间有一个人说，夫子，我带了我的儿子到你这里来，他被哑巴鬼附着；无论在哪里，鬼捉弄他，把他摔倒，他就口中流沫，咬牙切齿，身体枯干，我请过你的门徒把鬼赶出去，他们却是不能。耶稣说，嗳，不信的世代啊，我在你们这里要到几时呢？我忍耐你们要到几时呢？把他带到我这里来吧。他们就带了他来。他一见耶稣，鬼便叫他重重的抽风，倒在地上，翻来复去，口中流沫。耶稣问他父亲说，他得这病，有多少日子呢？回答说，从小的时候，鬼屡次把他扔在火里，水里，要灭他。你若能作什么，求你怜悯我们，帮助我们。耶稣对他说，你若能信，在信的人，凡事都能。孩子的父亲立时喊着说，我信，但我信不足，求主帮助。耶稣看见众人都跑上来，就斥责那污鬼，说：你这聋哑的鬼，我吩咐你从他里头出来，再不要进去。那鬼喊叫，使孩子大大的抽了一阵疯，就出来了。孩子好像死了一般，以致众人多半说，他是死了。但耶稣拉着他的手，扶他起来，他就站起来了。（请参读马可福音9:14-29）

第二、我们可以从耶稣基督的名能够赶鬼，看出耶稣的神性：

按世上有一种污鬼，常喜欢附在人体上，做各种活动，使被附的人跳叫狂闹，骂人打人。他力量大得几个人不能拦阻，虽然用绳子捆锁也能挣断逃脱，他所说的言语多是鬼话，或说某大仙降坛，或说死人灵魂来家。如果有人邀请基督徒去那城里赶鬼，那么一个真基督徒都可以奉着耶稣的圣名把鬼赶走。污鬼一听耶稣的名，就战抖惧怕，不久就离开人身，而被附的人清醒以后，对于过去的情况一概不知道。这类事实，乡下很多；鬼在各大城市就改头换面，隐藏在娱乐场所，烟馆妓院之中，以害人命，基督徒赶鬼非奉耶稣基督的圣名不可。

男巫烧符请仙

有一次，有一位男巫烧符请仙好几次仍不见来，就问左右观众说："你们中间有基督徒吗？"因为基督徒在场，污鬼不敢下坛。立刻有两个基督徒应声而出，男巫就一再求他们离开。基督徒因为好奇心大，一再不肯答应，男巫就转而对基督徒说："如果两位可以暂不承认自己是基督徒，那么不妨留下观看。"两位基督徒不知道不认主名的严重，就冒然答应。这时，男巫又烧一道招鬼黄符，污鬼立刻来到，附在另一个观众的身上，那人忽然疯狂，张牙舞爪，奔向两位基督徒，他力量大得没有办法可以抵挡，就把一位基督徒的脸抓伤，衣服撕破，另一位基督徒也被打跑，结果大受羞辱。

从这里我们看见两个要点：（一）基督徒本身并不能赶鬼，他之所以能赶鬼是因为奉耶稣基督的名；基督徒如果不承认主名，就有被鬼打伤的可能。（二）基督徒一奉耶稣基督的名赶鬼，鬼立刻战抖逃去，可见耶稣的名关系实在重大。为什么奉你我的名不行呢？为什么奉释迦、孔子的名也不行呢？因为你、我、孔子只有聪明和愚笨的分别，但却都是人。惟独耶稣，他是神的儿子。耶稣在世上的时候，不但曾以大能的手，叫瞎子看见，哑巴说话，瘫子行走，大麻风得洁净，并且把他所有的权能，赐给信他的人，使他们也能照样行神迹。所以，历世历代之中，神迹异能多得数不过来。以上不过稍微举一、两个例予以证明他的神性而已。

第三、可以从耶稣的智能看出他的神性：

有一次，当耶稣在圣殿讲道的时候，反对他的犹太人把一个正在行淫时被拿的妇人带到他的面前，他们试探耶稣，故意来找毛病，对耶稣说："夫子，这妇人是正行淫之时被拿的，摩西在律法上吩咐我们，把这样的妇人用石头打死，你说该把她怎么样呢？"这个问题，是非常难回答的。照犹太人的律法，就是摩西所传的律法，应该用石头打死。但是，当时犹太国是亡在罗马国的手里，犹太人是罗马帝国的奴隶，应该遵守罗马的律法，照罗马的律法是"不可打死人命。"主如果回答"不可打死，"就违背摩西的律法，因为摩西所传的律法，耶稣承认是从神来的，所以如果说"不可打死"便是违反神；如果说"可以打死"，却又犯了罗马"不可打死人"的律法。此外，还有一个难处，他们明明知道耶稣是公义，又是充满爱心的，他们发出这些难题，故意看他怎样说法，如果他说打死，那么爱在哪里呢？如果说不可打死，那么公义在哪里？罪人能不被定罪吗？不义或没有爱的人，怎么能代表神呢？

主耶稣是有智能的主。他在这时，却弯腰在地上画字，（约翰福音8:6）犹太人等看见这种光景真是非常得意，以为耶稣竟被他们难倒了。于是不住地问他，耶稣直起腰来对他们说："你们中间谁是没有罪的，谁就可以先拿石头打她。"说完之后，仍旧弯腰在地上画字。朋友们！你说谁是没有罪的呢？不过有的犯罪明显，有的犯罪隐藏而已。有的不幸被捉住了，有的未被捉住罢了。所以，他们听了这句话，他们自己觉得有罪，就从老到少，一个一个的都出去了；只剩下耶稣一人，还有那个妇人仍然站在当中。耶稣直起腰来对她说："妇人，那些人在哪里呢？没有人定你的罪吗？"妇人一面感激，一面羞愧，她说："主啊！没有。"耶稣说："我也不定你的罪，去吧，从此不要再犯罪了！"

朋友们！这事在世人看来，爱和公义不能两全，犹太律法和罗马律法不能同时遵守，那真是实在没法解决的难题；但是，主耶稣他是神的儿子；他有神的智能，他只用一句话，这个难题便得到了圆满的解决。正像经上所说的："我（神）的道路高过你们的道路，我的意念高过你们的意念。"

十一、耶稣对世界独特的影响证明他是神的儿子

第一、先看耶稣降生对于世界的影响

救主耶稣降生在卑微的马槽中，生活在贫穷的环境中；他从来没有进过学校，没有拜过老师，也没出过远门；既没有财又没有势，又从来没有作过官，也没有尊贵有名望的亲戚；他三十三岁已经离开世界，照理绝对没有影响人类的可能。但是，当他一生下来，却使牧人看见异象，东方博士特地从远方赶来朝拜他，国王恐惧，天使报信说，救主的降生是和每一个人都有重大关系的。

现在，世界各国都以耶稣降生的年份作为年号，作为计算年日的标准。如果今年是2004年，那就是指距离耶稣降生已经有两千零四年了。你知道是谁的天下就用谁的年号吗？康熙作王就用康熙年号，乾隆作王就改成乾隆年号。清朝亡国之后就没有清朝年号了。耶稣是万王之王。所以，全世界用他降生的年份作为年号，不是理所当然的吗？

第二、请看耶稣对于世人的信仰的影响

两千年来，相信耶稣的人，天天在增加。1999年统计数字，目前全世界有天主教徒十亿四千万人，东正教徒两亿两千三百万人，更正教（基督教）徒六亿三千八百万人，等等，敬拜耶稣基督的共计十九亿三千万人（此数字不含一些福音不开放的区域）。世界人口约有六十亿，也就是说，平均每三个人中就有一个相信耶稣。但是其它宗教，却是一天比一天衰微。

二十个漫长的世纪，不知道有多少的国家，多少的伟人都过去了。许多主义，许多学说都被淘汰，许多英雄豪杰已被后世的人反对和遗忘。但是，耶稣反而越来越被人敬重。即使不信的人，也承认耶稣真是人类历史中的伟大人物，耶稣的博爱，牺牲，自由平等和他的人格道德，没有一样不被人称赞和推崇的。信他的人爱他胜过爱一切，胜过爱父母儿女；甘愿舍弃荣誉、权位、金钱；赴汤蹈火，牺牲性命也在所不惜。除了耶稣以外，世上有谁能有这么多的

信徒？这么多的群众？就是在他死了之后，还有信徒心甘情愿地为他殉道。你想这是任何人物所能办到的事情吗？

第三、请看耶稣对于世界社会的影响

欧洲的野蛮民族全被耶稣感化，犹太狭窄的民族主义被革除，希腊人的享乐主义也被否定，中古君主贵族的横暴更被淘汰。他与罪恶挑战，引起逼迫；世界起了极大的变化：历史、文化、政治、社会、经济、道德、风俗习惯受到了深远的影响。博爱、牺牲、自由、平等，人权等等的名词没有一样不是从基督而来的。

基督的名传到哪里，哪里就有改良。恶习迷信，因信了他而被革除；慈善事业，社会福利，因而得到建立。蓄婢，溺女，缠足，纳妾，早婚，迷信等等恶习，哪样不是因为受了基督教的影响而逐渐改革的呢？我国的医院、孤儿院、养老院、济良所、农村服务社、乞丐教养所、盲哑学校、红十字会、难民收容所、麻风院、福幼机关等等。哪一件不是基督徒起头兴办的呢？再就英美来说，林肯因着基督，释放黑奴，十八世纪豪厄德约翰在英国为着改良监狱不避生命危险，亲自住在监牢里研究视察。至于男女平等，儿童地位，劳工神圣，自由人权，没有一样不是因着信基督而有改善。

每到七日，全球人类都有一天休息，商业轮子停转，几十亿人分散在地球各地，一齐进到礼拜堂去敬拜主耶稣。他的影响多么伟大！

许多酒徒浪子，道德堕落的人，因为信了主耶稣而转变过来。许多伤心痛苦的人，因为信了主耶稣而得到安慰。贫病残废的人得着扶持。甚至穷凶极恶的人，一旦接受耶稣作他们的救主之后，立刻就变成良民。从前，在太平洋的斐济岛上，居住许多土人，性情非常凶野，常把自己儿女杀死，作为祭物，献在他们假神面前。他们用一块大石作为祭桌，献祭的时候，竟把小儿的脑袋在祭石上摔破，以讨假神的喜悦。后来，基督教传到这个岛上，竟然有许多人相信了主耶稣，甚至有许多作酋长的也接受了主耶稣。有一天，酋长集体商量决定，把献祭给假神的祭桌，就是处死他们儿女的大石，凿成基督徒受浸的浸池，并且把这个池放入一个新建成、能容纳三千人的礼拜堂中，凡是接受主耶稣作为救主的人，都在这石池内受

225

浸。从前杀子的民族，今天都变成良善的基督徒。旧日祭鬼的石桌，今天却变成受浸归入基督的浸池了。凡是进到这礼拜堂的人，没有一个不感叹拜假神的人的残忍和颂赞真神基督的慈爱。

耶稣今天对于人类的影响，仍旧像当日他在地上时候的影响一样，并且更加普及。

第四、请看耶稣对于文化的影响

他虽然不是艺术家，却给了世界上最有名的画家以灵感，雕刻家以想象，使他们作成了世界最有名的图画和雕刻。他虽然不是音乐家，但是他感动世界上最有名的音乐家，创作了最有名的歌曲。全球不知道有上千万人，天天歌颂赞美他的名。他虽然不是著作家，但是他启发了全世界的作家，写出无数伟大的著作。世界上没有一间图书馆足能容纳耶稣的传记；年发行量几千万册的《圣经》，就是为耶稣做见证的书。他虽然不是建筑家，但是为着他的缘故，到处建立富丽堂皇的建筑，有无数的人在里面敬拜他。

他虽然不是教育家，但是有千万的学校，都是为他创办的。他虽然不是军事家，没有一枝枪炮，没有一支军队，但是他十字架的旗帜，却招聚了天下古今无数的人；他虽然不用子弹，却能叫万人降服。千万人奋不顾身，愿意为他活、为他死。从古到今，世界上没有第二个人，有他那么多的志愿军队。他虽然不是政治家，不是君王，但是许多君王，领袖，自动俯伏在他脚前，甘愿称他为主。他的臣民比起世界任何国王的臣民都多。他的国度，不是用任何暴力所能摧毁的。他虽然不是慈善家，但是因为他的缘故，世界有了模范监狱，红十字会，疗养院，老人院，孤儿院等等慈善机关。他虽然不是医学家，但是许多医院为他兴建，千万医师奉献为他工作。他曾医好许多病人和许多破碎的心灵，拯救了许多沉沦的灵魂，他却从不收费。直到今天，他还不断拯救、治疗那些忧伤、患病、被压的人，使他们身心康复，灵魂得救。

226

十二、基督徒殉道的经历
证明耶稣是神的儿子

一位医生和一位传道人谈话

医生说："以先生的聪明才智，又精通科学，怎么也信古代的神话呢？"传道人回答说："譬如，先生由经验上认识某种西药，能够医治某种病症，先生本人曾服这种药而得到痊愈，又给其它病人服用，也都因为这种药而得到痊愈。这样，你能相信这种药确实是某种病的特效药吗？医生说："这是自然的啊！"传道人说："我相信基督耶稣也是从经验得来的，从前照样不能相信，并且有许多种疑难不能解决；一旦蒙神光照，开我心眼，明白救主代我赎罪的深恩，就立刻信而归主，从此变成新人，满心快乐。我深深知道只有真心信靠主耶稣才有这种果效，这决不是空想；而且我所经验的，和以往许多基督徒所经验的又是完全一样；不但这样，就是在我以后相信主耶稣的人，也是一样的经历，这岂不和你所信的特效药同样可靠吗？"

227

人的本性，没有不是贪生怕死的，也没有不喜欢高官发财的；但是，有一些真心信耶稣的人，他们竟然把世人素来所轻看的基督当作至宝。他们宁可放弃地上的享受，甘愿过贫苦的生活。如果有人强迫他们放弃相信耶稣，他们宁可死也不肯听从他们。情愿遭遇危险、困乏，乐意放弃一切，忍受鞭打石击，极刑惨死，而没有一点动摇。我们只要从历世历代为耶稣殉道的基督徒的事迹来看一下，便不能不承认耶稣真是神的儿子了。

基督徒第一次遭受屠杀

以下稍微讲几件事实作为证明：基督徒第一次遭受屠杀是在公元67年。那时，罗马帝国第六朝皇帝是一位暴君，他的名字叫尼罗。当他治国的时候，真是残暴没有道德。一次，他命令手下的人在罗马城中放起大火，自己却在高塔上远远观望。城中火光通红，房屋倾倒，百姓扶老带小，争着逃难，他们的哭声震天，遍地都是死亡。尼罗一面观看，一面弹琴唱歌，把它当作一件快乐的事。那场大火，连续烧了九天九夜，百姓的心满了怨恨。尼罗看见形势不利，便把放火的罪，推在基督徒身上；一面借这件事来遮盖自己的罪过，一面借题发挥再干一次残暴的行为。想出种种的残暴言辞来屠杀基督徒。他曾在人的身上套着兽皮，用线缝紧，然后给恶犬抢夺撕裂，直到人气绝而死。又有在人身上套着涂蜡的衣衫，缚在车轮上面，用火焚烧，人随车轮转动，成为火球以博得观众的一笑。这次被屠杀的殉道者，最著名的就有保罗和彼得两人。女子雷伊丝受刑的时候，他们先用沸滚的沥青浇在她头上，然后用火把她烧死。她的母亲马赛亚和姊妹卜达米娜，被同样方法处死。可是，在卜达米娜临刑的时候，却有一个行刑官名叫白锡里地受了感动。照例，在刑官执行职务以前应该先宣誓，但是白氏这时拒绝宣誓。他说："我不能用罗马偶像的名字宣誓，因为我已经改信基督了。"在场的众人初听这话，惊奇得不敢相信，那位刑官照样再说一遍。于是被拖到法官面前。在监狱中关了一个时期以后，便被斩头殉道。

公元304年

228

　　公元304年，摩里德尼亚的执事提摩太结婚还不到三个礼拜，就被逮捕押解到提佩斯总督亚里安纳面前。总督知道提摩太藏着《圣经》，当场就下命令要他把《圣经》交出来焚烧。可是他回答说："要是我有子女的话，我情愿把他们交出来牺牲，却不愿意和神的话语分离。"总督一听这话，大大发怒，令人用烧红的铁棒把他的眼睛挖出去，并且说："你现在不能看书了，《圣经》对你也没有用了。"这种刑罚不能使他屈服。于是，总督又命令人把他倒吊起来，用布塞口，头上缚着重的东西，以为这样可以使他屈服。这时，他的新婚妻子摩拉，不忍心见他受这样的苦刑，婉言劝他表示屈服。可是当他口中所塞的东西被拿去以后，他非但不依从妻子的劝告，反而严厉责备她误解爱情，并且宣誓说他已经准备为主牺牲自己的性命。结果，他的新婚妻子大受感动，决定效法他的忠贞勇敢，一同面对苦难。总督为了要使提摩太的妻子改变宗旨，命令人对她施加毒刑，结果却不见效果。于是，把她和提摩太并排钉死在十字架上。你看他们对主是多么忠诚！

弗克斯的殉道史

你如果读过弗克斯的殉道史，你就看见教会怎样受难受苦，其中可以提起几件事实：玻雷卡是一个教会的监督，他们把他拿住。因为他已经八十六岁，就不忍把他处死；他们对他特别宽待，只要他说一声"我不认识拿撒勒人耶稣，"就可得到释放。但是，他回答说："我不能否认耶稣，我已经服事他八十六年，在这八十六年中，他从来没有亏待过我，我怎么能爱惜这个身体而否认他呢？"他们把他抬到火里去烧，当他下半身已经烧枯的时候，他还说："感谢神，我今天有机会能够被人烧在这里，用我的生命来见证你。"

另外，还有一个姊妹，他们叫她只要向亚底米（就是以弗所城的偶像）鞠躬，就可以被释放。她怎样说呢？她说："你们叫我拣选基督还是拣选亚底米呢？第一次我拣选了基督，现在如果要我再拣选，我还是拣选基督。"结果她也被杀了。朋友们！你读了上面所说的几件事实，就可看出基督徒宁可舍去性命，忍受惨痛，也不肯否认耶稣是他们的救主。朋友们！谁不怕苦，谁不怕死？但在这里有一个人，比名利更可爱，比生命更宝贵，就是耶稣基督。信他的人虽然遭遇了最惨痛的酷刑，却是没有一点退后的倾向。他们只要否认主耶稣一次，立刻可以得到释放，并且不要做什么为难的事情；但是他们决不肯为了生存而不信主耶稣，反使不信主耶稣的人因为看见他们从容殉道，看见他们所盼望的又真又实，而接受了主耶稣作他们的救主。朋友们！我们只要仔细思想，就一定会承认主耶稣实在不是平常的人，他乃是永生神的儿子啊！

229

十三、耶稣为什么降世为人

神的儿子耶稣基督为什么要降世为人呢？这个问题，第一最好看他自己怎么说：

第一、"人子来，为要寻找拯救失丧的人。"（路加福音 19:10）

这句话的意思就是我们人类原是神所造的，但是因为我们贪恋罪恶，远离神，找不到永远的家乡，在这世界寄居漂流，饱尝痛苦忧伤。神怜悯我们，于是差遣他的儿子降世为人，就是"道成肉身"，特地到世上来寻找拯救我们。这个好比在天寒地冻的时候，院中几个麻雀在雪地上飞来飞去，又饿又冷，找不到一点食物。人在室内想去救它，但是麻雀不明白人的意思，一见人来，立刻飞去，人去它又飞来，人没有办法救它们。如果那人是无所不能，可以随意改变形象的话，一定自己变成一个麻雀，飞到真麻雀那里，引导它们来到屋子里吃米、喝水、取暖，一同享受快乐。所以，耶稣降世成为人，第一是为了寻找拯救失丧的你我。但是，这里发生了一个难处，就是神的心虽然非常愿意收纳世人，但是，世人有罪，公义的神怎么能不加刑罚，马虎了事呢？

感谢神，他告诉我们说："在神和人中间，只有一位中保，乃是降世为人的基督耶稣。他舍自己作万人的赎价。"（提摩太前书 2:5-6）

第二、主来是作神和人中间的中保

照人的办法，应该由犯罪的人请一位中保，以了结罪案。感谢神，他差自己儿子来作我们的中保。大凡做中保的人必须具备两个条件：第一个条件：必须能做两方面的代表，叫两方面都能满意。如果是神要人找中保的话，我们只有找世上最有品格的孔子作中保，因为他做人类的代表，全人类一定满意，但是如果他要做神的代表，神却不能满意，因为孔子也有罪，而罪人不能代表神。所以，从人这一方面，实在找不出一个中保来能叫我们和神和好。感谢神！他预备了他的儿子耶稣，做他和人中间的中保，耶稣的名叫

"以马内利"，就是神与人同在的意思。在耶稣身上，他又是神，也是人。他是神的儿子，所以能代表神；他又穿上人的形体，所以又能代表人，实在除耶稣以外，没有人能做神人中间的中保。做中保的第二个条件，就是必须有能力，能够解决双方面的难处。例如：一个人充当欠债人和债权人中间的中保，假如欠债人真不能归还时，保人必须能替他归还。罪就像债一样必须要还清，但是神人中间的罪债问题怎么解决呢？如果不流血，罪就得不着赦免，因为"罪的工价乃是死。"我们这个代价付不起，怎么办呢？这时，我们的保人，主耶稣挺身而出。他是没有罪的，甘愿替我们受罪刑罚，代替我们钉死在十字架上，还清我们的罪债，满足神公义的要求，洗净我们良心上一切的亏欠。成就神人中间的和平。解决神对人公义和爱不能两全的难处。所以，除耶稣以外，没有赐下别的名，我们可以靠着得救。

第三、要叫人得生命

主耶稣来还有一个目的，就是要叫人得生命。他说："我来了是要叫人得生命。"因为人不只有罪，还缺少神的生命。但是耶稣死了第三天从死里复活之后，把他永远不死的神的生命释放出来，赐给我们。在这里，我们先看人的生命到底怎样坏法，及神的生命到底怎样好法。

（一）人的生命是污秽的。

你如果不信，只要看我们的生活情形便可以知道。因为生活是生命的表现，也是生命的证明。你也许不知道你里面的生命怎样，但是你外面的生活却是容易看见和明白的。你如果不信，请你看看你的生活清洁吗？规矩吗？光明吗？没有污秽思想吗？没有邪淫恶念吗？没有不干净的话语吗？没有不规矩的行为吗？如果你外面的生活是污秽的，那就证明你里面的生命也是污秽的。生命是生活的源头，生活是生命的流露。生命清洁，生活必定清洁；生活污秽，生命必定污秽。生命藏在里面，生活显在外面。

（二）人的生命是不义的。

一种生命就有一种作为。鸟所以能飞，因为它有这种能飞的生命；鱼所以能在水中游，因为它有那种游水的生命。这棵树所以能结桃子，是因为它有桃子的生命。那棵树能结杏子，是因为它有杏子的生命。你所做的就是证明你是一个怎样的人。朋友！你所做的怎样？公义吗？人道吗？道德吗？守约吗？没有营私舞弊吗？没有借着粗野的方法，或文雅的方法，偷窃过人的东西吗？如果你外面的行为是不义的，你怎么能说你里面的生命是义的呢？社会里所以满了不法不义，是因为人的生命是不法不义的啊！

（三）人的生命是脆弱的。

人是多么脆弱啊！而人的脆弱又是两方面的：就人的心理道德说，一点的危难，就会叫你惊惧忧愁，不可终日。一时的重担，就能叫你受压得力不能胜，甚至想自杀。小小的试探，就可以叫你跌倒，以致失身失德。轻轻的刺激，就可以使你生气冒火，甚至怒气冲天。也许你算是个能坚忍和有涵养的人；但是你的坚忍和涵养仍旧是有限制的，到了某种程度，你就不能坚持忍耐和涵养了，你忍也忍不住了，持守也持守不住了，你便动怒了，你便跌倒了。这些心理道德方面的失败，都证明你里面的生命是脆弱的。就人的生理身体来说，人也是脆弱的：一点的疾病，就会要你的命；轻轻的撞伤，也会把你带到死地。染到疾病是多么容易，免于死亡是多么艰难。这些生理方面的容易患病和必然死亡，也都证明人的生命是脆弱的。

（四）人的生命是短暂的。

人生真是短暂。《圣经》说我们一生的年日，"窄如手掌"，又说我们的一生不过是"一片云雾，出现少时就不见了。"亲爱的朋友，你能担保你这一生还能有多久吗？就是你能再活几十年，仍旧是转眼成空。何况，还不敢说定你的余生究竟还有多少年日呢？所以，就着人的污秽、不义、脆弱、短暂的生命来说，人是需要拯救的。可惜今天还有许多人不够认识自己，以为自己万能——能发明，能创作，能改良，能革命，能上天能下水，能，能，能……

第四、人能吗？有几件事要请你看看你能不能

（一）你能胜过罪恶试探吗？

人虽然感觉自己刚强有力，但是人在罪恶面前却是多么软弱无能啊！一点的罪恶，不能抵挡；小小的试探，不能胜过。有人能胜过劲敌，却不能胜过弱女。有人能胜过千万军马，却不能胜过一枝香烟，一张赌牌，一杯老酒。有人能冲破大军的重重包围，却不能冲破妓馆、戏团、舞池、影院。今天有几个人在那里犯罪是甘心的？有谁不知道吃、喝、嫖、赌是伤身体、减短寿命的，是叫人的名誉和信用扫地的，是倾家荡产的，是连累并且伤害妻子和孩子的呢？但是有几个人在这些吃、喝、嫖、赌的跟前是能站立得住的呢？当这些化装的妖魔进前来引诱试探的时候，有谁能胜过呢？你能吗？你以为你刚强，但是你不能不跌倒。有谁在这些吃、喝、嫖、赌的里面受摧残，被捉弄，而不感到痛苦呢？有谁不愿意摆脱呢？但是又有谁愿意摆脱就能摆脱呢？你岂不是已经挣扎很多日子而不能摆脱吗？也许人现在还在盼望，挣扎，但是你想要摆脱，却摆脱不掉！只有空喊"怎么办！怎么办！"

（二）你能胜过脾气和情欲吗？

人在自己的脾气跟前是显得多么软弱啊！脾气看来虽是一个小东西，但是自以为刚强的人却不能胜过它。有几个人要不发脾气，就能不发呢？你能吗？你岂不是多次发过脾气而后悔吗？你岂不是多次后悔而又立志不再发吗？但是结果怎样，你能不再发吗？我想你已经发觉你不能了。你的意志虽然强，但是情欲比你的意志更强！当情欲发动的时候，你的意志不能克制它，你的理智，也不能胜过它。我怕你今天还是不自由的，是被情欲控制的。你今天的生活，正是由着情欲摆布、支配。也许，你已经发现你里面有一个能力，是叫你不能自由作人的，这个能力，你称它叫"欲"也好，你称它叫"癖"也好，你称它叫"瘾"也好，总之，它是在你里面强有力地控制着你，使你不由自主地做出败坏的事来。当你放任自己的时候，你还不觉得它的能力；但是当你立志做好的时候，你就要发现它在你里面顽强地和你争战，并且把你掳去，使你做你所不愿意做的事。你不只不能做好，而且也不能胜过恶。

233

（三）你能胜过死亡吗？

"死！"这是人多么不爱听的一个声音，死是一件多么不受欢迎的事，但是死却是人人都不能避免的。"死！"你有没有想过，当你看见死丧殡葬的时候，你有什么感想？你有没有感觉过死的残忍，死的坚强？哦，死是多么的残忍！父母的伤心它不理！妻子的眼泪它不顾！儿女的哀求它也不听！哦！死又是多么坚强！有什么能抵挡它呢？有谁能抵挡它呢？你能吗？当阴间打发死亡收取你的时候，你能抵挡它吗？你能胜过它吗？当它逮捕你的时候，不能因你不愿意就让你不去。你是不能避免死亡，不能胜过死的！所以，亲爱的朋友！起码有三件事是你不能的：你不能胜过罪恶试探！你不能胜过脾气和情欲！你不能胜过死亡！我们再看神的生命是怎样的呢？

第五、神的生命是怎样的呢？

（一）神的生命是圣洁的。

神是圣洁的，神的生命当然也是圣洁。神的生命是一尘不染的，是和污秽不能兼容的；摆在任何的场合里，都是不能受玷污的；并且在积极方面还能显出光明、纯洁，和神圣来。

（二）神的生命是公义的。

神是公义的神，从来没有做过不公义的事。从来不会违法背约。神自己怎样，神的生命也怎样。神的生命是绝对公义的，一切不义不法的事，都是神的生命所不能容忍的。

（三）神的生命是刚强的。

没有什么能胜过神，能压倒神，能制服神，也没有什么是神所不能的。因为神是刚强有力的。神怎样刚强，神的生命也是怎样刚强。神的生命，是试探所不能胜过，危险所不能压倒，情欲所不能制服的。没有什么事，是神的生命所不能做到的。神的生命能担当人所不能担当的重担，能过人所不能过的生活。

（四）神的生命是永远的。

神是从永远到永远的，神的生命当然也是从永远到永远的。神的生命是在时间之外的，是没有限期的，是没有止境的，是永永远远的。

这些是神的生命的特性，正是人的生命所没有的。所以，只有神的生命才能叫人得着拯救和医治。人如果得着了神的生命，人不但能在今世有生命的改变，过着圣洁、公义、刚强的生活，并且还能在将来得享那永远的福气，因为神的生命，就是永生。神的生命在哪里呢？〈约翰一书〉记着说：神的生命是在他儿子耶稣里面。人有了神的儿子就有生命；没有神的儿子就没有生命。耶稣说："我来了，是要叫羊（人）得生命，并且得的更丰盛。我是好牧人，好牧人为羊舍命。"你的生命不好，他要把他自己的生命，就是神的生命给你。除了神的生命以外，天下人间没有一个人，没有一样东西能救你。

一个里面生命坏了的人，在外面用任何方法修理、改良、都是没有用处的。里面生命的败坏，并不是外面的办法所能救治和弥补的。如果要叫生命坏了的人得着救治，惟一的方法，就是叫他得着一个好生命。一个人如果得着了神的生命进到他的里面去，人就必然在生命里、从根本上得着医治，得着拯救。

朋友们！你如果要得着神的生命，你就必须（一）承认自己的生命是坏的，需要神的生命来代替，并且承认只有神的生命能救治你。（二）在神面前从心里悔改，痛恨自己的罪，并且向神祷告承认自己一切的罪，求神赦免。（三）从心里承认神的儿子主耶稣在十字架上流血至死是为担当你的罪过。相信他是从死里复活，升上了高天，你要接受他作你个人的救主。当你这样相信的时候，主耶稣就借着圣灵进到你的里面，你便得了主耶稣的生命。因为《圣经》记着说："神爱世人，甚至将他的独生子（耶稣）赐给他们，叫一切信他的，不至灭亡，反得永生。"（约翰福音3:16）永生，就是永远的生命，就是神的生命，永生是在神儿子里面。

朋友们！请你把"**自己姓名**"放在这节《圣经》中，细读几遍"神爱＿＿＿＿＿＿＿＿＿＿＿＿＿＿＿，甚至将他的独生子耶稣赐给＿＿＿＿＿＿＿＿＿＿＿＿＿＿，叫＿＿＿＿＿＿＿＿＿＿＿＿信他，不至灭亡，反得永生。"你如果诚心相信，读了以后，在你心里，必然会有奇妙的影响！

十四、信耶稣的方法

第一、正确信耶稣的方法

信耶稣的法子就是向神认罪悔改，接受耶稣作你个人的救主。向主认罪悔改，乃是蒙恩得救的重要锁钥。如果不经过这个关，就很难进入得救恩门，正像一个病人虽然相信某大医师必能医治他的顽疾，他却不来到那位医师面前求他医治。你想，他的疾病能够得到医治吗？我们有罪的人，如果不来到救主耶稣面前认罪悔改，接受他的替死大恩，那么怎么能逃避神的审判呢？怎么能免去地狱的永火呢？怎么能得到平安呢？盼望朋友能在救主面前有一次彻底的认罪悔改，保证你必定大大蒙恩！

请到一个安静地方，恭恭敬敬跪在无所不在的救主耶稣面前，说："主啊！我是一个罪人（曾犯有什么罪，怎样的罪，一一承认）求主耶稣宝血洗净我，赦免我一切的罪，我愿意接受你做我的救主。从今以后，求你保守我，带领我，一直行在你的话语上，奉主耶稣的名祷告。阿们。"你这样真心诚意认罪悔改祈祷，圣灵必在你心里工作，使你的生活，性情和嗜好，大有改变。

第二、只要诚心祷告也必得救：

虽然有许多人是因为知道了得救的道路，认罪悔改，信主得救，但也有许多人起初不愿意悔改相信。甚至不觉得需要得救，对于这样的人，只要告诉他说："耶稣是罪人的朋友，"只要他存着诚实的心，和神有个人的接触，把他心里要说的话，直接告诉神。因此，也有许多人是因为这样得救，因为圣灵会带他悔改认罪。

（1）不要得救的人也能得救

曾经有一位年轻的妇人，她是在教会学校长大，她向倪弟兄挑战，说她不需要得救。因为她还年轻，盼望多多享乐，不愿意离开自己的路而去过没有欢乐的严肃生活，不愿意离弃她的罪，对救恩没有渴望。倪弟兄说："我们祷告吧！"她回答说："我祷告什么呢？"倪说："我不能代替你祷告，但是我愿意先为你祷告，然后你把刚才告诉我的话向主说。"她倒退几步说："哦，我不能那么做。"倪说："你能，你知道他是罪人的朋友吗？"这句话摸着了她的心。她真的祷告了。然后，她坦白向主述说自己的情况，这虽然是一种不寻常的祷告，但从那时开始，主就在她心里做工。经过两天她也得救了。

（2）想信而信不来的人也能得救

一个女孩子曾经对倪弟兄说："我很想相信，可是没有办法相信。父母一定要我信，我信不来。"倪说："这就对了，你信不来，但是你能求神赐给你信心。他正准备赐给你信心。你可以祷告说："主啊，除去我的不信！"她果然这样祷告，后来真是得救了，生活大有改变。

（3）不愿意悔改的人也能得救

有一次倪弟兄遇到一个学生，他说信主对他太早了，他要多尝一些罪中的快乐。又说，十字架上的强盗是得救的，因为他在紧要关头悔改了。我还年轻，再等四十年享受一番，然后再悔改也不算迟。倪说，"我们祷告吧！""哦！我不能祷告。"倪说："你能，你可以把刚才对我说的话告诉主。他是你这样不要悔改的罪人的朋友。"他说："我不能这样对他说。""为什么不能？""哦，我不能。""好，你很诚实，无论你心里怎么想，你都可以告诉主，他会帮助你。"最后他祷告，并且对神说他不愿意悔改和得救，但是他知道他需要一位救主。他向神呼求帮助。主就在他心里做悔改的工作，当他起来后，就成为一个得救的人。

237

（4）不必努力就能得救

曾经有一位著名的伊若德姊妹，在没有信主以前，她渴望得救，去到各教堂寻求救恩，但是都没有用，她差不多失望了。有一天，她怀着怅惘的心，来到一个小礼拜堂。坐在后面，讲员是一位年高的长者。在讲道中，他突然停下来，用手指着她说："坐在后面的那位小姐，你现在就能得救，你不需要任何努力。"真理的亮光照明了她的心，她心中充满了平安。她回家写下她有名的诗歌："照我本相，无善足称，……救主耶稣，我来，我来。"

（5）太坏不配得救的人也能得救

有一次斐尼博士传道，会后一个人约他到他家里谈谈。斐尼到的时候，那人把门关好，拿出手枪对斐尼说："你不要怕，我要问你几个问题。昨晚你说耶稣的血洗净我们一切的罪，是你自己所深信的吗？"斐尼回答说："这是神说的话，"那人说："我用这手枪打死过两个人，像我这样的人还有希望吗？"斐尼说："耶稣的血洗净我们一切的罪。"他又说："斐尼先生，这间房子后面是我的酒厅，我招引许多酒徒前来买酒喝，我从酒徒身上骗取他们最后的一文钱。不管他们妻子儿女的饥饿和寒冷，妇人们抱着孩子来求我，我却打走她们。像我这样的人，还有希望吗？"他又说："还有一个问题，这间房子里面，还有一所赌窟，充满诡诈邪恶，我们就在这里骗尽他们最后的一文钱。有的自杀，有的被撤职。像我这样的人还有希望吗？"斐尼说："神说，他儿子耶稣的血洗净你一切的罪。""还有一个问题，十三年前我遇见一个美丽的女子，我把她骗来做我的妻子，我常醉酒打她，使她生不如死。像我这样的人还有希望？"斐尼抓住那人肩膀摇动着说："你所说的事情是多么黑暗，但是神说，耶稣的血洗净你一切的罪。"

第二天早晨，那人到办公室捣毁镜子、椅子、桌子、炉子，到酒厅打掉酒瓶酒具。又到赌窟打碎赌具、赌桌，抛在火炉中，回家抱住妻子颈项号啕大哭。当晚带着妻子儿女一同去听道，全家人接受耶稣作为自己的救主。无论人犯了多么大的罪，只要诚心向主说出自己做了不应当做的事而向主悔改，没有不蒙赦免得救的。

（6）不信有神的人也能得救

倪弟兄有一次在布道会中，遇见一位老同学，是心理学教授，他说："向我传福音是没有用的，因为我不信有神。"倪说："只要你祷告，就会发现有神的。"他回答说："我怎么祷告呢？"倪说："我有一种祷告文，是你也可用的祷告。你可以这样说：神啊！如果没有神，我的祷告就没有用；但如果有神，求你叫我知道。"他回答说："关于基督和神的假定，又是什么呢？基督教是从哪里来的呢？"倪说："只要在这些祷告中，加上这些问题让神回答，只要用诚实的心祷告。"他留了一本《圣经》给他。在第二天的布道会中，当倪弟兄请愿意信耶稣的人站起来的时候，第一位站起来的就是他。他对倪说："你走后，我自己问自己：为什么不能照你所提议的祷告呢？我对这件事必须心存诚实。如果有一位神，我不去相信他，我就是个傻瓜！我就跪下祷告。祷告时，我就觉得有一位神。再读〈约翰福音〉，它像是一位亲眼见过耶稣的人写的，我便相信耶稣是神的儿子，所以我得救了。"

（7）拜偶像的人诚心祷告耶稣也能得救

请你把心里的话，诚心地、仔细地告诉主耶稣，你必定会认识只有耶稣才是真活神。一位夏弟兄，父母拜佛，家有佛堂，天天烧香。三弟是个和尚，妹妹是个尼姑，三弟已经受戒，头上烧了九个戒疤；信佛多年，后来在和尚庙中生病吐血，吃药也没有效果；烧香拜佛，祈求仙方，也都不灵验。绝望的时候，想起哥哥所信的耶稣，不妨一试。他关起门，偷偷地祷告说："主耶稣啊！我有病，菩萨不能救我，如果你是真神，求你救我，我便信你！"救主垂听他祷告，当晚血止不吐，病也好了。朋友们啊！当你没有一条路可以走的时候，请你不要灰心，请你诚心祷告耶稣，必能有奇妙的转机。

239

人有六官

《圣经》记着说："神是个灵，所以拜他的，必须用心灵和诚实拜他。"（约翰福音4:24）世上的人只知道人有五官：（一）眼睛是看的器官。（二）耳朵是听的器官。（三）鼻子是闻味的器官：（四）口是辨味的器官。（五）皮肤是接触外界的器官。但是，在人心灵深处，还有一个知觉的器官，就是人的灵。灵是专门为着敬拜神用的。我们知道，每一个器官只有一种用处：如眼睛只管看东西，不能管听声音；耳朵只管听声音，不能管看东西。我们如果碰到颜色，只要用眼睛一看就能知道红黄蓝白，非常明显。但你不能用耳朵感觉出哪一种颜色，也不能用口尝出哪一种颜色，我也不能用鼻子闻出哪一种颜色。照样，耳朵只能听声，听出各种音乐的声调。你决不能用口和鼻子或用眼睛听出音乐的曲调来。

每一种器官只有专一的用途，不能互相代劳。人们常说："我看不见神，摸不着神，所以宇宙中没有神。"不是没有神，是你用错器官了。要知道人在五官之外，还有第六官，就是人的灵，这官专门为了知觉神用的。你如果用这个官能去接触真神，你就一定能摸得着神。可惜世上的人很少用这个官能寻找真神。这个官能怎么用法呢？就是用你诚实的心和按着真理（神的话）向神倾心吐意，把你心里要说的话，真诚地，不隐藏地完全告诉神。出声也可以，不出声也可以，总之要诚心。这样祷告，便会自然而然地感觉到有神的存在。前面诚心祷告得到的结果，就是根据这个原则。

十五、我自己信主耶稣的经过

迷信科学，盲目反对相信主耶稣基督
多次生怪病，祷告得医治，仍不信神
学会算命、相面，照旧不解决人生意义
辩论三年，看见《圣经》预言准确，不能不信耶稣。

反对宗教

我在十九岁以前是在北京市市立中学读书，那时对于任何宗教都是一窍不通。虽然这样幼稚，我却断定一切宗教都是荒唐的空谈，都是虚造、神话，不过用来欺骗低级愚笨的人，以补救法律的不足而已；自信像我这样一个知识分子，怎么可能被它愚弄呢？不知不觉产生了一种敌视宗教的心理。

反对《圣经》

同室有一位信耶稣的同学，他有一本皮面金边《圣经》。四年的时间，我却从来没有翻读过一次。我和他本人虽然非常友好，可是对他所信的耶稣，好像水火不能兼容。每次提到"耶稣"两个字，总是冷讥热诮，强横地加以毁谤。时常在他低声祷告的时候，站在他的面前，享受他的敬拜；也时常学他低声祷告，以这个作为笑谈。一天，他在天主教中受到神甫一点刺激，我便借机攻击他的信仰，甚至激怒了他，竟将自己的《圣经》撕毁。

那时，如果有人问我，你既然这样反对耶稣，毁谤《圣经》，那么一定对于《圣经》很有研究，很有认识，想必对于《圣经》一定读过好多遍了！请问《圣经》分几卷呢？〈启示录〉在头一卷呢？还是〈创世记〉在头一卷呢？如果真有人这样问我，我必定一句话也讲不出，不知道怎样回答。说起来也真是可笑，别的书籍总得自己读过一遍两遍才敢说好说坏，但是对于《圣经》，我们却总是盲目批评。回头一想，真是愚顽到了极点，罪该万死。

迷信科学

中学毕业之后，志向很大，相信只有科学才能够解决一切问题，认为在国内大学读书是白白浪费光阴，毕业之后，不过当一个小科员而已；如果到外国，同样读几年书，回国之后，就可以当大学讲师、教授。这样一算，不如直接到外国，从大学一年读起，比较更加简便彻底。至终得到父母同意，渡海到德国学习化学。那时，靠着自己聪明，加上少年苦干的精神，每天中午就在化验室中，一面吃着面包，一面做着实验，每天要比外国学生多做三小时的实验，晚上再请助教加工补习，温课直到深夜。如果睡不着觉，就吃安眠药片。所以，不到四年工夫，已经完成大学课程。即使是在先进科学的国家（德国），同学也是远远落后于我。因为我做实验工作迅速、准确，教授同学都称我"魔术家"。那时，我只有一个认定，就是只有科学才能救国，只有科学才能救穷人，只有科学才能叫我自己有出路，只有科学发达到一个程度，才能明白天地来源和人生的究竟。所以，我立定志向，非要得到一个博士学位不可。

那时，我一心迷信科学，从来没有考虑过有没有神，有没有灵魂，死后会遭遇什么问题，更没有想过科学有没有缺点。科学能造飞机、汽车、潜水艇，但是它能创造有生命的蚊虫、蚂蚁、小虾吗？科学能够改变物质的形态、性质和成分，但是它能改变人的道德品格吗？科学能造原子武器，毁灭世界，但是它能毁灭人间罪恶、嗜好、凶杀、斗争吗？科学能给你物质文明，生活享受，但是它能救你免去永死永刑，叫你灵魂得救吗？像这一类将要面临的事情，我不只一概都不关心，而且深信必然有一天，科学必定能解决一切问题的。

炸瞎双眼

1923年夏季，我到研究院中，做博士论文的研究工作。12月23日那天晚上，正在灯下研究，配合一种新的化学物质。不幸突然爆炸，双目当场失明，两眼的粘膜都被氯酸烧毁，变成毛玻璃的形状，不能看到东西。于是，立刻被人送到本校医院，眼科专家都认为没法医好。我突然受到这个打击，极端灰心失望，感觉人生虚空，前途一点没有盼望，想用自杀来了结我的一生。这次遭遇正像一个小孩，吹肥皂泡，越吹越大，正在五光十色，飘扬旋转，耀人眼目的时候，忽然扑的一下化为乌有，人生幻想中的景象也是这样。

急难思神

当我双目失明，在病床上哀叹，有名的医生没有办法医我，金钱失去效力，学位权势也不能救我的时候，迫使我对人生的意义重新加以考虑，人从哪里来？死了到哪里去？活着到底为什么？到底有没有神呢？想到宇宙众星的运行，日月的转动，四季寒暑的循环，都有一定的规律。既然有规律，似乎应该有一位大能的主宰定规这个规律、管理这个规律才是。想到这里，就在没有办法中，跪在床上，试做一个祷告说："宇宙的主宰啊！如果是有你，你必定是无所不能的，你既然造我的眼睛，必定能医治我的眼睛。造表的人难道不能修表吗？你如果叫我眼睛好了，便真有你，我就一定信你，也尊敬你。"这是我人生中第一次的祷告。

从这以后，一只眼睛一天比一天转好，四个礼拜出了医院，再经过两次开刀，又用嘴唇里的薄皮补入眼帘，眼皮也能上下活动了。大学眼科医院院长用我作为示范教材，告诉学生说：这样不可能好的眼伤，竟然能医好，是因为用了某种某种方法。"他认为这是科学上的一件奇迹。此后，我的博士学位，就是用一只眼睛得到的。

243

刻变时翻

病愈之后，以前的欲望再一次活跃起来，对于神的存在，不只半信半疑，而且不加理会，以为眼睛能好，是因为德国医学高明，不一定是神听了我的祷告。二十五岁得了博士学位回国，一度在北京大学教书。此后十年，官运通达，活在名利场中，嗜好一天比一天增加，更少想到神的存在。1933年，我的独生小女儿忽然生病离世，我的人生再次受了严重打击。此后，我不去自己省察自己的过错，反而怨神不应该这样待我，认为遭遇这件事似乎证明没有神的存在。

转信命相

我想人生一切的遭遇，不过是因为机会和命运的巧合而已。于是就转信算命，专请一位算命先生来到家中教我排算八字。凡是我所到过的地方，有名的算命先生，相面专家，我都一个一个拜访请教。不惜高价，批算流年、八字、细算终身大运，把每年记录累积聚集起来，装了一个手提箱，我把它看作至宝，时常对照命运实况，拿出来研究。每次逃避空袭警报，必定把它带到防空洞去。后来，我自己也会算命，算的相当准确，有时也是胡说八道。

神医治脓肿

1937年抗日战争刚开始，我率领一批员工和他们的家眷几百个人，从北京搬到四川去办公。路上经过长沙的时候，腿部突然生了一个外症，有桃子大小，红肿烧热，体温经常三十八摄氏度。住院两周，总不见好，医生检查，说已化脓，需要开刀。我因为怕痛，再次想起神来，决定偷出医院，找神弄个明白。于是溜出医院大门，坐上人力车，就叫车夫拉我到礼拜堂去。他问我拉到哪个礼拜堂呢？我说随你拉吧！到了一个大礼拜堂，里面没有一个人，空气安静肃穆，立时使我生出敬畏的心。于是脱帽站立，心里暗暗说："神啊！我对你的存在始终怀疑，请你不要见怪，你再准我祷告一次，你如果叫我外症不开刀就好了，那就证明我的眼睛也是你医好的，我一定受洗入教。"可惜那时侯，没有人领我认罪，接受耶稣作我的救主。虽然这样，神还是听了我的祷告。回到医院之后，医生改用电疗方法，外症脓肿一夜消去一半；再过两天完全好了，体温也降到正常。照理我不应该再有疑惑了，可是败坏的我，又以为病能够好是因为改用电疗的缘故，和神没有关系；其实，短波电疗是不能消除脓肿炎症的啊！

长期管教

第二年冬季外症复发，又患上恶性疟疾，加上高度神经衰弱，每次发作的时候，头脑完全空白，心跳一百三、四十次，呼吸急迫，气闷窒息，生不如死。怕楼塌不敢住在楼上，怕失眠，怕事烦，怕发病，越怕越发。住在医院一个多月，外症总不收口，神经衰弱一天发作几次。屡次祷告，一点没有功效。感谢父神，他早已知道我的性格是刻变时翻的，是顽梗不化的，是忘恩负义的，他使这病延长两年的时间，迫使我寻求真神。

追求真理

当我住院的时候，有一位没有信主的同事劝我读读《圣经》解除苦闷；我便买了一本《新旧约圣经》。可是，不读反好，越读却越糊涂了，越读问题越多。《圣经》是神启示的吗？为什么这样不通呢？人怎么能是泥土造成的呢？五经是摩西凭空假造出来的吧？雅各诡诈，以扫忠厚，神为什么喜欢雅各，厌恶以扫呢？耶稣死了怎么能复活呢？耶稣在二千年前所流的血，怎么能洗我现在的罪过呢？恐怕《圣经》是假造的吧？为什么中外每个世代的学者，甚至连大科学家也信耶稣呢？也许另有高明的见解，是我不能明白的吧？于是，邀请一位传道先生每天来家请教各项难题，希望让我理解领会。我问题多得像发射机关枪一样，问得传道先生一句话也说不出来，面红耳赤，辩论得露出青筋，言语急躁。我是存心请解疑问，他却怀疑我是故意刁难，不到四天，他便谢绝不来了。以后，我便随身带着纸条，上面写了三、四十个问题，见了传道先生就问，这样有三年的时间。《圣经》上面也划了许多问号，打了许多叉子杠子。

找到正路

多方面的追求既然不能解决，如果要我盲目跟从，实在又是难以做到。1940年，邻居蔡老太太家中，有一次家庭传福音，约我去听。所讲的道和平常所听到的不同，我以后便到基督徒聚会处听道。听了几次福音，很感兴趣，一部分的问题也就得了解答。但是，他们所讲所传都是以《圣经》为凭据，而我却根本怀疑《圣经》。说什么耶稣宝血赎罪啊！一信便得永生啊！说得虽好，如果《圣经》是假的，那么他们所传，我们所信，岂不都是盲从落空吗？《圣经》是真的吗？它的来源怎样？这些问题都是我心迫切所要知道的！当我正在疑难之间，借到《古事今谈》一本小册子，内容专门证明《圣经》是神所默示的，是用辩论的体裁写的，一问一答，写得非常仔细和合理。蒙神借这本小书开了我的心眼，使我不单确实相信《圣经》是神所默示的，而且更能坚信有神，也能相信《圣经》所记的耶稣是真确可靠的事实。其中几点最能叫我相信的：

（一）《圣经》是由四十九位作者经过一千六百多年方才写成。作者虽然地位不同，生活和学问不同，出生地点、见解、习惯一概不同，却能没有矛盾地合写成一本书，能叫人相信而且得到幸福。如果不是真的像《圣经》所自称的那样："《圣经》都是神所默示的，是人被圣灵感动说出神的话来。"就没有其它的方法可作解释。

（二）这本《圣经》中记载了许多预言，大胆说明将来必成的事，说到将来民族必有的遭遇，古城将来的变迁和寿命，说到救主怎样降生，怎样受死和他怎样生活工作。对照地理历史的事实，每一件都是没有差错地应验的。

（三）《圣经》所预告科学上的事实，和现代科学所发现的事实完全符合。《圣经》预言地球是圆的，而且悬在空中，并且说出它是不住地转动，像印刷的滚子一样。

（四）《圣经》更借一个活的犹太民族的遭遇，见证它的真确性。《圣经》说明犹太民族将要亡国，被分散在各国中，却又独居不被别国同化，历代历史的事实果然是这样。《圣经》说犹太民族要在万国中被人抛来抛去，成为凌辱、讥笑、咒诅，而历代的记事又是多么实在地印证了这一点。《圣经》说犹太还要复国，后来果然就在1948年成立了以色列国。（务请参看《圣经是神默示的吗？》一书，那里写了十四方面，证明《圣经》是神默示的。）

企图赖罪

当我想到《圣经》如果确实是真的，那么天堂地狱一定是真有的了。那时，我心中便觉得有点害怕，详细查考，《圣经》明明说地狱是有的，"痛苦，是永永远远的，火是不灭的，虫又是不死的，"我便更觉得害怕。但我一想，我虽然有罪，可是不能要我负责，我的犯罪是因为一出母腹就有罪性，天然就是这样的，我既然照着我的本性行事，怎么神要能刑罚我呢？我不但不该受罚，并且还应该得奖才对；神如果判我应该下地狱，我必定要和他辩论一番。

于是，准备把这个问题提出请求解答。在一次交通聚会中，我便先发一个问题说："假如有个木匠造了一把椅子，有人过来往上一坐，椅子立刻裂成数块，请问怪椅子不好呢，怪坐的人不好呢，还是怪木匠工作不好呢？"我问这事的目的，为要把我犯罪的毛病赖在神的身上，怪神造我造得不好，所以我会犯罪；如果他把我造成一个不能犯罪的好人，我自然不犯罪了。争论许久不能答复。一位弟兄有些不大耐烦了，立刻起来读〈罗马书〉9章21节："窑匠难道没有权柄，从一团泥里拿一块做贵重的器皿，又拿一块作成卑贱的器皿吗？"那时，我便很不满意地回答说："神既造我为卑贱的器皿，当然我是污秽的，这是神定规这样的；他既然定规要我这样，为什么又来嫌我这样污秽，丢弃我、刑罚我、叫我下地狱呢？他造我却没有把我造好，为什么又罚我的不好，到底这事该由谁来负责任呢？"

他们讲不出话和我应对。后来，我才知道神所创造的人类始祖本是良善、没有罪的，只是因为始祖受引诱不听神的命令，吃了禁果，人类从此堕落，才有罪性。但神知道我们陷在罪中，非常可怜，就为了我们的罪过，预备了救法，就是赐下他的独生子耶稣，替我们死在十字架上，担当了我们的罪，耶稣受死流血，还清了我们的罪债；只要我们肯接受他的替死救法，就可得赦免；相信他从死里复活，就可以称义得永生。因为我们接受他的生命，所以经上记着说："信子的人有永生"，"不信的人必被定罪。"神只定有罪而不信的人为罪。不错，你是在你母亲怀胎的时候就有了罪，但神只要你一信耶稣，罪过就可得到赦免，不必你去行善，将功赎罪，所以神是公义的神！

神又不能造你成为一个不能犯罪的人；如果这样，那么人是一部死的机器，没有自由意志了。请问你要不要一个死的、不能犯罪的机器儿子？你既然不要，那么神也不要你这个机器儿子。所以，神造人的时候，必须造成一个能犯罪，也可以不犯罪，且有自由意志的人。

蒙恩得救

那晚的辩论一点没有结果就散了。散会之后，有一位比较老练的弟兄约我第二天再去谈一次。那天，1941年1月24日，就是我蒙恩得救的那一天了。谈话开始时，他先祷告，屋里空气立刻变得严肃；他又把〈约翰福音〉3章16节："神爱世人，甚至将他的独生子赐给他们，叫一切信他的，不至灭亡，反得永生。"读了一遍，向我解释明白主耶稣怎样替死赎罪的道理。正讲到流血救人的时候，我便觉得身上所有的罪恶都归到耶稣身上，这罪再随主的宝血流出去了，好像罪的重担，从我身上一齐脱落，从头顶到脚跟忽然觉得轻松起来。他即刻问我："你是否相信这个事实呢？"我既然已经承认《圣经》是神的话，所以一点没有疑问地字字相信，句句点头。

他便叫我一同跪下祷告，认罪求主赦免，我的祷告完全出于真心诚实，心里被主的恩典感动而流眼泪。起来之后，再读〈约翰福音〉5章24节："我实实在在的告诉你们，那听我话，又信差我来者的，就有永生，不至于定罪，是已经出死入生了。"他再问我："你已经出死入生了吗？"我说："神是这样说的！"他再问我："神说你得救了，出死入生了，你说得救了没有？"经他三问两问，我心灵的眼睛被神开启，知道自己已有永生，不至灭亡，是已经出死入生了。于是内心充满喜乐，再次跪下谢恩。事后，急忙回家，告诉妻子我已得救了。

我自从蒙恩之后，直到现在已经有十四年（指作者写此书的哪一年）以上的时间了。对于自己的得救坚定相信，一点也不怀疑；因为《圣经》上说一信就得救，不凭自己感觉，只凭神说的话。以后一直过着以前所从来没有经历过的平安喜乐的生活。一切嗜好自动脱落，实在尝到真实人生的滋味，感谢主恩不尽！

不到两个月，妻子也得救了，因为她知道我必定会上天堂，她**248**很怕自己会落在地狱里，那怎么得了？不只受苦到永远，更怕不能和我同在一个地方，永远分离。于是，迫切祷告，认罪悔改，接受耶稣作她个人的救主。当场看见异象，有一个很大的"信"字显在她的心中，内心感到非常喜乐，她也得救了。